무궁화
꽃을
피웠습니다

무궁화 꽃을 피웠습니다

초판 1쇄 발행 2016년 8월 31일
지은이 서금희

편집 · 디자인 · 인쇄 KP Books
출판등록 제396-2007-000066호
주소 서울 중구 충무로 29 아시아미디어타워 705호
전화 02-2275-3332

정가 17,000원
ISBN 978-89-93721-26-3

ⓒ서금희
이 책은 저작권법에 따라 보호받는 저작물이므로 무단복제를 금지하며
이 책 내용의 전부 또는 일부를 이용하려면 반드시 저작권자의 동의를 받아야 합니다

책을 펴내며

인생은
영원히 아름답습니다

　서순경 시절이 엊그제 같은데 어느덧 검은머리 사이로 난 흰머리가 한올 두올 세상 밖을 내다보는 중년의 나이가 되었어요.
　어느 날 갑자기 찾아올 퇴임에 당황하지 않고 그다음 이어질 아름다운 인생을 설계하면서 천천히 이소준비를 합니다.

　돌아보면 참으로 아름다운 날들이에요. 아쉬움이 많이 남습니다. 국민을 사랑했고 조직을 사랑했고, 경찰인 나 자신을 사랑했습니다. 이제는 경찰에 첫발을 내딛는 어린 후배들에게 결코 부끄럽지 않았던 내 삶을 얘기하며 세상을 향해 힘찬 날개 짓을 가르치는 어미 새로 기억되고 싶습니다.

　인생은 영원히 아름답습니다. 그 아름다움은 '봉사'와 '나눔'으로 사회에 환원될 때 더욱 더 영롱하게 빛날 것이라 생각됩니다.
시와 피아노 선율의 향연, 이것은 고달픈 사람들의 마음을 어루만지는 연금술이 될 것이며 '봉사'와 '나눔'으로 맺어진 쉼터에 시실리 여행을 꿈꾸는 아름다운 마음을 가진 사람들의 방문을 환영합니다.

　30년 경찰생활을 슬기롭게 헤쳐나갈 수 있도록 도움을 주셨던 많은 동료와 선배님들께 감사드리고, 인생 2막을 준비하는 과정에서 건강과 고운 삶의 의미를 부여해 주신 세 분의 귀인께도 깊은 감사를 드립니다.

누구에게나 다가오는 인생 2막, 더 나은 삶을 위해서는 내 삶의 깊이를 수시로 헤아려보는 성찰의 시간이 절실히 필요할 것 같습니다. 마음을 비우면 작은 행복도 큰 행복으로 느껴질 수 있듯이 현재 가지고 있는 것을 아끼고 사랑하는 소박한 마음으로 늘 함께 하겠습니다.

緩行 서금희

축시

메마른 대지가 비를 기다리듯
신속과 공정의 범위를 넘어
경찰은
시민의 바다에 등대이고
국화 꽃잎의 이슬이다

국민들은 오늘도 시대를 구원할
영혼과 감성의 경찰을 기다리고 있다

그대여
등대에 불을 밝혀라
그리고 꽃 피워라

시인 황금찬

추천사

남성 못지않은 자신감과 담대함으로 경기경찰 최초의 강력과 여형사, 최초의 여성조사관의 길을 걸은 아마조네스(Amazones).

제 공직생활 중 만난 여경이 수없이 많았지만, 그 중 가장 열정적이고 자신감 넘치던 모습이 아직도 생생합니다.

저자는 1980년대 불모지인 수사업무에 뛰어들어 탁월한 업무능력과 신념을 가진 수사경찰로서 후배 경찰관들에게 귀감이 되어 왔습니다.

이 책은 여성 특유의 세심함과 집념으로 국민과 사회적 약자의 권익증진을 위해 힘써온 그녀의 따뜻한 경찰인생이 오롯이 녹아 있습니다.

깨끗하고 올곧은 공직생활 30주년을 축하하며,
더 멋진 여정이 기대되는 금희 씨의 내일을 응원합니다.

국회의원 윤재옥

〈前경기지방경찰청장, '첫 번째 펭귄은 어디로 갔나' 저자〉

추천사

그동안의 경찰생활과 퇴직이후 삶을 준비하는 의미있고 소중한 책자를 출간하게 된 것을 진심으로 축하합니다.

저자와는 산을 통해 인연을 맺었는데, 평소 경찰인으로서 뿐만 아니라 한 인간으로서의 삶이 후배들에게 롤모델로 손색이 없다는 생각을 해왔습니다. 이번에 출간한 책을 보면서 그동안 저자에 대한 나의 생각이 틀리지 않았음을 확인하는 계기가 된 것 같아 더욱 기쁜 마음입니다.

이 책에서 언급하고 있는 경찰생활에서의 여러 경험들은 시간이 상당히 지난 것들인데도 어떻게 그렇게 세세한 부분까지 언급이 가능할까? 할 정도로 놀랍습니다. 서경정의 업무에 대한 평소 태도를 그대로 보여주는 것 같고 이런 열정과 관심으로 경찰업무를 하는데 어찌 전문가가 되지 않고 국민에게 감동주지 않았겠는가? 하는 생각이 듭니다.

저자는 스토리가 있는 삶을 살고 있습니다. 스토리가 있다는 것은 과정이 있다는 것이고 그 과정 하나하나가 저자의 인생을 의미있게 그리고 있습니다. 저자는 그 스토리를 수고와 성실로 또박또박 정리를 하고 결실을 맺어 주변 사람들에게 나누고 있습니다.

저자의 스토리는 많은 경찰관들에게 귀감이 되고 특히 후배경찰관들에게는 앞으로 경찰의 삶을 어떻게 살 것인가에 대한 좋은 지표가 될 것이라고 생각합니다.

김&장 법률사무소 변호사 가정덕
〈前서울지방경찰청장〉

추천사

후배 서금희를 떠 올리면, 일산서장 시절 대성황리에 막을 내린 학교폭력근절 콘서트장면이 오버랩된다.
여성적 섬세함과 저돌적 추진력, 그리고 경찰사랑, 국민사랑!
이 책은 그런 서금희의 행동철학이 잘 베어 나오고 있다.

"경기경찰 최초의 강력 여형사와 암벽등반에 오버랩되는 피아노 연주봉사, 시낭송 전문가! 완행열차를 타고 차창 밖 풍경을 즐길 줄 알면서도 국민이 증거에 목마를 때 급행열차로 갈아타고 증거의 현장으로 달려가는 그녀의 감각적이고도 직업적인 변신은 아름답고 감동적이다."

이른 바 느림의 人生美學위에 名탐정 셜록을 연상시키는 名수사관 서금희의 인생1막과 인생2막을 준비하는 과정이 담긴 이 책은 同時代를 살아가는 경찰후배와 후학들에게 가장 가까운 이정표가 될 것이다.

대한공인탐정연구원장
〈前. 일산경찰서장, '명경잘 명탐정' 저자〉

추천사

비록 길지 않은 기간이었지만 고양경찰서장 재임 시 보아왔던 서금희는 정말 독특한 사람이다. 경찰서의 살림을 책임지고 있는 경무과장으로서 직원들의 복지향상을 위해 경찰서 구석구석을 관찰하고 시들어가는 화분 하나에도 정성과 애정을 쏟는 모습은 굳이 이 책을 열어보지 않고도 경찰30년 인생을 어떻게 살아왔는지 그 일면을 엿보이게 한다.

문제점을 찾아내고 그것을 개선하려고 노력하는 그녀의 긍정적 사고가 경기도 최초의 여성조사관을 만들었고 「24억원짜리 유리항아리·갑질체험·옷입기의 품격」등은 공직자로서 갖추어야 할 자세를 재미있게 풀어낸 현대판 목민심서와도 같았다.

경찰업무의 특성상 감성이 메마를 수도 있는 환경임에도 그녀가 있는 곳곳에서는 시의 향기를 느낄 수 있다. 수필집을 통해 보여준 삶의 자세는 같은 경찰의 일원으로서 뿌듯한 자부심을 가질 수 있도록 해 주고 있다. 특히 경찰에 첫발을 내딛는 후배경찰관들에게는 정독해야 할 필독서로 추천하고 싶다. 그녀의 인생2막에서도 그 아름다움이 찬란하기를...

총경 김 광 석
〈前. 고양경찰서장〉

추천사

꽃이 향기로 말하듯 시낭송의 향기로 12만 경찰의 가슴에 감성의 문이 열리고 있다. 현장에 있었던 일을 시와 함께 정리한 이 글은 겨울 숲 바깥에서 봄꽃을 향유하는 나비의 행복이다.

시를 낭송한 후에 짧은 멘트로 업무지시 한다는 그의 글을 구름 넘기듯 다시 접으면서 그 속엔 30년 여경생활동안의 애환이 꽃으로 승화되었음을 볼 수 있다.

여성 속에, 사랑 속에 온갖 슬픔을 견뎌온 아픔을 보았기 때문에 애처롭고 안고 싶고 어루만지고 싶은 동료와 피해자들의 통렬했던 삶과 애환들의 소중한 글이 담겨 있으며 어두움 속에서 빛을 길어 올리며 타다 담은 숯덩이에서 인화되는 불씨를 품어 올리고 있다.

그는 글 속에서 잠들어 있는 사랑의 묘약을 찾고 종을 울려 행복을 보내 듯 손을 들어 안개를 밀어내듯이 사건을 해결하고 있다.

국민을 사랑하고 조직을 사랑했던 30년 계절을 물들이고 핀 사례 작품 속에 담긴 조용한 내일은 그 만큼 빛나고 클 것이며 본인은 물론 함께하는 경찰들도 큰 의미가 있을 것이다.
대한민국 경찰들은 이 책을 들고 내일을 행복 안에 두리라.

시인 · 한국시낭송가협회
회장 김문중

C·O·N·T·E·N·T·S

책을 펴내며 04

추천사 06

1부... 경찰 30년

꽃뱀 21

화성 83

나는 여성조사관의 시초였다 99

첫 사건, 감성수사의 시작 106

어린 미숙이 113

詩 의자 (이정록) 131

자백받기 좋은 의자 132

詩 좋은 인상 (용혜원) 137

옷입기의 품격 138

詩 처음처럼 (신영복) 149

12만경찰 초심찾기 프로젝트 150

초심 157

24억 원짜리 유리항아리 163

詩 국화옆에서 (서정주) 171

105등 콤플렉스 172

詩 담쟁이 (도종환) 177

리더의 꿈 178

빨강자전거와 위력순찰 197

밥상머리 교육의 전환 208

학교폭력과 손편지 218

산을 그리는 리더 237

무전기에서 시가 흘러요 246

닭장 고치는 경찰관 253

갑질체험 257

詩 봄이에게 (박치성) 266

여성기피현상 267

詩 정동진 (정호승) 276

2016년 丙申年 새해아침을 열며 278

C·O·N·T·E·N·T·S

2부... 인생 그 2막

詩 그 마음에는 (신석정) 284
고운 삶 285
詩 달이 떴다고 전화를 주시다니요 (김용택) 290
추억모음 291
詩 완행열차 (허영자) 296
완행열차를 타고 떠나자 297
詩 가을저녁의 시 (김춘수) 300
나의 버킷 리스트 301
명사회자로 이름나 보기 304
허리디스크 309
인수봉과 맥가이버 314
삶의 향기가 된 시 318
쉰 두 살에 배운 피아노 324
내 인생의 홀로그램 자서전 333
봉사라는 이름의 꽃 336

16 | 무궁화꽃을 피웠습니다

독서여행클럽 시실리 340

남편보다 오래살기 346

詩 국수가 먹고 싶다 (이상국) 354

눈에 보이지 않는다고 해서 없는 것이 아니었다. 356

詩 사랑하는 어머니, 나의 어머니 (이채) 362

어머니의 유전자 364

詩 그대에게 (박경순) 368

詩 친구야 너는 아니? (이해인) 370

詩 목마와 숙녀 (박인환) 372

詩 소주병 (공광규) 375

詩 멈추지마라 (양광모) 376

詩 중년의 삶 (법정스님) 378

詩 희망을 주는 사람 (김옥림) 380

詩 별이 뜨는 강마을에 (황금찬) 382

詩 봄길 (정호승) 384

詩 수선화에게 (정호승) 386

詩 석별 (전병호) 388

1부

⋮

경찰 30년

첫 번째 • 이야기

꽃뱀

2001년 12월

"반장님! 서장님께서 찾으신답니다."

***

　신혼의 아내는 실오라기 하나 걸치지 않고 침대에 누워있다. 연홍빛 상큼한 젖 봉오리가 민낯을 드러내고 있으나 안방 가득 차오르는 분위기에서는 어쩐 일인지 차가운 살기마저 감돈다. 두려움과 공포에 떨며 숨조차 크게 내쉴 수 없는 아내, 남편은 왜? 아내의 양손을 머리 위에다 넥타이 끈으로 꽁꽁 묶어 놓고 꼼짝달싹도 못하게 하고 있는 것일까?

　남편이란 놈은 양쪽 무릎을 벌려 아내의 허벅지 위에 올라탄 채 주방에서 가지고 온 식칼자루를 두 손으로 감싸 쥐고 아내의 심장을 겨누고 있다. 거친 들숨과 날숨이 허파를 들락거리며 아내의 뺨을 강타한다. 잠시 후 놈의 허파가 공기압력에 못 이겨 터질 만큼 부풀어 올랐을 때 거친 호흡이 순간 멈춰지고 칼끝은 사정없이 아내의 심장을 관통하리라.

극도의 공포감에 질려 있는 아내의 얼굴을 내려다보고 있는 놈의 눈알은 초점을 잃고 폭주(暴酒)로 쩔어 뒤집혀 있다. 신혼의 달콤한 사랑도 이미 잃은 눈빛이다. 아니다. 예쁜 아내에 대한 사랑이 너무 지나쳐서 다른 사람들이 내 아내를 쳐다보는 것조차도 참아낼 수 없는 질투심과 분노에 이글거리는 이성을 잃은 눈빛, 바로 그것이다.

신혼여행지에서 돌아온 후 아내는 행복했다. 꽃샘추위 끝에 찾아온 따스한 봄 햇살처럼 남편은 자상했고 아내를 배려하는 심성이 깊었다. 그들은 서로를 더 일찍 만나게 해주지 못했던 신을 원망하기도 하며 마음껏 서로를 아끼며 애틋한 사랑을 키워나갔다. 그런데 간간히 함께 술을 마시던 날 남편은 집요하게 아내의 과거에 대하여 묻는 이상행동을 보여 오던 것이 100일째 되는 오늘에야 마침내 미치광이로 돌변해 버렸다. 이런 남자인줄은 미처 몰랐지. 아내는 극심한 공포를 견디다 못해 정신이 반쯤은 나가 버렸다.

누구도 저항할 수 없는 은밀한 공간속에서 오직 놈의 이빨 틈새로 들락거리는 거친 숨만이 살아 밤의 고요를 깨고 있다.

일순간, 쉑쉑 거리던 놈의 허파가 더 이상 팽창할 수 없는 최고조에 달했을 때 놈의 거친 숨도 부풀어진 허파 속에 잠기고, 천정을 향해 높이 치켜들었던 칼이 아내의 복부에 사정없이 내리 꽂혔다.

 찢어지는 외마디 비명소리…. 이 세상 마지막이 될 아내의 비명소리가 사방벽에 부딪혀 메아리쳐 울린다. 그 소리에 번뜩 정신이 든 놈은 매우 당황했다. 칼을 힘껏 잡아 빼며 뒷걸음치는 순간, 분수처럼 비산(飛散)되는 시뻘건 피… 형광등에 얼룩진 피로 사위는 조명등을 켜놓은 것처럼 붉어졌다. 놈의 얼굴도 붉은 피로 물들었다. 아내의 찢겨진 배 사이로는 창자가 빠른 속도로 기어 나오기 시작했다. 아~ 모진 생명이여… 그래도 아내는 숨을 쉬고 있었다.

 갑자기 아내는 감았던 눈을 번쩍 뜨고 자신을 내려다보고 있는 남편의 눈을 똑바로 응시했다. 그것은 순식간에 일어날 수 있는 상황을 상상한 끝에 정신을 차리고 한 행동이며 이어서 기어들어가는 목소리로 애원하기 시작했다.

 "제발 살려줘, 짐을 가지고 다시 들어 올 테니까 이 손 좀 풀어줘, 응? 자기야, 우리는 사랑하는 사이잖아, 우리 다시 시작해, 자기가 원하는 데로 무조건 할께, 제~발~"

 아내의 지혜가 자신의 목숨을 건졌다. 남편은 배를 그으려던 칼을 방바닥에 내팽겨치고 두 손을 묶었던 넥타이를 풀어주며 말한다.

 "내가 따라 간다!"
 "아니야, 내 말 믿어. 내일 퇴근하면 곧장 집으로 올께. 정말이야, 약속해."
 "그래 약속해! 너, 또 안 들어오면 다시 네 회사에 찾아가서 그땐 바로 너를 찔러 죽여 버릴 거야, 그리고 네 친정집에 불을 질러 다 죽여 버릴 거야. 썅~ 알았지? 내 성질 건드리지 마"

아내의 공포는 풀리지 않았지만 애써 평온한 표정을 지으며 말한다.
"걱정하지 마, 약속해 자기야, 꼭 돌아올게. 응?"
아내는 그길로 도망을 쳤다.

***

출근길에 경찰서 현관로비 의자에 쪼그리고 앉은 여성을 보았다. 헝클어진 머리에 푸석한 얼굴을 하고 어깨에는 고등학교 가사시간에 뜨개실로 떴을 것 같은 삼각 숄을 아무렇게나 걸친 여성이 내가 유리문을 밀고 들어서자 사슴처럼 고개를 들고 쳐다보았다. 겁에 질린 눈빛, 초췌한 얼굴, 일어서면 금방이라고 쓰러질 것 같은 여자의 몸을 한 여인이 어깨를 토닥이며 돌보고 있었다.

무슨 사연으로 왔는지 모르겠지만 경찰서가 제일 안전하다고 생각하고 밤새 그 곳에서 쪼그리고 앉아 밤을 지새웠나 보다. 오늘은 저 여성과 내가 인연의 끈이 닿으려나 보다 하는 생각이 무의식속에 파고들었다.

자리에 앉아 사건서류가 가득 들어 있는 캐비넷 문을 열고 오늘의 조사 스케쥴을 확인하려는 찰나에 방금 본 여성이 안내를 받고 들어왔다. 다행히 오전 스케줄이 비어 있었고 오후에는 출장조사가 잡혀 있었으나 다음으로 연기하면 될 상황이었다.

여자를 자리에 앉힌 후 고소장을 말없이 들여다보았다. 고소장은 간결했다.

'남편은 미치광이입니다. 어젯밤 남편이 집에서 식칼로 저를 죽이려고 했습니다. 처벌을 원합니다. 살려주세요. 자세한 것은 추후 진술하겠습니다' 하얀 여백에 글씨가 컸다 작았다 손을 심하게 떨면서 쓴 흔적이 역력했다. 아마도 고소장을 쓸 기운조차 없는 사람을 붙잡고 민원실 접수담당자가 어떻게든 몇 자라도 써서 제출해야 접수된다는 권유에 마지못해 쓴 글 같았다.

나는 여자의 피해조서 작성을 마치고 말없이 그녀를 길게 안아 주었다. 여윈 어깨가 가늘게 떨고 있었다. 그녀에게 몇 가지 당부를 하며 안전한 친척집으로 피신해 있으라고 시킨 후, 남편인 피의자에게 전화했다. 그는 거래처 한군데만 들르고 바로 오겠다며 순순히 응했고 영문을 모른다는 듯이 태연하게 출석했다.

"이름은?"
"양경수"

"나이?"
"28세"

"주민등록번호?"
"73....

"직업?"
"○○회사원"

"재산? 월수입?"
"32평, 아파트전세, 1억 5천만 원, 월수입 150만 원"

"병역관계?"
"육군 병장 만기제대"

"믿는 종교?"
"없습니다"

"정당가입여부"
"가입한 적 없습니다"

"피해자와의 관계?"
"석 달 연애하고 만나서 결혼한 지 100일 된 부부입니다."

"별거중인가?"
"아닙니다. 일주일 전 아내가 일방적으로 짐을 싸서 친정으로 갔습니다."

"이유는?"
"모릅니다."

"아내의 회사에 찾아갔었나요?"

"예, 갔었습니다. 가출한 아내를 설득시키러 찾아갔다가 집으로 데리고 들어 왔습니다."

"어떻게 데려왔나요?

"집에 가자고 하니까 그냥 순순히 따라 왔습니다."

"집에 와서 무슨 일이 있었나요?"

"아내와 소주 두 병을 나눠 마셨습니다."

"술을 마시고 아내와 싸웠나요?"

"아닙니다. 싸우지 않았습니다."

"아내가 최종 집을 나간 시점은?"

"밤 11시쯤 입니다. 친정에서 자고 다음날 짐을 챙겨서 퇴근하면 집으로 바로 들어오겠다 하고 갔습니다."

"고소된 이유를 알고 있나요?"

"폭행을 당했다고 고소한 것으로 알고 있습니다."

"나는 아내를 사랑합니다."

"나는 절대로 아내를 때리거나 폭행한 적이 없습니다".

"아내는 나와 헤어지려고 일방적으로 허위신고를 한 것입니다. 조사관님 내 말을 믿으셔야 합니다."

"아내의 몸을 살펴보십시오. 폭행당한 흔적이 한 곳이라도 있으면 제 손에

장을 지지겠습니다."

"증거가 없잖아요. 증거가... 증거를 대봐요. 증거를!"
"일방적인 말만 믿고 증거 없이 사람을 구속시킬 수 있나요?"
"가출한 아내를 찾아서 집으로 데려오는 것도 죄가 되나요?"

피의자는 자기 주장을 관철시키기 위해 손가락 네 개를 모아 책상 끝을 가볍게 치면서 진술했다.

밀폐된 공간에 부부 외에는 아무도 없었다. 안방에 CCTV가 있을 수 없고, 목격자도 없었다. 즉, 들은 사람도 본 사람도 없이 오로지 두 사람만 있을 뿐이었다. 그곳에서 남편은 이성을 잃고 아내를 죽이려고 했다. 아내의 지혜가 아니었다면 쥐도 새도 모르게 아내는 죽임을 당할 수도 있었다. 남편은 아내의 몸에 상처 하나 내지 않았고, 아내는 공포감에 치를 떨었을 뿐이다. 아내는 남편을 유치장에 당장 넣지 않으면 오늘밤 자신은 남편의 손에 죽임을 당할 것이 분명하다며 내 손을 꼭 잡고 놓지 않았다. 그런데 남편은 아내가 허위신고를 했다는 주장이다. 증거를 대 보란다. 증거를...

나는 아내의 절규에서 진실을 보았다. 그녀는 그날 밤의 공포감에서 벗어나지 못한 채 온몸을 덜덜 떨면서 조사관인 나에게 살려달라고 호소한다. 그녀의 친정엄마는 온몸을 부르르 떨고 있는 딸의 손을 꼭 잡고 침착하게 진술할 수 있도록 행동과 표정으로 유도했지만, 그녀의 가냘픈 어깨는 안정을 찾지 못했다. 그녀는 나만 믿는다고 했다. 나 밖에 없다고 했다. 제발... 남편을 유치장에 넣어 달라고 애원했다.

남편을 풀어주면 회사에서건 길에서건 만나면 무조건 칼로 찔러 죽일 거라고 단언했다. 그리고 그녀의 가족들에게도 충분히 해코지를 할 수 있는 미친 사람이라고 했다.

그랬다. 나는 아내의 진실을 믿기 때문에 남편인 피의자 양경수의 혐의를 어떻게든 밝혀내야 한다. 오늘 당장 유치장에 집어넣지 않으면 아내뿐만 아니라 그녀의 친정부모에게까지 무슨 짓을 할지 모른다. 그들의 목숨은 오늘 나에게 달려 있었다.

***

엄청난 부담감이 밀려온다. 나의 양쪽 어깨에는 큰 돌덩어리가 짓누르고 있는 느낌이다. 나는 고민한다. 어떻게 한다? 그놈은 증거를 찾아보라며 의기양양하게 눈을 치켜뜨고 대드는데 고문해서 자백을 받아낼 수 있는 시대도 아니고 피해자 진술 외에는 확보된 증거가 전혀 없는데 어떻게 해야 한다?

결국 나는 내 나름대로 정립한 「의자이론」을 적용하는 수밖에 없다고 판단했다. 그것이 먹히든 안 먹히든 오직 길은 하나! 오늘 자백을 받아내지 않으면 아내의 목숨이 위험하다.

피의자는 자신의 변호를 위해 조사관인 나에게 갖은 협박을 다한다. 나는 침착했다. 피의자의 과격한 언동에도 전혀 동요를 일으키지 않고 피의자의 변명, 거짓말 한 마디 한 마디 모두를 빠짐없이 조서에 차분히 기록했다.

그의 눈빛은 은근히 나를 무시하고 힐난하고 있었다.

'쳇! 형사? 조사관? 별거 아니네, 거짓말을 해도 모두 조서에 기록해 주다니... 나는 곧 승리의 깃발을 고지에 꽂고 유유히 경찰서를 빠져 나갈거야' 라고 자신하는 눈빛이 보였다.

하지만 불안한 눈빛도 묻어 있었다. '아니야, 이렇게 호락호락한 사람이 조사반장일리는 없어, 경찰서장이 조사반장을 아무나 시키겠나? 이 여자는 나를 시험대 위에 올려놓고 시험하고 있는 것일거야' 그의 눈빛에는 두 가지의 감정이 교차했다.

나는 피의자가 생각할 여유를 가질 수 없도록 과속질문을 퍼부었다. 그러다가 갑작스런 돌발질문, 그리고 반복질문을 통해 피의자를 정신없게 만들었다.

피의자가 짜증을 내며 조사에 응했다. 묵비권을 행사하지 않는 것만으로도 다행이라고 여기며 피의자를 주의 깊게 관찰하고 관찰된 피의자의 표정, 행동 하나하나 모두 조서 상에 기록 하였다.

시간이 경과함에 따라 앞뒤 진술의 모순점이 드러나기 시작했다. 진실을 감추기 위한 거짓말이 거짓말로 다시 포장되고 그 거짓말을 감추기 위한 거짓말이 더 감당할 수 없는 거짓말을 만들었다. 질문이 반복될수록 그 모순점의 간격은 점점 커져가고 있었다. 큰소리 없이 2시간이 흘렀다. 조사관을 잡아먹을 듯 힘이 있던 목소리가 시간이 지날수록 작아지고 눈알에 힘이 풀리고 있다. 고개가 떨구어지고 있다. 조사관을 곁눈질로 쳐다보며 중복되는 질문에 지쳐가고 있다. 그리고 심한 갈증에 목말라하고 있었다.

당시 내가 사용했던 조서용 컴퓨터는 양면 모니터였다.

이것은 내가 신문하는 조서내용을 건너편에 앉은 피의자도 자신 앞에 놓여 있는 모니터를 통해 읽어볼 수 있는 구조였는데 어느 업체가 국내 처음 개발하였다며 우리 경찰서에 홍보용으로 보내 온 것을 내가 시범 사용하고 있는 중이었다.

그 양면 모니터의 효과로서 나는 피의자에게 상당한 심리적 압박을 주며 신문하고 있었다. 한 치의 에누리도 없이 피의자가 하는 거짓말, 앞뒤 진술의 불일치, 모순, 필요이상의 흥분, 욕설, 표정, 태도... 하나도 놓치지 않고 문답형식의 활자로 남기며 피의자를 코너로 몰아가고 있었다.

"아닙니다. 아니에요. 내가 언제 그렇게 말을 했어요?"

"방금 한 말을 그새 잊어버렸나? 자! 봐라! 앞에 진술한 부분을 보여줄께"

나는 마우스의 스크롤을 위로 올려서 피의자가 은연중에 말한 짧은 진술 한 부분을 찾아내어 확인시켜 주며 조서를 계속 꾸며 나갔다.

"자, 피의자는 보십시요. 피의자가 앞서 진술한 부분 중에 '소주는 베란다에 있었다'고 진술한 부분이 있지요?"

". . . . . ."

"이 부분은 피해자가 진술한 부분 중에 '거실 쇼파에 앉아 베란다를 쳐다보니 비닐쇼핑백에 소주 같은 것이 담겨져 있었고 내가 집을 비운 사이에 소주를 얼마나 마셨는지 베란다 바닥에는 빈 소주병과 깨진 유리병조각이 여기저기 널려 있었습니다. 남편은 베란다에 놓인 비닐봉지에서 소주를 한 병 꺼내와 내 앞에 서서 안주도 없이 벌컥벌컥 다 마시고 다시 한 병을 가지고 와서 반병을 벌컥벌컥 마시더니 저의 따귀를 사정없이 세 대 후려갈겼습니다. 그리고 남은 반병을 한 번에 다 마시고는 베란다 바닥에 내던졌습니다.'라고 진술한 부분과 일치합니다. 피해자의 진술에 거짓이 있나요?"

" . . . . . ."

"그런데 피의자는 지금 '피해자와 들어오면서 아파트상가에 들러 소주 2병과 오징어구이 한 개, 새우깡 한 봉지 모두 4,800원인데 만원을 내고 5,200원을 거슬러 받았습니다.'라고 진술했어요. 어떤 것이 진실입니까?"

" . . . . . ."

피의자는 말문이 막혔다. 당황하는 기색이 역력했다. 장시간 큰소리 없이 조근 조근 질문하던 조사관이 자신의 목을 조이기 시작한다고 생각하기에 충분했다. 하나씩 하나씩 거짓말이 들통 나고 있는 모니터 활자 앞에서 피의자의 거짓말은 또 다른 모순을 낳고 조사관은 그 모순점을 무기삼아 자신의 목을 조인다는 깨달음의 순간이 왔다.

잠시 조사를 멈추었다. 얼마간의 정적이 흘렀다. 피의자와 나는 그 어떤 말도 하지 않았다.

"자네"

"담배 피우시는가?" 부드럽게 물었다.
"예, 피웁니다."

"커피는?"
"좋아합니다."

"어이~ 김형사! 담배 있음 한 대 줘봐."
"왜요? 반장님, 담배 피시게요?"
"저 시키는..."
김형사의 장난기에 잠시 피로가 풀리는 듯 했다.

  나는 뜨거운 물을 담은 종이컵에 맥심커피 한 봉지를 뜯어 넣어서 피의자에게 건네준다.
  그는 두 손으로 감싸 쥐고 눈을 내리 깔은 채 그 달콤함과 온기에 몸을 맡긴 듯하다. 마치 사우나탕의 뜨거운 열기가 발끝에서부터 심장 가까이로 차오를 때 느껴지는 전율처럼 피의자는 심호흡을 했다. 긴장과 피로, 불안, 갈증이 한데 섞여 나왔다.

  그 기색이 사라지기 전에 얼른 담배 한가치를 권했다.
  피의자는 두 손으로 담배를 받아 쥐고 어디서 피워야 하는지 순간 고민하는 눈치다. 현행범으로 체포한 것도 아니었는데 자기 죄를 아는지 밖으로 나가면 안 되는 줄 안다. 그는 어느새 조사관의 명령을 기다리는 길들인 강아지가 되어 가고 있었다.

나는 최대한 아량을 베푸는 것처럼 보이기 위해 부드럽게 말했다.
"그냥~ 여기서 피워"

조사실이라곤 세 평도 안 되는 좁은 공간에 김형사 책상과 나란히 붙어 있었다. 어깨 높이의 연푸른색 파티션 건너편에는 다른 조사관들이 앉아 있었고 일어서면 옆 조사실 사람들에게 얼굴이 노출되었다. 피조사자 인권보호를 위해 칸막이는 해 놓았지만 방음이 전혀 되지 않아 다른 조사팀의 말소리에 때로는 조사 방해를 받기도 했다.

그런 공간에서 피의자는 자신이 내뿜는 담배연기가 파티션 너머 다른 사람들에게 피해를 입힐 것을 염려했는지, 담배를 받자마자 조사 테이블 밑으로 얼굴을 처박고 빨리 피워 없애려는 듯 양 볼이 패이도록 **쫙쫙** 빨아 댕긴다.

"천천히 펴라~"
말이 떨어지자 피의자는 폐 깊숙이 담배연기를 천천히 빨아 넣었다가 고개를 옆으로 돌려 담배연기를 길게 내뱉는다. 미간의 주름으로 인해 수심이 가득해 보인다. 나는 담배연기를 태연히 참아내며 피의자의 심리적 변화를 읽어 내렸다. 3시간째 시간이 흘러가고 있었다.

또다시 반복되는 질문과 돌발질문, 피의자의 심정을 꿰뚫어 보는 날카로운 질문으로 1시간이 더 흘러 4시간째 피의자와 나는 화장실 볼일도 안보고 컴퓨터를 사이에 두고 앉아 있다. 피의자는 더 이상 말을 이어나가지 못했다.

조사 도중 나는 결혼한 지 100일 밖에 되지 않은 신혼의 아내와 연관된 이야기를 간간히 꺼내며 어떤 때가 좋았느냐, 무엇을 맛있게 먹었느냐, 어디가 음식을 잘 하더냐, 신혼여행지는 어떻게 선정하게 되었느냐, 이혼할 생각은 있느냐, 아이는 언제쯤 가질 생각이냐, 아들이 좋냐, 딸이 좋냐, 딸을 낳으면 어떤 아이로 키우고 싶으냐, 하는 사적 대화를 이끌어 나가며 아내에 대한 동경심을 갖도록 만들었다. 그리고 그 아내에게 지금이라도 미안하다고 사과하고 함께 잘 살았으면 하는 바램까지 불어넣어 주었다. 그렇게 그는 내가 인도하는 길로 순한 양이 되어 따라오고 있었다.

"그래~ 그럴만한 이유가 있었겠지, 암! 이해해, 조사관인 나도 사람이니까, 나도 누군가에게 화가 나고 분노가 폭발하면 어쩌구 싶을 때가 있어"

"너는 증거가 없다고 지은 죄를 부정하고 나오지만 그것이 너 자신을 변호하고 지켜줄 수 있다고 생각하니? 잘못된 생각이야. 외로운 싸움은 하지 마라"

"그러면 그럴수록 너는 불리해, 사실을 털어놓을까 말까 망설이지 마라, 용기를 가져, 아내를 사랑해서 한 행동이었다면 그렇다고 해, 그리고 겁을 먹은 아내에게 정말로 마음을 다해 사과하고 용서를 구해. 그것만이 너를 지켜낼 수 있는 길이야"

"나는 네 행동 여하에 따라 네가 법으로부터 조금의 선처라도 받을 수 있도록 도와줄 수도 있어, 내말 알아듣겠니?"

"앞에 보이는 모니터를 봐라, 네가 어떤 모습으로 앉아서 거짓말을 꾸며 대고 있는지 다 읽어 봤잖아, 네 모습의 진실과 모순점이 그대로 나타나 있어"

"네가 처음부터 끝까지 얼마나 많은 거짓말을 하며 모순된 진술을 하고 있었는지 내 눈에 훤히 다 보여, 내 눈에만 보이겠니? 검사한테도 보일 것이고, 판사한테도 다 보일거야"

피의자는 지쳐 있었다. 이것은 한 판 체력 싸움과도 같은 것이었다. 4시간동안 한 치 흐트러짐 없이 허리를 쭉 펴고 앉아 상대의 눈 깜박거림 하나도 놓치지 않고 응시하면서 속마음을 끌어내고 있는 나의 집중력에 피의자는 주눅 들고 점차 기가 빠져나가고 있을 터였다. 어쩌면 폐 깊숙이 빨아들인 담배연기가 그 속의 인간성을 자극했을지도 모를 일이었다. 그는 오랜 터널을 빠져나온 끝에 이렇게 말했다.

"잘...못 했습니다"

피의자의 자백이 시작되는 순간이다. 나는 속으로 '휴~ 다행이다'라는 생각을 하며 속을 쓸어내렸지만 이를 감추기 위해 태연을 가장했다.

"그래, 이제부터는 네가 네 자신의 변호를 해 보는거야, 나름대로 이유가 있었을테니까"

"예~"

이후 조사는 순조롭게 진행되었다.

신문이 끝나갈 즈음 나는 책상 서랍 깊숙한 곳에서 두 개의 물건을 꺼냈다.

그것은 피해자 조사를 마치고 그녀에게 당부하여 미리 압수해 둔 물건이었다.

"피해자의 손을 묶었던 넥타이는 어느 것입니까?"

나는 두 개의 넥타이를 책상위에 올려놓으며 스스로 선택하도록 하였다. 피의자는 넥타이를 보자 깜짝 놀라는 표정을 감추지 못했다. 조사관이 짜놓은 시나리오대로 서서히 수렁으로 빠져들고 있다는 생각을 했을 것이다.

그러다 자포자기하며 기어들어가는 말투로 말한다.

"이것입니다."

피의자가 지목한 파랑색 줄이 사선으로 들어간 이 넥타이는 피해자인 아내가 지목해 준 넥타이와 정확히 일치했다.

"칼도 사용했나요?"

"예, 사용했습니다"

나는 또 다시 30cm정도 되는 식칼 한 자루와 15cm정도 되는 과도 한 자루를 내 보이며 피의자에게 선택하도록 하였다.

"피의자가 범행에 사용한 칼은 어느 것인가요?"

피의자의 시선은 식칼에 꽂혔지만 선뜻 대답을 하지 못했다. 돌이킬 수 없는 순간이 될 수 있기 때문이었다. 하지만 피의자는 선택해야 한다. 자신의 무죄를 주장하며 계속되는 거짓말로 혼자 외로운 투쟁을 계속할 것인지, 조사관의 신문에 순순히 자백하며 조금이라도 선처를 받을 수 있도록 양심을 고백하는 것이 나을지 심란한 선택의 순간이었을 것이다. 어쩌면 그 무시무시한 식칼로 내가 아내에게 전날 밤 무슨 악행을 저질렀을까 스스로 생각해도 소름이 끼치는 일이라며 속으로 경악하고 있을지도 모를 일이었다.

나는 피의자를 날카롭게 응시했다. 그것은 피할 생각 하지 말고 빨리 식칼을 선택하라는 무언의 압박이었다. 장시간에 걸쳐 자백을 하도록 공을 들여놓은 마지막 결정의 순간에 그가 모르는 칼이라고 전면 부인해 버리면 어쩌나하는 걱정이 앞섰다. 길고 긴 이 터널을 원점에서부터 다시 시작해야 하나? 시간이 없는데... 순간 누적된 피로가 엄습해 오는 듯 했다. 하지만 그런 걱정도 잠시, 그는 맥없이 쓰러졌다. 그는 식칼 자루를 손가락으로 짚으며
"이것입니다" 했다.

피해자로부터 완벽한 자백을 이끌어 낸 이 순간, 나는 긴 숨을 천천히 내쉬었다.

피해자는 살려달라고 애원하는데, 증거가 없는 사건, 피의자를 회유해서 자백을 받아내야만 하는 고도의 신문기술과 인내가 필요한 사건이었고 정말로 어려운 사건 중의 하나였다. 자백을 받아내지 못해 실패로 끝날 수도 있는 사건을 내 나름대로 정립한 「의자이론」으로 피의자의 자백을 받아내는데 성공했다.

조사가 끝난 후 피의자는 재범의 우려와 도주 및 증거인멸의 우려가 있다는 사유를 달아 즉시 긴급체포하고 '철커덩' 묵직한 자물통이 달린 유치장에 갇히는 신세로 만들었다.

그리고 오늘 밤 남편의 손에 죽을지도 모른다며 공포에 덜덜 떨고 있는 피해자의 목숨을 살려냈다.

이렇게 장시간에 지친 심신의 피로를 피해자를 보호했다는 성취감 하나로 달래며 그야말로 진짜로 달콤한 맥심커피 한잔을 종이컵에 담아 그 향을 깊이 음미하고 있을 때, 서장님이 나를 찾는다는 소식이 짧은 평온을 깨뜨렸다. 나는 마시던 커피를 천천히 다 마시고 잠시 뜸을 들인 다음 2층 서장실로 향했다.

***

똑 똑,
서장실 문은 약간 열려 있었지만 인기척을 내기 위해 두 번 노크를 한 다음,
"서반장입니다" 하고 들어섰다

"어서 오시오. 서반장"
서장님은 접견테이블에 앉은 채로 얼굴만 약간 돌리고 아는 체를 한다.
"예, 서장님! 부르셨습니까?"
서장님 가까이로 다가서서 하명을 기다리는 동안 건너편에 앉아 있

는 두 명의 여자를 관찰했다.

두 여자 중 갓난아기를 포대기에 감싸안은 젊고 화사하게 생긴 여자가 서장실을 찾은 주인공인 듯한데, 서장님 앞에서 눈물을 흘렸는지 마지막 남은 눈물방울을 휴지로 찍어내고 있었다.

서장님이 말씀하신다.
"서반장, 이분 남편이 자기를 간통으로 고소했다고 하는데 얘기를 들어보니 참 억울하기도 하겠구먼, 서반장이 맡아서 잘 처리해 보소"
"예, 서장님! 알겠습니다."
서장님은 이 여인이 마음 편하게 조사 받을 수 있도록 하는 배려에서 여성조사관인 나를 불러 하명하신 듯하다. 나는 그 여인의 이름만 물어 기억하고는 먼저 내려왔는데, 그녀는 서장실을 나온 후 내 조사실을 방문하지 않고 그냥 돌아간 듯하다.
나는 생각했다. 그녀가 진정으로 원하는 것은 여성조사관이 아니었을 거라고...

* * *

며칠 후, 그녀를 간통으로 고소한 남편 이동혁(가명)을 출석시켜 조사테이블에 앉혔다.

이동혁의 첫마디가 단호하다.
"조사관님, 제 아내는 꽃뱀입니다"

"아이까지 출산한 아내를 어떻게 꽃뱀이라고 할 수 있죠?"
"꽃뱀이라는 것을 이제야 확실히 알았으니까요. 조사관님! 그 여자를 처벌하지 않으면 저 같은 피해자가 얼마든지 또 나올 수 있습니다"
나는 속으로 헛웃음을 치며 남자를 바라보았다.
이 남자의 반듯한 콧날과 미간에는 냉철함이 담겨 있고 언어가 반듯하다. 깍지 낀 두 손을 테이블 끝에 가지런히 모아 올리고 조사관의 질문에 군더더기 없이 논리적으로 말을 하려고 애쓴다. 첫인상으로 보아서는 누구에게 쉽게 속아 넘어가지 않을 정도로 셈이 깊어 보이는데, 꽃뱀에게 자기 인생을 사기 당했다니 시작부터 흥미롭다.

"꽃뱀이라는 증거가 있습니까?"
"제 아내가 꽃뱀이라는 것을 증명해 줄 남자가 있습니다"

의외의 답변에 나는 반사적으로 고개를 약간 비틀며 물었다.
"그게 누구죠?
"바로 제 아내와 간통한 남자입니다"

어허! 이건 또 무슨 변인가? 아내와 바람난 남자를 때려죽여도 시원찮을 판에 이 사건에 증인이 될 만큼 우호적인 관계인가? 나는 냉정을 유지하며 질문을 계속했다.

"간통사건에서는 남녀 모두 똑같이 처벌을 받는다는 것을 알고 있나요?"
"예, 압니다. 그 남자도 저도 잘 알고 있습니다. 그 남자는 자기가 처벌받는 일이 있더라도 내 아내의 가면을 꼭 벗겨야 한다며 나에게 간통사실을 털어놨습니다. 그리고 제발 고소를 해달라고 부탁까지 했습니다. 그 남자의 사연을 듣고 보니 나 역시 꽃뱀에게 속아 결혼하고 이혼까지 당하게 되었다는 확신이 들어 두 사람을 간통으로 고소한 것입니다"

숱하게 많은 간통사건을 처리해 왔지만 이런 경우는 처음 있는 일이다. 특이한 사건이 들어왔다 싶어 내 머리 속은 이미 여자의 신문을 염두에 두고 꼼꼼히 고소인 조사를 진행했다.

***

며칠 후 여자와 간통했다는 남자 김병수(가명)를 먼저 출석시켰다. 보통체격에 눈부시게 하얀 백발을 한 40대 초반의 남자가 브라운 색의 작은 손가방을 가볍게 쥐고 나타났다. 입은 의상의 메이커를 굳이 확인하지 않아도 머리부터 발끝까지 명품으로 치장을 했다. 머리색이 하도 특이하여 호기심에 염색했냐고 물었더니 그렇단다.

신문이 이어졌다.

"고소인 이동혁의 처와 간통한 적이 있나요?"
"예, 있습니다"

"간통죄로 기소되면 2년 이하의 징역이라는 형사처벌을 받는데, 간통사실을 이동혁에게 자복하고 고소까지 해달라고 부탁하였다지요?"
"예, 그랬습니다"

"이유가 무엇입니까?"
"제가 꽃뱀에게 당했습니다. 그 여자를 처벌할 수 있는 방법은 서로 간통으로 들어가는 수밖에 없다는 것을 알고 여자의 남편에게 간통사실을 털어 놓았습니다. 그러니까 제가 처벌받아도 좋으니 그 여자의 가면을 꼭 벗겨 주십시오. 그 여자는 꽃뱀이 확실합니다"

"꽃뱀이라고 생각되면 사기죄로 고소하지 그러셨나요?"
남자는 자기 가슴을 치면서 자책하듯 말한다.
"차라리 사기를 당했으면 좋겠습니다. 창피하게 간통으로 들어올 일은 없었을 테니까요. 그 여자가 얼마나 영악한지 법에 걸릴 일은 절대로 하지 않습니다. 바보 같은 제가 그 여자에게 모든 것을 다 퍼줬어요. 그 여자는 그것을 노린겁니다"

"그 여자도 당신과 간통하였다는 것을 인정합니까?"
남자는 잠시 머뭇거리다가 답변한다.
"말씀드리기 참 부끄럽지만, 성관계는 제가 운영하고 있는 커피주방에 딸린 작은 방에서 했는데, 하도 영악한 여자라서 쉽게 인정하지는 않을 것 같습니다."

"간통행위의 일시, 장소를 구체적으로 말해보세요"
남자는 손가방을 열더니 손바닥만한 수첩을 꺼내 달력이 있는 면을 보여주며 말한다.

"달력에 동그라미를 쳐 놓은 날짜가 있는데, 그 날이 여자가 찾아와서 관계를 가진 날입니다"

내미는 수첩을 받아 확인해 보니 동그라미는 무려 16번이 쳐져 있었다.

나는 그 내용을 다시 신문형식으로 조서에 기록했다.

"수첩에는 정시빈이라는 이름이 있는데, 누구인가요?"
"그 여자 이름이 정시빈입니다. 나중에 알고 보니 본명이 정수영이더군요"

"여자는 이 수첩내용을 인정하지 않을 것 같은데, 증거 될만한 다른 것은 없을까요? 예를 들자면, 여자 몸에 점이나 흉터가 있는 것을 보았다거나 그런 신체적 특징 같은 거 말이죠"

남자는 잠시 말을 끊었다. 그리고 말을 할까 말까 망설이듯 입술을 오물거리는 것 같다가 용기를 내어 말한다.

"여성분 앞이라 참 부끄러워서 말을 못하겠는데…"
"괜찮아요. 나를 여자라 생각하지 말고 조사관이라 생각하고 편하게 말씀하세요. 간통사건을 한두 번 처리하는 것도 아니고 이런 사건은 제가 전담이나 마찬가지에요" 하며 진술을 유도했다.

"예, 그럼 솔직히 말씀드릴게요. 그 여자의 항문에는 엄지손가락 반만한 치질이 바깥으로 삐져나와 있어요. 제가 여러 번 봤어요." 하며 부끄러움을 감추지 못한다.

옳거니! 바로 그거다. 간통한 자만이 말할 수 있는 아주 유효하게 쓸 수 있는 증거. 나는 카드 한 장을 손에 쥐고 마음 속으로 쾌재를 불렀다. 이 사건은 다음 회차에서 간단히 막이 내려지고 종결될 것임을 예감했다.

***

며칠 후, 서장님 앞에서 아기를 안고 코를 홀짝 거렸던 여자 정수영(가명)이 약속된 시간에 정확히 맞춰 출석했다. 서장실에서 본 후 첫 대면이다.

"안녕하세요? 조사관님"
그녀는 밝은 목소리로 인사하며 의자를 빼서 앉았다.
"어서 오세요. 오시는데 불편하지는 않으셨나요? 지난번 제 방에 들르실 줄 알았는데 그냥 가셨더라고요" 하며 안부를 묻고 그녀의 행색을 살폈다.

지난 번에는 서장 앞에서 아기를 품에 안고 눈물을 짜내며 동정심을 유발시키는 가련한 여인의 모습이 컨셉이었다면, 오늘은 자신의 미모를 뽐내러 온 컨셉이다. 그녀는 유명 백화점 쇼윈도우에나 디스플레이 되어 있음직한 천만원대가 넘어 보이는 회색 롱 모피코트를 걸치고 높은 하이힐을 신었는데 누가 보아도 우아하고 멋있어 보인다. 여자는 그런 모습으로 나타나서 여성인 내가 살짝 기죽기를 바랬었나보다.

그런데 참 놀랄만한 일이 발생했다. 이런 일도 처음 있는 일이다.
그 여자의 뒤에 건장한 청년 두 명이 내 조사실 파티션 안에 따라 들어와 있다. 검정색 정장에 머리에는 기름칠을 하고 귓바퀴 뒤에 꼬실꼬실한 이어폰 줄이 보이는 이 남자들은 누가 봐도 사설경호원이다. 나는 꿈속에서도 상상할 수 없는 광경을 보고 놀라움을 금치 못했다.

나는 미간을 찌푸리며 짜증 섞인 말투로 물었다
"뭡니까? 이 두 사람!" 여자는 당황하며 작은 소리로 조심스럽게 말한다.
"아~ 제 경호원들이예요. 오늘 경찰서 조사받으러 간다고 하니까 아는 분이 보내 주셨어요. 조사에 방해가 된다면 나가 있으라고 할게요"

여자가 경호원들에게 나가라는 의사표시를 하기 전에 내가 먼저 재빨리 명령조로 말했다.
"조사실에서 나가세요!"
두 남자는 즉시 좌향좌 자세로 몸을 틀더니 밖으로 사라졌다.

여자는 손가락을 모아 비벼대며 어쩔 줄 몰라 하는 몸짓으로 나를 달랜다.
"죄송해요, 경호원이 들어와도 되는 줄 알고… 실례가 되었다면 용서해주세요"

의기양양하게 들어왔던 여자는 괜히 조사관의 심경을 불편하게 건드렸다는 생각을 했는지 차디 찬 내 말 한마디에 태도가 다소곳해졌다.

신문이 시작되기도 전에 모든 그림이 머릿속에 그려졌다.
꽃뱀 정수영은 남편 이동혁과 이혼하고 백발남 김병수를 사귀었는데 김병수에게서 더 빼먹을 것이 없다고 생각되자 지금 경호원을 붙여준 새로운 남자를 만나고 있는 것이다. 이에 김병수는 여자에게 원한이 맺혔고 자신이 처벌될 것을 알면서도 여자를 간통으로 처넣으라고 남편 이동혁을 사주한 것이다.

나는 이 역겨운 사건을 한시라도 빨리 끝내고 싶어서 여유를 주지 않고 바로 조사를 시작했다.
여자가 발뺌을 할 수 없는 확실한 증거, 유일한 카드를 손에 쥐고 있었으므로 이 사건은 어떤 사건들보다 재빨리 끝낼 수 있을 것 같았다.

신문이 시작되었다.
"지금의 남편은 어떻게 만나 결혼하게 되었나요?"
"남편은 제주도 관광지에서 기념품 가게를 운영하고 있었어요, 제가 제주도에 놀러갔다가 처음 남편을 보았고 서로 사귀게 되어 결혼하고 아이를 낳았습니다."

"피의자의 직업은 무엇인가요?"
"저는 특별한 직업이 없습니다. 아버지가 한의사인데, 아버지가 운영하는 한의원에서 자잘한 일을 도우다가 출산한 이후에는 아이만 키우고 있습니다"

"남편과는 이혼했나요?"
"그렇습니다, 성격차이로 별거하다가 합의이혼했습니다."

"처음엔 피의자가 일방적으로 이혼소송을 청구했지요?"
"예, 그렇습니다. 그러다가 남편이 합의이혼을 해 주었습니다."

"김병수를 압니까?"
"예, 압니다"

"어떤 관계인가요?"
"제가 지난여름에 이혼소장을 넣으려고 서초동 가정법원 주변에 이것저것 알아보러 다니던 때가 있었습니다. 날씨가 덥고 너무 힘들어서 쉬고 싶다는 생각을 하고 있을 때 분위기 나는 카페가 눈에 보여 차를 마시기 위해 들어갔습니다. 그때 김병수씨는 그 카페를 운영하던 사장님이었고 저는 손님으로 가서 처음 만났습니다. 후에도 몇 번 방문하면서 저의 힘든 결혼생활을 얘기하다 보니 사장님이 잘 들어주셨고 그래서 서초동을 갈 때마다 들러서 대화로 위로를 받았을 뿐 특별한 관계는 아닙니다."

"김병수는 피의자와 서로 사랑하며 사귀는 사이였다고 하는데 맞습니까?"
"아닙니다. 카페 주인과 손님으로서 만난 것이지 서로 사귀지는 않앉습니다. 저는 이혼소송 중에 있었기 때문에 누구를 만나고 사귈 처지가 아니었습니다."

"김병수씨는 피의자와 성관계를 가졌다면서 간통죄로 처벌해 달라고 여기서 조사까지 받고 갔는데 피의자는 교제사실부터 부인하는군요, 이유가 뭡니까?"
"김병수가 거짓말을 하는 것입니다. 김병수는 제 처지가 안됐다고 돈을 준 것이 있는데 그 돈을 받아내기 위해 허위로 거짓 신고를 하고 있는 것입니다."

나는 이 너저분한 사건을 오래 끌고 싶지 않아서 정공법을 쓰기로 하고 갖고 있던 유일한 카드를 내 놓았다.

"피의자의 몸에 치질이 있나요?"
여자의 눈과 입이 갑자기 동그래지는 것을 느꼈다. 그럼에도 불구하고 여자는 재빠르게 답변했다.
"아니오, 없습니다."

"김병수씨는 피의자와의 성관계 사실을 인정하고, 피의자의 항문에 엄지손가락 반 만한 치질이 밖으로 튀어나와 있다는 것을 봤다는데, 어떻게 생각합니까?"
여자는 한 치 망설임도 없이 대답한다.
"쳇! 말도 안 되는 소립니다. 저는 치질이 없습니다. 깨끗합니다. 조사관님"

나는 여자를 동정하며 한껏 불쌍하다는 어투로 말한다.
"참~ 그렇다면 정말 억울한 일일 수도 있겠네요"
"예, 조사관님, 저는 너무 억울합니다"

"이 기회에 누명을 벗어버리고, 이동혁과 김병수를 무고죄로 집어넣어 버립시다"
여자는 비로소 시종일관 냉랭하게 대하던 조사관이 같은 여자로서 자신의 편에 서 주고 있다는 안도감이 생겼는지 고맙다는 표정을 지으며 말한다
"예, 조사관님, 정말 그렇게 하고 싶습니다. 도와주십시오."

"예, 당연히 도와드려야지요. 지금 저와 함께 산부인과에 가서 치질이 없다는 것을 증명합시다. 그렇게 되면 이 사건은 오늘 바로 종결처리 하겠습니다."
내 말이 떨어지자 여자는 흠칫 놀란다.
대단히 깐깐하고 정갈해 보이는 여성조사관이 설마 다른 여자 항문을 쳐다보고 치질을 찾을 것이라고는 상상도 못하고 왔을 것이 분명했다.

여자의 태도는 급변했다.
"조사관님, 사실은 제가… 샤워를 하지 않아서 몸에 땀 냄새가 나는데, 샤워를 하고 내일 가면 안 될까요?" 묻는다.
"안됩니다. 누명을 벗는 일인데 빨리 가야지요, 내일은 나도 다른 조사 일정이 잡혀있고 해서요, 지금 갑시다."

나는 여자의 누명을 당장 벗겨주겠다는 시늉을 하면서 자리에서 일어났다.

여자는 입술을 깨물며 망설인다. 다른 꾀가 없을까 궁리하는 모습이 보인다.
"가세요, 왜 안 일어나세요? 병원진료 끝날 시간도 다가오는데"
여자는 끝내 일어나지 않는다. 그러고는 자백하기로 결심한 듯 자세를 고쳐 앉았다.

"조사관님, 거짓말을 해서 정말 죄송합니다. 사실은 김병수와 성관계를 가졌습니다"
시시하게 한판승이 끝나려는 순간이었다.
나는 속으로 '그러면 그렇지, 언제까지 거짓말이 통할 줄 알았냐?'라는 생각도 잠시, 뒤통수를 탁 치는 반전이 이어졌다.

"조사관님! 제가 김병수와 성관계를 가진 것은 사실입니다. 하지만 간통죄가 성립되지 않을 것이기 때문에 끝까지 감추고 싶었던 것이지 조사관님을 속이려고 거짓말을 한 것은 아닙니다"

순간 나는 매우 당황하였다.
'아~ 이 여자는 간통죄 성립부분에 대하여 다른 사람으로부터 법률적 사주를 받고 왔구나'하는 생각을 하며 이 사건은 시시하게 여기서 끝날 사건이 아님을 직감하였다.

"어떤 근거로 간통죄가 성립 안 될 거라고 생각하죠?"
"김병수와의 성관계는 이혼소송 확정판결이 난 후에 가졌기 때문입니다"

'역시 그렇지' 생각했던 대로 한방 세게 얻어맞은 기분이다.

나는 여기서 1차 신문을 끝내고 여자를 귀가시켰다.
여자는 조사실을 나가기 전 핸드백을 열어 예쁘게 포장된 물건 한 개를 내 책상위에 올려놓으며 말한다.
"조사관님, 이래도 되는지 잘 모르겠지만, 이것은 제가 바르고 있는 립스틱인데 조사관님께도 잘 어울릴 것 같아서 드립니다. 조사하시느라 수고하셨는데 이렇게라도 답례를 하고 싶네요. 받아주시면 고맙겠어요." 하며 내게 낚시밥을 던진다.

나는 조서를 편철하려고 꺼내놓은 서류 뭉치를 고의로 책상위에 두 번 탕탕 치면서 차갑게 말한다.
"가져가세요. 조사는 여기서 끝난 것이 아니기 때문에 2차 일정을 잡아서 다시 연락드립니다. 잘 가세요."

***

남편 이동혁이 꽃뱀이었던 아내에게 당했다는 대화를 상기해 본다.

"아내를 처음에 어디에서 만났어요?"

"제가 제주도에서 관광상품 판매사업을 하고 있을 때 아내가 손님으로 와서 처음 알게 되었습니다"

"무슨 사업을 하고 있었는데요?"
"인물사진을 찍어서 원형으로 된 하얀 사기접시에 새겨주는 기념품 판매 사업이었는데, 우리나라에 그 기술이 들어 온지 얼마 안 되었고 제주도에서는 제가 처음으로 시작한 사업이라 관광객들이 많이 몰렸어요. 사업이 참 잘 되었고 수입이 상당히 괜찮았습니다.

"아내와 사귀게 된 경위는요?"
"처음 아내를 만났을 때 그녀는 동생뻘 되는 어떤 여자와 제 가게에서 사진을 찍고 기념품 제작을 맡겼어요. 기념품은 사진을 찍고 인쇄 작업을 거쳐 서너 시간 후에 찾아가는 방식이었는데, 처음 본 아내가 얼마나 예뻤던지 손님들 중에서도 눈에 확 들어왔어요. 사진을 찍어 접시에 담아놨는데 모델처럼 빛이 나더군요. 나중에 물건을 찾으러 온 아내에게 접시를 하나 더 만들어서 우리 가게에 걸어놓으면 안 되겠냐고 물었더니 아내는 흔쾌히 승낙을 하면서 '그렇게 하라'고 했습니다. 저는 그 댓가로 물건 값을 받지 않았고, 아내는 고맙다는 말을 남기고 돌아갔는데, 다음날 오전에 아내는 혼자 아이스크림을 사 들고 제 가게에 다시 찾아왔더군요. 그것이 악연의 시작이었습니다."

"결혼까지 가게 된 동기는 무엇인가요?"
"혼자 아이스크림을 사들고 온 아내에게 '동생은 어디 갔느냐'고 물었더니 원래 2박3일 일정으로 왔는데 동생은 먼저 가고 자신은 여행을 더 하고 싶어서 남았다고 했습니다. 이런 저런 대화를 나누다 보니 여자가 마음에 들었고 여자도 싫지 않은 기색이었습니다. 그리고 숙소를 따로 정하지 않았다고 하기에 제가 살고 있는 임시숙소에 방과 거실이 있는데 여행하는 동안 방을 써도 괜찮다고 했더니 '고맙다'고 하면서 들어와 지낸 것이 그 후로 15일 동안 쭉 함께 생활을 했습니다. 그것이 계기가 되어 정식으로 사귀게 되었고 결혼까지 하게 된 것이죠"

"아내의 어떤 점이 마음에 들던가요?"
"아내는 자기 말로 한의학을 공부하는 학생이라고 했습니다. 아버지가 한의사인데 본인은 곧 중국으로 한의학을 공부하러 떠날 것이라 했고 공부가 끝나면 아버지의 가업을 이어 받을 것이라고 했습니다. 그때 제 나이가 37세였고 아내는 31세였습니다. 서로 혼기가 차 있었고 사귀는 사람도 없는 것 같아서 속으로 저는 너무 좋았습니다. 그리고 아내 역시도 제가 미국 유학생활을 오래 했고 기념품 사업으로 돈을 많이 벌고 있다는 것에 호감을 갖는 것 같았습니다."

"아내가 한의학을 공부하고 있다는 말에 믿음이 가던가요?"
"그렇습니다, 보름간 함께 지내면서 지켜보니 나는 중국말을 전혀 못하는데 아내는 중국말을 잘하는 것처럼 보였습니다. 한의학에서 사용하는 전문용어를 쓰며 저의 맥도 짚어주고 체질도 잘 알아맞추고 해서 믿었습니다. 그런데 결혼을 하고나서 한참 지난 후에 알고 보니 장인어른은 정식 한의사가 아니고 한약재를 판매하는 사람인데 한의사 행세를 하는 사람이었습니다. 그리고 아내는 한의학을 공부하던 것이 아니고 아버지 한의원에서 잡일을 돕고 있었고요. 멍청하게도 저는 그 사실을 이혼하려는 단계에서 알았습니다."

"사귄지 얼마만에 결혼식을 올렸나요?"
"딱 3개월입니다. 서로 혼기가 차 있었기 때문에 누가 먼저라고 할 것도 없이 속전속결로 결혼식을 올렸습니다."

"결혼 전 본인의 재산은 얼마나 있었나요?"
"약 10억 정도 있었어요. 잠실에 32평 아파트가 한 채 있었고, 4억 원은 예금으로 있었으니까요."

"아내가 꽃뱀이라고 했는데, 언제부터 그렇게 느꼈나요?"
"아내와 결혼식을 올린 후 2년 반 동안 혼인관계를 유지하면서 제가 가지고 있던 10억 원의 재산을 모두 아내에게 넘겨주게 되었고, 결국 성격차이로 몰아세워 무일푼으로 처가에서 쫓겨나는 신세가 되었습니다. 그길로 저는 아주 어릴 때부터 저를 양자로 입양하고 키워주신 고모님 집으로 들어가 살고 있는데, 우연히 처갓집 앞에서 김병수라는 사람을 만나게 되었고 그가 내 아내는 꽃뱀이라고 알려주었습니다. 그때 김병수의 사정을 듣고 저의 과거를 돌이켜 생각해보니 역시 아내는 저의 재산을 노리고 결혼한 후 다 빼앗고 더 나올 것이 없으니까 성격차이 운운하면서 이혼소송을 제기한 것이라고 판단됩니다. 그러니까 김병수를 만난 이후 꽃뱀이라는 확신이 들었습니다."

"10억 원의 재산은 어떻게 하다가 아내 손으로 다 넘어갔는지요?"

"예, 좀 길지만 찬찬히 잘 들어주십시오."

결혼식을 올렸지만 저는 잘 나가는 제주도사업을 그만 둘 수 없어서 제주도 임시숙소에서 살게 되었고 아내는 서울 아파트에서 혼자 살았습니다. 아내는 한 달에 일주일 정도 제주도로 내려와 함께 있어주었고, 저는 서울집에 갈 시간없이 사업에만 열중했습니다. 메뚜기도 한 철이고 젊어 고생은 사서도 한다고 하지 않았습니까? 저는 아내와 떨어져 살면서도 곧 태어날 아기와 행복한 가정을 꾸릴 것을 꿈꾸며 열심히 살았습니다.

사업해서 번 돈은 제 생활비만 조금 빼 놓고 모두 아내의 통장으로 이체시켜 주었습니다. 그리고 아내가 임신을 하면서 제주도에 내려오는 횟수가 적어졌으며 그때부터 제가 한 달에 두 번 정도 서울 집에 가서, 그것도 주중에 이틀 밤만 지내다 왔습니다.

아내가 입덧이 심해지자 아내는 혼자 살기 힘들다고 아예 짐을 싸서 친정으로 들어갔습니다. 친정으로 들어간 아내는 급기야 아버지가 운영하는 한의원 건물이 오래되고 낡아서 리모델링을 해야 한다면서 사업해서 벌어놓은 돈을 모두 아버지 사업에 투자를 하자고 했습니다. 그때까지도 장인어른이 무허가 한의사인줄을 몰랐어요. 나중에 아내가 그 한의원을 이어받아 운영할 것이라고 생각했기 때문에 투자하는 셈치고 그렇게 하도록 승낙을 하였습니다.

만난 지 1년 만에 아내는 아들을 출산했습니다.

아내는 서울집을 비운 후 아예 친정에서 살고 있었습니다. 내가 벌었던 돈을 몽땅 빼서 한의원 리모델링을 했다고 하지만 외관으로는 별로 달라진 것이 없어 보였습니다. 아내와 아들을 보러 처가에 가면 마땅히 잘 곳도 없고 하여 제주도에서 더 오래 머물게 되는 계기가 되었습니다.

그런데 제주도에서 제가 하는 사업과 똑같은 사업이 여기저기 번지면서 사양산업으로 전락하고 말았습니다. 그래도 저는 벌이수단이 그것밖에 없어서 열심히 장사를 했습니다.

그러던 중 어느 날 아내가 전화를 했더군요. 파주에 있는 아버지 한의원을 도시가 개발되는 용인 쪽으로 옮겨야겠는데 돈이 부족하니까 서울 집을 팔아서 보태자고 했습니다. 그리고 자기는 아기를 키우면서 더 이상 공부를 하기가 힘드니까 대신 저한테는 제주도 사업을 정리하고 대학 한의학과에 진학을 하여 졸업하면 아버지 한의원을 물려받으라고 했습니다. 아내의 생각이 옳은 것 같아서 승낙을 하고 집을 팔도록 위임을 해 주었습니다.

서울 아파트는 시세보다 잘 팔았지만, 파주에 있던 한의원은 워낙 시골인데다가 집도 낡고 허름하여 헐값에 판 것 같았습니다. 그런데 장인어른은 용인 변두리에 주거일체형 허름한 단독건물을 한 채 사서 한의원을 다시 차리고 내 동의도 받지 않고 장인어른 단독등기로 냈던 것입니다.

저는 이의제기할 엄두도 못 내고, 제주에 있는 사업을 접은 후 거의 빈털터리로 처가에 들어갔는데 그때부터 처가살이를 시작하게 됩니다.

저는 벌어들이는 수입이 없었고, 대학 진학을 위하여 학원을 다니다 보니 아내를 통하여 장인어른께 용돈을 타 쓰는 신세가 되었습니다.

아내는 출산 후 우울증이라고 하면서 급격히 신경질적으로 변해갔고, 계속 싸움을 걸어왔습니다. 저는 처가에서 언쟁을 높이는 것을 원치 않았으므로 가급적 아내와의 대화를 피해오다 보니 자연적으로 서울 고모님 댁에서 기거하는 횟수가 잦아졌습니다.

결혼식을 한 후 부부는 살갑게 붙어살아야 하는데 신혼 때부터 너무 떨어져 있어서 정이 멀어졌구나 생각하며 저의 신세를 많이 한탄했습니다.

가끔 아내와 아들을 보러 처가에 가면 밥도 안주고, 잠도 나가 자라고 하면서 쫓겨 나온 때가 한두 번이 아니었고, 장인어른과 장모님은 그런 아내의 태도에 대하여 전혀 나무라지 않고 모른척 했습니다.

오랜만에 아들이 보고 싶어서 처가에 갔더니 저의 옷가지와 물건을 넣은 가방이 현관문 밖에 나와 있었습니다. 너무 기가 막혀서 '내 물건이 왜 바깥에 나와 있느냐'고 따지니까 '당신이 이 집에 한 게 뭐 있다고 밥을 얻어먹느냐'고 하면서 이혼을 하자고 요구했습니다. 이 억울함을 참고 고모님 댁에 와서 많은 고민을 했습니다. 아내는 매일 입에 담지 못할 욕설과 함께 이혼을 요구하는 전화를 했고 급기야 아내가 일방적으로 이혼소송을 제기한 것입니다.

결국 저는 아내의 성화에 못이겨 이혼하는데 합의를 해주게 되었고 아들에 대한 양육권도 갖지 못했습니다. 아내는 이혼소송과 함께 아들 양육비를 요구했기 때문에 재산을 돌려달라는 말도 못하고 결국 아내에게 10억 원, 아닙니다. 그 이상의 돈을 모두 뺏기고 정신이 피폐해진 빈털터리가 되었습니다. 다행히 저를 어렸을 때부터 입양하여 양자로 키워주신 고모님이 홀로 살며 재산이 많은 분이라 경제적 어려움없이 고모님을 모시고 살고 있지만, 이 모든 것은 꽃뱀 아내의 계획대로 순순히 진행된 사기행각인 것으로 생각이 됩니다."

* * *

정수영의 1차 조사가 끝난 후 며칠 뒤 머리 허연 김병수를 불러 2차 신문을 했다. 그와의 대화 내용이다.

"고소인 이동혁을 어떻게 만나게 되었나요?"

"정수영에게 전 재산을 털리고 난 후 너무 억울하고 괘씸해서 그녀가 산다고 하는 용인으로 무작정 가 본적이 있었습니다. 한 번도 가본 적은 없었지만 용인시 00동 00사거리 근처에서 아버지가 운영하는 한의원에서 한의사로 일하고 있다는 말을 했기 때문에 그 동네를 찾아 들어서니 마침 사거리 코너에 '00한약국'이라는 간판이 보였습니다. 한의원도 아니고 한약국이라니… 생각하며 '설마 여기는 아니겠지'하고 지나치려는데 한 남자가 그 한약국 앞에서 서성거리는 것을 보았습니다.

느낌이 이상하여 길가에 차를 세우고 내려서 저도 한약국을 향해 잠시 멈춰 섰더니 이 남자가 저를 이상하게 쳐다보면서 서로 눈이 마주쳤습니다. 그래서 제가 먼저 다가가 말을 건넸습니다.

"혹시 정시빈을 아십니까?" 하고 물었더니
남자는 화들짝 놀라면서
"그쪽은 누구시지요? 정시빈은 우리 집사람이 쓰는 이름 같은데…"
라고 했고,
우리는 그렇게 우연히 만났습니다. 그날 밤 우리 두 사람은 그동안 정수영이라는 여자에게 당한 얘기를 허심탄회하게 나누었고 저는 고소인에게 간통죄를 자복하게 되었습니다."

"정수영은 그쪽과 성관계를 가진 것은 인정하는데, 이혼소송판결을 받은 후라고 주장하고 있습니다. 이것은 간통죄에 있어서 대단히 중요한 대목입니다. 수첩에 성관계 가진 날짜에 동그라미를 쳐 놓았다고 하지만 정수영이 그것을 인정하지 않으면 증거로서의 가치가 없습니다. 그 날짜가 정확하다는 것을 입증할 방법이 또 없겠습니까?"

김병수는 한숨을 푹 내쉬며 크게 실망하는 눈치를 보였다. 그리고 엄지와 검지를 벌려 턱을 괴고 한참 생각하다가 말한다.

"제가 참고인으로 출석시키고 싶은 두 사람이 있습니다. 꽃뱀 정수영의 정체를 정확히 말해 줄 수 있는 사람들 말입니다"
"그렇게 하시지요, 일단 들어 보겠습니다. 간통죄를 밝혀내는데 중요한 단서가 되었으면 좋겠네요"

"다음은 물적 피해관계를 물어보겠습니다. 정수영에게 당한 금전손해는 얼마지요?"
"1억 5천만 원입니다. 그것은 현금으로 5천만 원을 준 것과 제가 강남에서 운영하고 있던 카페 보증금 1억 원을 정수영이 빼간 합계입니다"

"사기당한 것은 아니라고 했던가요?"
"예, 그렇습니다."
김병수는 꽃뱀의 놀음에 당한 자신이 너무도 한심스럽다는 듯 길게 한숨을 내뿜는다.

"현금 5천만 원을 준 이유는 무엇인가요?"
"그 여자는 참 곱고 아름다왔습니다. 교양미도 넘치고 자신은 한의학을 공부하는 사람이라고 소개했는데 처음엔 그렇게 믿었죠. 사업관계에 있는 내 지인들과 몇 번 만나기도 했는데 사람들에게 친절하게 진맥도 잘 짚어주었습니다. 저는 새로 만난 여자가 너무 자랑스러웠습니다. 저는 10년 전에 이혼하고 그 후로도 여러 명의 여자들을 만나봤지만 이렇게 마음에 드는 여자는 처음이었어요.

그렇게 아름다운 여자가 남편으로부터 버림받고 돌도 안지난 아기를 홀로 키워야 한다니 마음이 너무 아팠습니다. 그래서 잘해 주고 싶었고 정수영이 원한다면 결혼도 하고 싶었습니다. 그렇기 때문에 그녀의 이혼소송이 빨리 끝나도록 도와주고 싶었습니다.

카페에 들어오면 수심 가득한 얼굴로 창밖을 쳐다보고 있는 모습이 너무도 안쓰러워서 미칠 지경이었습니다. 무심결에 정수영이 '아버지가 많이 아파서 한의원을 계속 문 닫고 있는데 생활비가 바닥날 지경이다' 라는 말을 했습니다. 저는 이때다 싶어서 정수영에게 '부담스러우면 나중에 갚고 굳이 안 갚아도 된다'며 천만 원짜리 자기앞수표 5장을 주었습니다.

정수영은 많이 빈곤했던 탓인지 나중에 잘 되면 꼭 갚겠다며 사양하지 않고 받는 모습조차도 저는 너무 감사했습니다. 그녀를 위해서 뭔가를 해주었다는 것이 제게는 큰 기쁨이었으니까요. 그렇게 해서 현금 5천만 원의 피해금이 발생한 것입니다."

"카페 보증금 1억 원은 정수영이 어떻게 빼간 것인가요?"
"만난 지 약 4개월쯤 지나자 정수영이 저의 가게로 이혼소송 확정판결문을 가지고 왔습니다. 저는 너무 기쁜 나머지 이제는 맘 놓고 사귀어도 좋겠다는 생각을 하며 자축하는 의미에서 이 카페를 정수영에게 단독으로 운영해 보라고 제의했습니다.

그때 저는 다른 곳에 50% 지분을 가지고 있는 카페가 한 군데 더 있었어요. 정수영에게 지금 이 카페는 장사가 잘되니까 그냥 문만 열어놔도 유지가 될 것이라며 단독으로 해봐라 하고 나는 동업자 카페에 가서 일을 하겠다고 했어요. 그런데 정수영이 갑자기 정색을 하면서 '종업원이나 다름없는 얼굴마담을 시킬거냐'고 사양한 뒤 며칠간 나타나질 않았어요.

그래서 저는 정수영을 놓칠까봐 "그러면 카페 명의를 아예 당신 앞으로 해줄게" 약속을 하고 다음날 바로 건물주를 만나 정수영 명의로 계약서를 다시 쓰게 된 것입니다.

정수영이 석 달 정도 운영하더니 힘들어서 도저히 못하겠다고 하더군요. 그리고 제가 지분을 가지고 있는 카페와 합쳐서 함께 운영하면 안 되겠느냐고 했습니다.

그리고 서로 떨어져 있으니까 많이 보고 싶다면서 함께 있으면 데이트할 시간을 절약할 수 있지 않겠느냐는 달콤한 제의였습니다. 저는 그것도 괜찮은 방법이라 생각하고 저는 흔쾌히 승낙을 하면서 카페를 처분했습니다.

그 카페는 보증금 1억 원과 권리금 3억 5천만 원, 합해서 4억 5천만 원에 급매로 처분하였고, 보증금은 정수영에게 직접 빼가라며 선물로 주었습니다. 그리고 나머지 3억 5천만 원은 제가 지분을 가지고 있는 카페를 단독으로 인수하고 확장하는 데 공사비로 사용했습니다."

"정수영과는 언제 헤어졌나요?"
"공식적으로 헤어진 것은 아닙니다. 그녀가 1억 원을 받은 후부터는 몸이 아프다. 아기가 아프다. 아버지가 위독하시다 등등의 핑계를 대면서 제가 운영하는 카페에 나오지 않았습니다. 물론 카페 확장공사를 벌려놨기 때문에 나오더라도 마땅히 있을 곳이 없었지만 보고 싶어서 만나자고 전화하면 이 핑계 저 핑계 대면서 만나주지 않고 나중에는 전화도 받지 않았습니다"

"정수영이 꽃뱀이라고 하는 것은 어떤 계기로 언제 알게 되었나요?"
"참 기가 막힌 일이 있었습니다. 정수영을 한 다섯 번쯤 만났을 땐가, 사업상 친분이 있는 지인 A씨에게 정수영을 소개시켜주면서 3명이 함께 저녁식사를 한 적이 있었습니다. 그 후 A씨는 저에게 정수영을 너무 가까이 하지 말라는 충고를 해주었었는데 그때는 그녀가 너무 좋았기 때문에 귀담아듣지 않았습니다. 그러다 정수영이 1억 원을 받은 후 연락두절 되자 저는 A씨에게 그때 왜 정수영을 가까이하지 말라고 충고했는지 다시 물어보게 되었습니다."

"A씨가 무엇이라고 말하던가요?"
"그 부분은 A씨에게 직접 들어보는 것이 좋겠습니다."

A씨를 참고인으로 출석시켜 본들 정수영의 정체를 좀 더 자세히 알 수 있을지는 몰라도 간통사건 해결에 도움은 될 수 없기에 굳이 A씨를 불러 조사하는 것은 시간낭비일 뿐이다.
결국 이 사건의 종말은 김병수와 정수영의 대질조사로 수첩의 성관계 날짜의 진위를 가려내는 것인데, 정수영이 바보 아닌 다음에야 그것을 인정할리 만무하고 정수영의 진술을 뒤집을 만한 반증이 없는 이상 두 남자는 많이 억울하겠지만 불기소의견으로 종결할 수밖에 없는 사안이었다.

하지만 수첩을 들여다보고 있을 정수영을 생각하니 픽~하는 그녀의 코웃음소리가 나를 자극했다. '그래 끝까지 가보자. 가다보면 뭔가 새로 가닥 잡히는 게 있을지도 몰라' 생각하며, A씨에 대한 출석요구서를 보내놓고 기다렸다.

***

며칠 후 백발남 김병수가 A남과 술집 마담이라고 하는 B녀를 데리고 함께 왔다.

먼저 A남과의 대화,

"먼 길 오시느라 수고하셨습니다. 정수영을 잘 아시나요?"
"그렇습니다. 정수영은 김병수씨와 몇 달 교제를 한 정시빈이라는 여자 같은데, 김병수 카페에서 몇 번 만나 차를 마시고 대화를 나눈 적이 있습니다. 그리고 처음 만난 날 느낌이 좋지 않아서 김병수씨에게 가까이 하지 말라고 충고한 일이 있습니다. 그런데 정시빈이 아니라 정수영이라는 다른 이름이 있었다니 역시 제 느낌이 맞았어요."

"정수영에 대한 느낌이 좋지 않았다고 했는데 어떤 일이 있었나요?"
"김병수씨와는 사회 친구로 아주 절친한 사이입니다. 어느 날 김병수씨가 새로 사귄 여자가 있는데 저녁을 함께 먹자고 해서 그 친구가 운영하는 카페로 갔습니다. 거기에서 정시빈을 보고 그 미모에 깜짝 놀랐습니다. 한의학을 공부하는 사람이라고 자기소개를 했는데 첫인상이 상당히 능력있어 보이고 교양미도 있어 보였습니다. 이름이 무엇이냐고 물어보니 '정시빈'이라고 하더군요. 본명이냐고 물어보니 그렇다고 대답했습니다.

김병수씨가 차를 준비를 하러 간 사이 정시빈과 둘만 남아 동양인의 체질에 대하여 대화를 나누었어요. 그러다가 문득 정시빈 이라는 이름을 두고 '흔치 않은 이름인데 혹시 중국명이세요?'하고 물었더니 한글 이름이라고 하더군요, 그래서 한자로는 어떻게 쓰느냐고 물어보았습니다.

　　그랬더니 매우 당황해 하면서… '중국에서만 쓰는 아주 희귀한 한자어를 쓰는데 다음에 직접 써 주겠다'고 했습니다. 그러면 한자어로는 어떻게 읽느냐고 물어보니 그 또한 다음에 같이 알려주겠다고 했습니다. 나는 속으로 '자기이름 한자도 모르나"하는 이상한 생각이 들어서 집요하게 더 물어볼까 하다가 마침 김병수씨가 차를 테이블에 올려놓기에 대화를 멈추었습니다.

　　다음날 다시 차를 마시자고 연락이 와서 카페에 가니 정시빈이 자기 이름을 한자로 크게 쓴 종이를 저한테 주더군요. 모든 것이 의심스러울 수밖에 없었습니다. 그래서 김병수씨에게 사람 잘 알아보고 사귀라고 충고를 해주었는데, 이 친구가 통 말을 알아듣지 못했습니다"

　　A씨의 말이 끝나자 나란히 함께 앉은 50대 중후반의 마담 B녀에게 말을 건넸다.

　　"먼 길 오시느라 수고 많으셨지요?"
　　"아~예, 감사합니다"
　　다리를 꼬고 앉아 있던 그녀의 마른 체구에서 목이 잠긴 듯한 의외의 허스키한 목소리가 나왔다.

"정수영이라는 여자를 잘 아신다고 들었는데 맞습니까?"
"예, 너무 잘알고 있죠."

"어떻게 알고 있는 사이지요?"
"걔 이름은 소영이예요. 나는 걔를 스무 살 때부터 데리고 다녔습니다. 예쁘고 싹싹한 것이 손님들에게 여간 귀염을 떠는 게 아니었어요. 그런데 돈 있는 사람을 한번 물었다 하면 붙어서 수 개월씩 나타나질 않아요. 그러다가 한번 나타나면 두서너 달은 잘 나오다가 또 잠적하고, 길게는 1, 2년 만에 나타난 적도 있었어요. 걔하고 붙은 남자들이 소영이 찾아내라고 내 업소에 찾아와서 얼마나 난리를 피웠는지... 한 두 번이 아니에요. 참 골치아픈 애예요. 내가 걔 때문에 뜯긴 돈도 많아요."

그녀는 숨이 차는지 잠시 말을 끊었다.

"2년 전 쯤인가? 누구에게 들은 소식인데 결혼해서 아기를 가졌다고 하더군요. 속으로 얼마나 오래가나 싶었습니다. 결국 결혼을 하고서도 이런 일이 또 있네요. 참~나!"

"실례지만 그쪽 영업은 어떻게 이루어지나요?"
"아~ 네...."

마담은 대답하기 껄끄러운 질문을 받아서인지 잠시 뜸을 들이다가 말한다.

"잘 나갈 때는 아가씨 100명도 데리고 있었어요, 지금은 그렇지 않지만...."

제가 계약한 업소에 아가씨들을 출근시켜 주면 업소 사장은 나에게 출근 1명당 5천 원씩 계산해 주었어요. 못해도 하루에 보통 50명은 나오죠. 아가씨들은 손님들이 주는 팁으로 생활해요, 여우같은 것들은 손님들하고 나가서 더 챙기죠. 그렇게 생활들을 합니다."

"소영이라는 아가씨와 정수영이 동일인물 맞나요?"
"예, 맞아요. 사진 보니까 딱! 알아보겠던데요, 뭐... 얘는 소영이에요, 소영이..."
다리를 꼬고 앉은 채로 옆에 있는 A씨에게 손바닥을 내보이며 달라는 표시를 하자 A씨는 뒷주머니에서 지갑을 빼내 그 속에 있던 작은 사진 한 장을 건넸다.
그 사진 속에는 김병수, 정수영, A씨가 나란히 쇼파에 앉아 찍은 모습인데 A씨는 정수영을 처음 만났을 때 기념촬영 했던 것이라고 설명을 덧 붙였다.

나는 참고인 A씨와 B마담을 밖으로 내보낸 후, 김병수와 다시 마주 앉았다.

"별로 승산이 없어요, 정수영의 실체를 알아내긴 했는데, 이혼소송 기간중에 간통하였다는 것을 직접적으로 증명할 수는 없잖아요. 예상은 했지만, 저로서도 실망이 크네요. 마지막으로 정수영과 대질조사를 하고 사건을 끝내야 할 것 같으니까 다시 연락할게요. 돌아가 계세요"

김병수는 고개를 숙인 채 무거운 발걸음으로 조사실을 나갔다.

＊＊＊

다음 날 오후, 다른 사건의 조사로 분주할 때 갑자기 김병수가 파티션 너머로 고개를 들이민다. 애가 타서 왔으리라...

나는 바깥에서 잠시 기다리라고 짧게 말한 후, 수사 중인 12억 원 공금횡령 사건의 참고인 조사를 서둘러 마무리하고 김병수를 들어오게 했다.

"어서 오세요, 무슨 일 있습니까?"
김병수는 고개를 숙인 채 길게 한숨을 내 쉰다.
고개 숙인 김병수의 머리꼭지가 한눈에 들어온다. 눈처럼 하얀 백발과 맞닿은 두피에서는 까만머리가 1센티미터 가량 자라고 있었다. 김병수의 심경이 드러나있는 머리꼭지를 말없이 쳐다보며 그가 무슨 말을 할 때까지 기다려 주었다.

"반장님...."
불러놓고 잠시동안 말을 하지 않았다.

순간, 이 사람이 뭔가를 감추고 있던 것을 가지고 왔구나, 하는 짐작이 번뜩였다.
"괜찮아요, 편하게 말씀하세요."
나는 최대한 부드럽게 말하며 그를 응시하는 눈을 풀지 않았다.

"이것이 증거가 될 수 있을까요?"
"뭐지요?"

김병수는 네모난 까만 가방을 열어 작은 캠코더 한 개를 꺼내 책상 위에 올려놓으며 말한다.

"사실은 정수영과 관계를 하고 있는 동영상입니다"
"동영상이 무슨 도움이 되겠어요?"

"아닙니다. 동영상을 자세히 보면 벽에 달력이 걸려 있는데 그 달력은 보통달력이 아닙니다. 매일 매일 날짜가 표시되는 그런 달력입니다. 작아서 안 보일수도 있겠지만 그날은 4월 19일 목요일인 것이 확실합니다."
"어디 같이 한번 볼까요?"

"아닙니다. 캠코더를 여기에 두고 갈테니까, 반장님께서 천천히 보십시오"
그는 서둘러 조사실을 나가면서 말한다.
"이런 거까지 내놓고 싶지 않았는데... 정말 나쁜 여자예요"

* * *

반전의 기회가 오는 듯 했다.
김병수의 말대로 날짜만 증명될 수 있다면 정수영의 코를 납작하게 해 줄 수 있을 것이다. 시커먼 속을 감추고 순수하고 맑은 영혼의 아기를 무기삼아 품에 안고 경찰서장을 찾아와 자신은 무고한 시민이라고 눈물을 찔찔 짜내던, 그 불쌍하고 가련했던 정수영의 실체가 드러나는 반전의 기회일 수 있다.

***

캠코더의 동영상을 켰다.

남녀가 발가벗은 채로 서로 엉겨 붙어 성행위를 하고 있는 동영상, 여자의 신음소리가 요란했다. 과히 김병수가 캠코더 동영상을 함께 보지 못하고 던져두고 갈만한 물건이었다.

나는 화면에서 달력을 찾았다. 침대 머리 쪽 벽에 하얀 달력 같은 물체가 걸려있는 것 같다. 하지만 캠코더 화면이 손바닥보다 작은데다가 달력의 크기도 너무 작아서 알아볼 수가 없다.

그리고 캠코더는 침대 아래쪽에 설치해 놓고 찍은 것이라서 사람의 얼굴은 보이지 않고 성행위를 하고 있는 두 남녀의 발바닥과 다리, 엉덩이 부분만 적나라하게 보일 뿐이다. 사람의 움직임에 따라 여자의 얼굴이 살짝 살짝 보이기도 하지만 화면이 너무 작아서 정수영의 얼굴인지조차도 불명확해 보인다.

당시의 기술 수준은 지금처럼 엄지와 검지를 벌려 스마트폰 화면을 키우는 것과 같은 확대장치도 없었고, 크게 보려면 TV 모니터에 연결해야만 볼 수 있을 정도에 불과했다. 어찌됐건 나는 증거물을 최대한 확보하기 위해 캠코더를 들고 '국립과학수사연구소'로 달려갔다.

***

국과수 연구관 사무실에는 역시 전문가 사무실답게 주변기기들과 제법 큰 모니터가 책상위에 있었다. 컴퓨터에 캠코더를 연결시키자 여인의 신음소리가 터져 나온다. 연구관과 나는 급히 당황했다. 우리는 듣기 민망한 소리를 재빨리 무음으로 해놓고 두 남녀의 극렬한 사랑의 몸짓을 뜻하지 않게 감상하는 꼴이 되었다.

먼저, 성행위를 하는 사람이 김병수와 정수영이 맞는지 확인하기 위해 인물검색에 들어갔다. 동영상은 발 아래쪽에서 찍은 것이라 좀처럼 얼굴이 나타나지 않았다.

그래서 좀 더 빠른 속도로 돌려가며 얼굴이 나타나는 부분에서 정지시켜 보기로 하고, "아... 연구관님... 여기 여기... 좀 더... 다시 돌려봐요, 얼굴이 보여요. 스톱, 아니... 다시 돌리고... 좀 더 돌리고..."

"예, 그 부분에서 스톱!! 크게 해봐요, 더 크게... 좋아요, 이 상태로... 잠깐만"

"아! 정수영이 확실하네요. 김병수의 얼굴도 확실히 보이고요. 출력해 주세요."

따뜻한 열기가 묻어있는 인쇄된 종이를 여러 장 받아들며 다시 확인해 보았다.

"연구관님, 다음은 달력을 확대해 봅시다"

모니터에서 달력을 확대해 보니 달력의 디자인은 일반적인 것이 아니라 그날 그날의 날짜를 확인할 수 있도록 고안된 것인데, 수년 전 나도 그와 똑같은 달력을 내 조사실에 걸어두고 사용한 적이 있는 눈에 익은 달력이다.

이 달력을 잠시 설명하자면, 이것은 세 개의 달력이 연결되어 있는데 맨 위에 부분이 3월, 가운데 부분이 이번 달을 가리키는 4월, 맨 아랫부분이 5월이다.

4월을 가리키는 중간 부분에는 투명한 띠 한 줄이 가로로 놓여 있는데 이 띠는 아래위로 이동이 가능하고 그 띠 중간에는 다시 빨간 네모칸이 있는데 이것은 좌우로 이동이 가능하다. 멀리서 보면 투명한 띠는 보이지 않고 빨간 네모칸 안에 있는 숫자 하나가 보이는데 그것이 바로 '오늘'을 가리키는 숫자다.

그런데 그 숫자를 보는데 있어 문제가 생겼다.

캠코더의 화소수가 워낙 낮고 화면이 작았던 관계로 확대를 하면 할수록 달력의 숫자가 퍼져서 정확히 알아볼 수가 없었다. 적정 크기로 확대해서 보니, 4월을 나타내는 숫자는 비교적 커서 인식이 가능하나 일(日)을 나타내는 숫자는 인식불능이다.

하지만 다행히도 빨간 네모의 위치가 셋째 줄 다섯째 칸에 위치해 있는 것을 정확히 알 수가 있었다. 1일의 1자를 기준으로 해서 세어보니 빨간 칸은 정확히 19일에 멈춘다. 누가 보아도 4월 19일 목요일임에 틀림이 없었다. 나는 수사서류에 첨부할 확실한 증거물을 뽑아들고 가벼운 마음으로 국과수 문을 나섰다.

그리고 오는 길에 그와 똑같은 달력을 구해서 내 조사실 벽에 걸어두었다.

***

정수영의 1차 신문을 마친지 2주 만에 다시 정수영을 출석시켰다.

그녀는 나를 조롱이라도 하듯 밝게 인사한다.
"반장님, 그동안 안녕하셨어요? 그동안 연락이 없으시길래, 사건이 끝날 줄 알았어요. 저의 일 때문에 폐를 끼쳐 죄송합니다."
"아… 예~ 몇 가지 추가질문을 한 뒤 사건종결을 하려고 다시 오시게 했습니다."

나는 1차 조사했던 피의자신문조서를 정수영에게 내밀며 다시 읽어보게 했다.
"진술한 내용이 모두 맞습니까?"
정수영은 조서 첫 페이지부터 꼼꼼히 읽어 내려가는 듯 하더니 치질이 나오는 부분에서는 자신도 민망한지 읽는 듯 마는 듯 대충 눈으로 훑어보고는 조서를 책상위에 차갑게 내려놓으며 말한다.
"예, 모두 맞습니다."

나는 벽에 걸어놓은 달력에 눈길을 주면서 정수영을 신문했다.
"저 달력이 몇 월 몇 일을 나타내는지 아십니까?"
"12월 23일입니다."

"어떻게 아시죠?"

"빨간 표시가 있으니까요. 그리고 오늘이 12월 23일이잖아요."

뜬금없는 질문에 황당하다는 표정이 역력했으나 최대한 침착해 보이려는 것 같았다. 하지만 그 질문과 응답이 신문조서 상에 기록되는 것을 보고는 재빠르게 답변한 것을 약간 후회하는 듯 긴장한 눈빛이 엿보인다.

"맞습니다. 오늘이 12월 23일 맞습니다."

"이혼확정 판결을 받은 날은 언제였나요?"

"2001년 7월 27일입니다."

"피의자는 김병수와 처음 성관계를 가진 때가 이혼확정 판결을 받은 후라고 1차 신문에서 진술하였는데, 맞습니까?"

"예, 맞습니다."

"그러면 처음 성관계를 가진 날짜를 기억하는지요?"

"예, 기억합니다. 그날은 이혼확정 판결문을 받은 날인데 2001년 7월 27일입니다"

"피의자는 저 달력을 어느 정도 신뢰하는가요?"

정수영의 눈동자가 불안하게 흔들린다.

"무슨 말씀이신지?"

"저 달력 빨간 네모 속에 들어 있는 날짜가 오늘이 맞느냐는 말입니다."

정수영은 그제서야 자신이 어떤 올가미 속으로 빨려 들어가고 있음을 직감한 것 같았다. 그리고 자신없는 어조로 굼뜨게 대답한다.
"예, 맞습니다."

나는 서랍 속에서 누런 행정용 대봉투를 꺼냈다. 거기에는 국과수에서 받아온 세장의 사진이 A4 용지에 인쇄되어 있었다.

나는 첫 번째 사진을 꺼내 정수영 앞에 놓아주었다. 그 사진은 방 전체가 넓게 잡힌 구도이며 남녀 얼굴이 보이지 않는 성관계 장면이 찍혀있다.
"이것은 남녀가 성관계를 하고 있는 장면을 캠코더로 찍은 사진입니다."
정수영은 갑자기 내밀어진 사진을 물끄러미 내려다본다. 그녀의 감정이 정리되지 않았음을 알면서도 나는 또 하나의 사진을 꺼내 그 사진 위에 겹쳐놓았다.
그것은 정수영이 성행위를 하다가 캠코더 쪽으로 얼굴을 돌려 클로즈업 된 사진이다.
"본인의 얼굴이 맞지요?"
얼굴이 상기된 채 대답했다.
"예, 맞습니다."

"장소가 어딥니까?"
"김병수의 카페 내실입니다"

"얼굴 위쪽으로 벽에 걸린 달력이 보입니까?"
"예, 보입니다."

"며칠입니까?"
"모르겠습니다. 작아서 안보입니다"
정수영은 그제서야 조사실 벽에 걸린 달력의 의미를 알아차린 듯했다.

"바로 2001년 4월19일 목요일입니다. 이혼확정 판결이 나기 훨씬 전에 찍힌 사진이죠."
"조사관님, 무슨 근거로 그렇게 말씀하시는지요?"
정수영의 목소리가 날카로워졌다.

나는 대답 대신 마지막 세 번째 사진을 올려놓았다.
"자~ 이 사진은 달력을 크게 확대한 것입니다. 1일부터 빨간 네모 칸까지 숫자를 세면 정확히 4월 19일 목요일에 멈춥니다"
정수영의 얼굴이 하얗게 변했고 본능적으로 나는 그녀의 안색을 즐기고 있었다.
"한번 세어보시겠습니까?"
그녀는 대답을 하지 못했다.
나는 손가락을 짚어가며 1일을 기준으로 또랑또랑한 목소리로 세어주었다. 숫자는 빨간 네모가 있는 곳까지 정확히 19일에 멈추었다.
"이의 있습니까?"

더 이상 물러설 곳이 없는 벼랑 끝에 서 있는 정수영, 그녀의 목소리가 갑자기 커졌다.

"인정할 수 없습니다. 저 달력은 넘기지 않고 맨날 그대로 놔두는 달력이예요"

나는 핀잔을 주듯이 픽~ 웃었다. 정수영 자신도 순간 말도 안 되는 소리를 질렀다 싶었는지 금방 수그러지고 말이 없다.

"정수영씨! 저런 달력은 날짜를 중시하는 사무실이나 영업소에서 주로 사용하는 달력입니다. 보기 좋으라고 걸어놓은 달력이 아니란 말입니다. 본인이 정 인정할 수 없다면 김병수와 대질조사를 해야 하니까 다시 출석일자를 잡아서 연락할게요. 돌아가 기다리십시오."

갑자기 정수영이 눈물을 흘리며 대성통곡을 한다.
"아닙니다. 반장님! 제가 잘못했습니다. 저의 애를 생각해서라도 좀 봐주시면 안 되겠습니까? 내가 구속되면 애를 봐줄 사람이 없어서 그럽니다. 조사관님, 제발~ 대질조사는 하지 않겠습니다. 모든 것을 인정하겠습니다. 선처를 좀 해 주십시오, 조사관님."
초라한 뒷모습을 남기고 그녀가 내 방을 나갔다.

그녀를 돌려보내고 나는 정수영에 대한 사전구속영장을 검찰에 신청했다.

***

3일 후 '구속영장실질심사'가 있는 날 오전 10시, 의정부지방법원 대기실에서 정수영을 만났다. 그런데 이게 웬일? 실로 놀라지 않을 수 없는 일이 눈앞에서 벌어지고 있었다. 이 부분까지는 전혀 생각하지 못했던 일, 반전의 반전이다.

그녀는 수수한 옷차림에 순수한 영혼을 가진 돌박이 아기를 포대기에 싸서 품에 안고 나타난 것이다. 그 모습이 얼마나 청순가련해 보이는지, 어느 판사가 저런 가련한 여인에게 구속영장을 발부할 수 있겠는가, 이 영장은 기각될 수도 있겠다는 직감이 머리를 스쳐 지나갔다.

정수영이 포대기에 감싼 아기를 안고 법정에 들어서자 법원판사가 놀란 표정으로 피의자와 아기를 번갈아가며 물끄러미 쳐다본다. 정수영은 판사와 마주보는 피의자석에 앉아 아기 얼굴을 내려다보며 하얀 손수건으로 연신 눈물 콧물을 찍어내고 있다. 저 눈물의 연기, 그것은 서장실에서 처음 정수영을 대면하였을 때 모습 그대로였다.

판사의 신문이 시작됐다.
"피의자 정수영! 경찰에서 진술한 부분을 모두 인정합니까?"
정수영은 기어들어가는 목소리로 짧게 대답했다.
"예, 판사님."

"그런데 아기는 왜 안고 왔어요? 돌봐줄 사람이 없습니까?"
"예, 판사님, 없습니다."

판사는 서류뭉치의 앞 페이지 부분을 보고 이어서 중간 중간 서류를 넘겨서 잠시 잠시 읽어 내려가는 듯 하면서 질문을 했다. 아마도 목차 부분에서 피의자 신문조서 부분을 찾아내어 확인을 하는 것 같았다. 몇 가지 추가질문을 더 한 후에 판사는 마지막으로 물었다.

"피의자 정수영, 반성은 하고 있습니까?"
"예, 판사님, 남편과 결국 이혼하긴 했지만 부끄러운 짓을 했습니다. 죄송합니다. 판사님, 아기를 돌봐줄 사람이 없습니다. 아기를 봐서라도 선처해 주십시오, 판사님."
정수영은 아기를 안고 앉은 채로 깊숙이 고개를 숙이며 동정을 구했다.

'영장실질심사'는 판사 몇 마디 질문으로 10분도 채 안되어 끝이 났고, 정수영은 법정에서 퇴장했다.

법정 밖에는 함께 온 여인이 아기를 받으려고 서 있었고 정수영이 그 여인에게 아기를 넘겨주자 나는 정수영의 팔짱을 끼고 돌아섰다. 그때 김형사는 정수영의 팔목에 수갑을 채우고 경찰서로 호송했다.

영장실질심사 결과가 나올 때까지 정수영을 유치장에 인치시키고 나는 그날 오후에 잡혀있던 조사일정을 모두 취소시켰다. 오늘밤 자정이 되면 영장실질심사했던 결과가 나오는데 판사는 어떤 결과를 내놓을 것인가?

무표정한 심경으로 밀려있던 갖가지 사건서류를 정리하고 있는 나에게 김형사가 장난기 섞인 경상도 억양으로 묻는다.
"반장님! 혹시 예쁜 여자 보면 콤플렉스 있는 거 아이네요?"

그날 밤 11시 45분,
유치장 당직자로부터 '구속영장실질심사' 결과가 나왔다는 전화통보를 받았다.

「구속영장 기각」
기각사유 : 피의자의 죄질은 불량하나 육아를 보호할 다른 사람이 존재하지 않으며 도주 및 증거인멸의 우려가 없으므로 구속영장을 기각함."
예상했던 결과였다.

영장이 기각되어 유치장을 출감하는 그녀를 본 야간 당직자들은 그녀의 마지막 모습이 이러했다고 전했다.

철커덩!
무거운 자물통이 열리자 유치장 문을 나온 그녀가 입에 담지 못할 험한 욕설을 했다고 한다.
"개 × 같는 놈들... 다 쓸어버릴거야. ㅆㅂ놈들~"
씩씩대며 핸드백에서 담배를 꺼내 물더니 성큼성큼 큰 걸음으로 경찰서 마당으로 나가더란다. 마당에는 새까만 고급승용차 한 대가 이미 와서 주차해 있었고, 깍두기 머리를 한 검정양복 운전기사가 운전

석 뒷문을 열어줄 때, 그녀는 피우다 만 담배꽁초를 아무렇게나 내던지고 차에 올라타더란다.

그 말을 전해들은 나는 생각했다. 뒷자리 VIP석에는 또 어떤 남자가 앉아 있었던 것일까?

이 사건의 결말은 이렇다.

정수영에 대한 사전구속영장이 기각되어 불구속 상태에서 수사를 종결하고 검찰로 송치하였으나, 결국은 고소인의 소취하가 없었으므로 정수영과 김병수는 똑같이 1심 재판에서 징역6월의 실형선고를 받고 법정 구속되었다.

***

1953년도에 제정된 「간통죄」는 시대의 흐름에 따라 존치론과 폐지론을 놓고 치열하게 논쟁해 오다가 2015년 2월 26일 비로소 헌법재판소 9명의 재판관 중 7:2로 위헌 결정되어 62년 만에 역사 속으로 사라졌다.

그동안 수사업무의 상당부분을 차지했던 간통죄의 일화를 추억으로 남기며, 이 사건의 수사과정들이 경찰에 입문한 새내기 경찰관들에게 수사의 흐름과 방향을 감지할 수 있는 소중한 자료가 되기를 희망한다. *hee*

두 번째 • 이야기

화성

1991년 5월

1986년부터 1991년까지 경기도 화성군 일대에서 여성10명이 강간을 당한 후 죽임을 당하고 처참하게 사체가 훼손되는 사건이 발생했다. 이 사건명이 바로 〈화성부녀자연쇄살인사건〉이다. 이 사건은 송강호 주연의 〈살인의 추억〉이라는 영화로도 개봉되었는데 진범이 검거되지 못한 채 2006년 4월 2일을 마지막으로 모든 공소시효가 만료됨으로써 범인에게 사실상 면죄부를 주는 격이 되었다.

사건 초기부터 경찰에서는 수사본부를 설치했고 공소시효가 만료될 때까지도 수사의 끈을 놓지 않았으며 연인원 180만명에 이르는 경찰경력을 동원하여 범인검거에 나섰지만 허사였다. 살인사건이 발생할 때마다 경찰은 더 많은 경력을 투입하여 화성 일대에서 밤낮 없는 검문검색이 이루어졌으며, 1차부터 10차까지 용의선상에서 조사를 받은 사람이 무려 300명이나 되었다 하니 수사의 규모는 실로 엄청나게 큰 것이었다.

지금은 CCTV가 곳곳에 설치되어 있고, CCTV가 설치되어 있지 않은 사각지대라 할지라도 지나가는 차량이나 주차된 차량의 블랙박스 영상 확보만으로도 얼마든지 수사가 가능하다. 또한 휴대폰 위치추적이나 교통카드 추적을 통해서도 용의자의 동선을 파악할 수 있는 등 IT산업의 발달은 수사의 과학화를 가져왔으므로 범인 잡는 것은 통상 시간문제라고 볼 수 있다.

하지만 IT산업이 발달되지 못했던 당시의 상황으로서는 그저 범인이 흘리고 간 유류품이나 지문, 머리카락, 정액, 담배꽁초에 묻은 타액 같은 증거물을 확보하고 사건현장에 있었던 목격자를 찾아 진술을 받아내고 탐문수사를 통해 사건의 윤곽을 그려나가는 정도에 그칠 뿐이었으니, 수사의 한계가 여실히 드러날 수밖에 없는 시대였다.

범인은 아주 영악한 놈이었던 것으로 생각된다.
그 놈은 동네에서 제일 높은 곳에 올라가 몸을 숨기고 망원경으로 경찰의 움직임을 다 관측하고 있는 듯했다. 장기간의 수사에 진과 맥이 빠지고 더 이상 수사의 진전이 보이지 않아 경찰일부가 철수될 때쯤 동네로 다시 내려와 여자 한명을 또 희생시켰다. 무서운 놈이었다.

'죽은 자는 말이 없다'는 옛말이 있다.
1991년도 5월, 나를 포함한 여경 5명이 경기지방경찰청 강력과 소속으로 화성부녀자 연쇄살인사건 수사본부에 뒤늦게 투입되었다. 우리에게는 화성 일대에 살고 있는 3만2천여명의 부녀자를 대상으로 유사한 피해를 당하였거나 당할 뻔한 일이 있었는지 탐문수사를 통해 범인에 대한 정보를 조금이라도 알고 있는 자를 찾아내는 임무가 주어졌다. 남자 형사들이 여성들을 상대로 성범죄 피해를 탐문하기에 한계를 느낀 때늦은 조치였다.

그때의 시대상황은 성적 피해를 당한 일은 수치에 가까운 일이라고 생각했으므로 성적 학대나 성폭행을 당하고도 소문날 것이 두려워 신고조차 하지 않는 사람들이 많았다. 또한 여성들의 性을 법으로 보호해 줄 수 있는 장치가 지금보다 많이 미비했기 때문에 신고를 한다고 해도 만족할 만한 보호를 받을 수가 없었다. 그렇기 때문에 성폭행을 당한 여성들이 피해사실을 함묵하거나 숨기게 된 원인으로 작용했다. 이런 시대적 상황을 안고 나를 포함한 여형사들은 3만 2천여명의 부녀자를 탐문하는 대장정의 길에 오른다.

＊＊

유형사와 나는 동네 어귀로 들어가는 산업도로변에 차를 세우고 천천히 〈언발이고개〉를 걷고 있었다.

차를 세웠던 산업도로 변에서 동쪽으로 고개를 돌리면 이제 막 모내기를 끝낸 논이 시원스럽게 펼쳐져 있고 그 논 끝에 옹기종기 모여 있는 작은 마을이 보인다. 마을까지는 걸어서 약 15분 거리. 마을에서는 이쪽 산업도로가 더 가깝게 보인다. 푸르게 펼쳐진 논이 끝나고 산업도로가 시작되는 지점에 회색 콘크리트로 지어진 큰 시멘트 공장이 바로 보이기 때문이다.

　마을사람들이 버스를 타기 위하여 산업도로 쪽으로 나가려면 언발이고개를 지나야 한다. 언발이고개는 마을 사람들의 유일한 통행로이다. 마을사람들은 보통 경운기를 이용하여 언발이고개를 넘나드는데, 맞은 편에서 오는 경운기와 부딪히지 않으려면 자잘한 자갈이 섞여있는 포장도로 바깥으로 바퀴 한쪽이 빠져 나가야만 간신히 교행할 수 있을만큼 도로 폭이 좁았다.

　언발이고개는 작은 야산이다.
　이 산은 구불구불한 키 큰 소나무 숲으로 이루어져 있다.
　언발이고개 안으로 들어서면 동네도 산업도로도 보이지 않는다.
　보이는 것은 그저 키 큰 소나무 숲과 무릎까지 올라온 잡풀들뿐이다.
　대낮인데도 불구하고 그곳은 햇볕이 들지 않아서 항상 그늘져 있다.
　숲 사이에서 불어오는 5월의 바람은 봄바람답지않게 스산하고 등짝이 시리기까지 하다.
　동네와 산업도로를 잇는 언발이고개 안에는 모두 3개의 가로등이 있다. 수년전 이곳에서 살인사건이 발생한 후에는 화성일대 가로등이 모두 밝은 것으로 대부분 교체되었다고 한다.

　유형사와 나는 승용차를 이용하여 언발이고개를 넘어도 되었지만, 운전대를 잡았던 유형사에게 말했다.
　"유형사! 차를 갓길에 세우고 언발이고개를 걸어서 가보자"

"예에? 무섭게시리 왜 그래요, 반장님?"

유달리 겁이 많았던 유형사는 강력한 나의 요구에 어쩔 수 없이 산업도로 갓길에 차를 세우고 나보다 뒤처지지 않으려고 반 보 더 앞장서서 걷고 있다.

나는 길을 걸으며 이 동네 부녀회장이 4년 전에 직접 겪었다는 일을 되새기며 부녀회장이 되어 글을 써본다.

***

1987년 5월 1일
7차 사건이 발생했던 그날은 오후부터 안개비가 촉촉이 내려앉고 있었다.

동네사람들 사이에는 이미 소문이 쫙 퍼져 있었다. 안개비가 촉촉이 내리는 날, 우산을 쓸까 말까 할 정도로 비가 적게 오는 날, 어둠이 내려앉기 시작할 때쯤 빨간 옷을 입고 다니지 마라. 놈은 그런 날에 살기가 발동한대.

그래서 안개비가 내리는 날이면 여자들은 일찍 밭일을 마치고 들어와 조용히 라디오를 듣거나 텔레비전 연속극을 보면서 밀린 집안일을 했다. 남자들은 여느 때와 마찬가지로 동네 막걸리 집에 삼삼오오 모여앉아 십 원짜리 화투놀이를 하며 시간을 보내다가 거나하게 취기가 오를 때쯤 야심한 밤에 비틀거리며 집으로 들어왔다.

소리없이 촉촉이 내리던 안개비는 어둠이 깔리자 큰비라도 곧 쏟아질 듯 '우루루~ 우루루~' 소리를 내다가 갑자기 '번쩍'하고 번개를 쳐댄다.

나는 석유곤로에 지은 저녁밥을 대충 한 숟갈 김치국에 말아먹고 나서 뚜껑이 있는 스텐레스 주발에 밥을 담아 담요로 한번 감아서 아랫목에 놓아두었다. 애 아버지는 동네 남자들과 구멍가게 골방에 모여 앉아 담배연기 자욱히 내뿜어가며 순대국 한 사발을 막걸리 안주삼아 저녁요기를 하고 화투를 치다가 자정이 다 돼서야 집으로 오겠지만, 아침 일찍 거울 앞에서 찍어 바르고 직장에 나간 딸내미는 늦더라도 꼭 집에서 밥을 먹기 때문이다.

텔레비전을 켜놓았으나 관심은 없었다. 벽걸이 시계는 저녁 8시를 지나 다시 9시를 가리킬 때가 되었다. 전화벨이 울렸다. 나는 기다렸다는 듯이 두 번째 벨이 울리기도 전에 얼른 수화기를 들었다.

"엄마! 버스에서 내렸는데 비가 와요"
"아~ 그래? 기다리고 있거라, 내가 우산을 가지고 가마."

"괜찮아 엄마, 비 좀 맞으면 어때? 그냥 혼자서 걸어 갈테니 엄마는 우산 가지고 올 수 있는데까지만 와."
"안된다. 이년아! 거기 버스정류장에 꼼짝말고 그대로 있어. 내가 금방 뛰어 갈테니, 알았지? 그대로 있어라."

수화기를 내려놓자마자 나는 총알처럼 밖으로 튀어나갔다. 빗방울이 제법 굵어질 조짐이다. 나는 우산 한 개를 옆구리에 끼고 한 개는 쓰고 산업도로에 있는 버스정류장을 향해 단걸음에 도착할 기세로 집을 나섰다.

대문을 나서자 저 멀리 보이는 산업도로는 대낮처럼 환하다. 차들이 길게 줄지어 달리고 있는 불빛들의 움직임이 보인다. 딸내미가 거기 서있을 생각을 하니 마음이 좀 놓인다. 그 옆 시멘트 공장에는 아직도 불이 밝다. 야간작업을 하나보다 생각했다. 마음은 벌써 산업도로에 가 있고, 몸은 첫 번째 가로등이 켜져 있는 언발이고개 초입에 들어섰다.

밤에 보는 언발이고개는 깜깜한 동굴 같았다. 동굴에 들어서자 나무에서 떨어지는 빗방울들이 우산 위로 후두둑 떨어진다. 하늘에서 내리는 비는 가지가 무성한 소나무에 맞아서인지 우산 위로 바로 떨어지지는 않았다. 우산을 쓰고 있지 않아도 옷이 금방 젖지는 않을 것 같았다. 나는 아무 생각없이 발걸음을 재촉하며 언발이고개를 걷고 있다. 깜깜한 숲을 쳐다보니 무서운 생각도 들었지만 가급적 아무 생각을 하지않고 걷는 데만 집중하려고 애썼다.

저 멀리 왼쪽으로 구부러지는 곳에 두 번째 가로등이 보인다. 비록 밝은 불빛은 아니지만 그래도 나는 빠른 걸음으로 가로등에 도착하려고 애썼다. 암흑천지를 걷고 있는 것이 싫었기 때문이다. 한 때 동네사람들은 이 언발이고개를 아이고 어른이고 겁도없이 넘나들었었다. 그때는 화성 일대가 살기 좋고 인심 좋은 농촌지역으로 소문나 있었기 때문에 도둑질하는 사람도 없었고 동네에 들어오는 낯선 사람도 없었다. 이 언발이고개를 지나다니는 사람은 오로지 친인척과 같은 이웃사람들뿐이었다.

그러나 화성 일대에서 해괴한 살인사건이 연이어 발생하고 있다는 뉴스가 나오고 시시때때로 경찰들이 왔다갔다 하면서 이제는 언발이고개조차도 공포의 지역이 되었다. 그래서 딸내미가 들어오는 시간이면 애 아버지가 경운기를 가지고 산업도로 버스정류장에 태우러 나가는 일이 잦았다.

희미한 가로등이 소나무 키높이와 같은 전봇대에 걸려있는 것이 보인다. 한 스무 걸음만 가면 온몸으로 가로등 불빛을 받을 수 있겠다. 그 빛이 너무 희미해서 길을 제대로 비춰주지는 못하겠지만, 어쩐지 그 불빛은 홀로 있는 나를 보호해주고 지켜주는 보호막같은 느낌이었다. 하지만 그것이 대단한 착각이었다는 것을 도착한 즉시 알게 되었다. 가로등 아래에 도착한 순간 엄청난 공포감이 밀려오기 시작했기 때문이다.

갑자기 양쪽 발이 땅에 붙은 것처럼 천근만근이다. 왜 그럴까? 소나무 숲에서 죽은 귀신이 나타나 내 발목을 붙잡고 있기라도 한 걸까?
아니다.
귀신이 아니고 사람이다.
한 사람이....

어둠 속에서 나를 지켜보고 있구나.

하지만 아무리 둘러봐도 보이는 것은 아무것도 없다.

희미한 가로등 밑에 서서 사방을 둘러보고 있는 나만 누군가에게 노출되어 있을 뿐이다. 갑자기 숨이 멎을 것 같다. 양쪽 팔뚝에서 삽시간에 돋아난 닭살이 목 언저리까지 올라왔다. 그 순간 나는 갑자기 느림보가 된 듯 얼굴에 흘러내리는 것이 물인지 땀인지 분간이 되지 않는 액체를 닦으려고 팔을 올리려고 했으나 몸이 딱딱하게 굳어가는 느낌이 들었다.

"내가 미쳤지, 내가 미쳤어. 아무리 급해도 그렇지, 구멍가게가 몇 발이나 된다고.... 애 아버지를 경운기에 태워 보내지 않고 내가 왜 뛰쳐나왔을까?"

갑자기 후회가 밀려왔으나 후회해본들 소용없었다. 이미 집으로 다시 돌아갈 수 없는 곳까지 멀리 와 있었기 때문이다.

아, 무섭다. 소나무 뒤에 어떤 놈이 분명히 숨어 있다. 놈은 숨을 죽이고 나를 지켜보고 있구나. 그 놈은 내가 집에서 나오자마자 내가 가는 길을 따라 소나무 숲을 밟으며 나를 따라 함께 이동했을지도 모른다.

그럴 것이다. 놈은 어두운 색의 옷을 입었고 우산을 쓰지 않았다. 숨소리가 크지 않고 몸집이 크지도 않을 것이다. 놈은 소나무 뒤에 숨어 있어도 잘 보이지 않는 날씬한 몸매를 가졌을 것이다. 놈은 안경을 쓰지 않아도 될만큼 시력이 좋은 놈일것이다. 그리고 상당히 민첩한 놈일것이다. 내가 곁눈질로 소나무 숲을 쳐다볼라치면 부스럭대는 소리

조차 내지 않고 소나무 뒤에 숨어버린 날쎈 놈일테니까. 그렇기 때문에 놈은 분명 젊은 놈일것이라는 생각이 들었다.

이곳 두 번째 가로등에서 조금만 더 가면 우측으로 굽어지는 곳에 마지막 가로등이 하나 더 있다. 그곳에서는 산업도로가 직선으로 보이기 때문에 버스정류장에 있는 사람들을 바라볼 수 있을 것이다. 정신을 차리자.

나는 100미터 달리기 출발선에 선 사람처럼 우산을 접고 전속력을 다해 갑자기 뛰기 시작했다. 예고없는 달음박질이었다. 급하게 뛰쳐 나오느라 슬리퍼를 신고 나온 것이 이제야 느껴졌다. 앞이 막힌 고무 슬리퍼 속에 빗물이 들어가 미끌거렸으나 벗겨지지 않도록 발가락에 힘을 주어 달렸다.
소나무에서 떨어지는 굵은 빗방울들이 머리위에 떨어지고 그 물은 다시 목 언저리를 타고 내렸다. 온몸은 비와 땀에 흠뻑 젖었다. 머리도 완전 젖었다. 누가 보아도 내 모습은 물에 빠진 생쥐 꼴이 되어 있을 것이다.

갑자기 뛰어 달아나는 내 행동에 놈은 놀랐다.
놈은 더 이상 따라오지 못하고 가로등으로부터 멀어져 가는 내 뒷모습만 물끄러미 바라보고 서 있었다는 것을 닭살이 되었던 피부가 긴장이 풀리면서 말해주고 있었다. 나를 잡으려고 하다가 놓치면 괜히 자신의 인상착의가 노출될까봐 그것을 염두에 두고 다른 사냥감을 고르려고 계획을 바꾸었을 것이다. 역시 영악한 놈이 아닐 수 없다.

마지막 가로등에 도착하자 100미터 앞 직선거리에 대낮처럼 환한 산업도로가 눈에 들어왔다. 나는 걸음을 멈추고 상체를 숙여 큰 숨을 들이켜 쉬었다.

"허~억!…. 살았다."

천천히 상체를 일으켜 다시 한 번 뒤를 돌아보았다.

동굴 같은 그곳은 고요하게 시간이 멈춰버린 듯 암흑만이 짙게 깔려 있었다.

하지만 '살았다'는 안도감도 잠시, 저 앞에서 걸어 들어오고 있는 딸내미가 한눈에 보인다. 깜짝 놀란 나는 더 빠른 속도로 달려가 딸내미 팔을 붙잡아 끌면서 다시 버스정류장으로 돌아가자고 했다. 거기서 아버지의 경운기를 기다리자고 했다.

딸내미는 촌에서 태어나고 성장해서 그런지 어릴 때부터 겁이 없고 담이 큰 애였다. 아버지만큼 키도 크고 어깨도 넓었으며 집안에 있는 무거운 물건을 주문하는 데로 이리저리 옮겨줄 정도로 힘도 쌨다. 오늘은 하이힐을 신어서인지 나보다 머리 하나 만큼 키가 더 커 보인다. 딸내미는 내 팔을 뿌리치며 말한다.

"엄마! 집이 코 앞인데 뭣하러 아버지를 기다려? 그냥 가요."

나는 왔던 길을 돌아보며, 다시 한번 졸랐다.

"아니다, 이것아! 내가 오면서 보니까 소름이 쫙 끼치는 것이 오늘은 아무래도 이상한 느낌이 든다. 뒤에 뭐가 있는 것 같기도 하고… 하여간 시간이 걸리더라도 오늘은 아버지를 부르자."

"싫어요, 배고파! 한 두번 다니는 길도 아니고 뭐가 무섭다고…"
딸내미는 용기 있는 투정을 부리며 내 말을 듣지 않고 내 옆구리에 낀 우산을 뺏어 펼쳐들더니 앞장서 걸어간다.
나는 딸내미 뒤를 바짝 쫓아 붙으며 말한다.

"그러면 이것아! 빼딱구두를 벗어 손에 들어, 그리고 뛰자."
"아이구~ 참, 괜찮네요. 울 엄마!"

나는 할 수없이 딸내미의 우산 속으로 들어가서 팔짱을 단단히 끼고 빠른 걸음을 재촉하며 집으로 간다. 딸내미 또한 하이힐을 신고 내 힘에 잡아끌리다 시피하면서 빠른 걸음으로 따라온다.
"우리 엄마도 이젠 늙으셨네, 겁도 많아지시고, 우리 엄마는 내가 시집가더라도 잘 보살필거니까 내가 애 낳으면 잘 길러나 주세요." 담력 있게 농담까지 건넨다.

나는 이 스산한 분위기를 잊으려고 일부러 소리내어 웃으면서 오늘 직장에서 무슨 일이 있었는지, 점심은 뭐를 먹었는지 일상적인 대화를 나누며 무사히 집에 도착하였다. 딸내미하고 얘기를 하면서 오다 보니 공포감도 줄어들었고 괜히 겁을 먹고 부산을 떨었나 하는 생각도 들었다. 어쨌거나 오늘은 집에 잘 도착하여 밤잠을 잘 잤다.

다음날 아침,
'꼬끼오~' 새벽닭이 계속 울어댄다.
방문을 열어보니 어젯밤 내리던 비가 그치고 환하게 개었다. 나는 된장찌개라도 끓여 먹을까 생각하면서 양푼 하나를 들고 장독대에 올라섰다. 그런데 담장 너머로 보이는 언발이고개 광경이 나를 경악케 했다. 나는 입을 다물지 못하고 그 곳 광경을 천천히 살펴보았다.

경찰순찰차, 경찰봉고차, 검정 승용차 2대, 앰뷸런스, 하얀 가운을 입은 사람. 파란색 비옷을 입은 사람, 검정잠바를 입은 사람, 사진기를 땅바닥에 들이대고 연신 사진을 찍어대는 사람, 그리고 뒷짐진 마을남자들도 몇 명 보인다. 가까이 가보지 않아도 직감으로 알 수 있었다. 밤사이 그곳에서 살인사건이 일어났던 것이다.

나는 온몸에 힘이 쫙 빠져 나가는 것을 느끼며 된장그릇을 든 채로 힘없이 주저앉았다. 그리고 어젯밤 있었던 일이 머릿속에서 파노라마처럼 스쳐 지나간다.

어젯밤 딸내미를 데리고 집 앞에 도착했을 때, 우리 집 대문과 마주보고 있는 담배가게 집 양철대문이 삐걱 열리며 문간방에 세들어 사는 젊은 새댁이 나왔다.

"새댁! 어디가, 이 시간에?"
"예~ 안녕하세요? 비가 와서 남편 우산 갖다 주려고요."

"안 돼, 가지마! 이 시간에... 무섭잖아? 이정도 비를 남자가 좀 맞고 오면 어때서 그래?"
새댁은 입술을 동그랗게 오므리고 턱으로 시멘트 공장을 가리키며,

"아니에요, 남편이 바로 조오기에 있는데요. 금방 다녀와야지요."

그랬다. 새댁의 남편은 집 앞에서도 빤히 보이는 시멘트공장에서 일하며 알콩달콩 재미난 신혼살림을 꾸리고 있었다.

나는 금방 다녀온 언발이고개의 공포를 생각하며 두 번을 더 만류했었다.

하지만 새댁은 까맣고 긴 우산 하나를 옆구리에 끼고 하나는 펼쳐쓴 채 빠른 걸음으로 달아나버렸다.

더 말릴 틈도 없이 어둠 속으로 사라져버린 새댁의 뒷모습에 '에이 모르겠다' 하며 딸내미를 데리고 집으로 들어왔었지.

'그래, 맞다 맞어, 새댁이 빨강 쉐타를 입고 있었어. 아이고~ 이를 어쩌나?'

나는 다리가 후들거려서 도저히 일어설 수가 없었다.

그랬다. 그놈은 어젯밤 언발이고개에서 사냥감을 찾고 있었다. 그것은 부녀회장의 막연한 느낌이 아니라 그녀의 영혼이 느낀 정확한 직감이었다. 그 놈은 살기어린 욕정으로 부녀회장을 노렸고, 그녀의 딸을 노렸고, 결국 붉은 쉐타 입은 젊은 새댁을 사냥했다.

새댁은 그날 밤 처참한 죽음을 맞이했다. 부녀회장은 끝까지 만류하지 못했던 죄책감에 사로잡혀 자신의 머리를 쥐어뜯으며 목놓아 울었다고 했다.

나는 부녀회장의 안부가 궁금하여 다시 그 동네로 들어가는 중이다. 농번기철이라 이따금씩 경운기가 지나간다. 나는 부녀회장의 영감을 얻어 언발이고개 소나무 뒤에 숨어 있던 용의자의 몽타주를 머릿속으로 그려보려고 애썼다.

그 놈은 뚱뚱하지 않을 것이다. 안경을 쓰지 않았을 것이다. 발걸음이 가볍고 민첩한 놈일 것이다. 숨소리가 거친 놈도 아닐 것이다. 그 놈은 바로 젊은 놈일 것이다. 그 이상은, 그 이상은 아무것도 알 수 없었다.

***

우리는 놈이 범행미수에 그쳤던 피해자들을 여럿 만나 보았다.
시외버스에서 함께 탑승했던 자매를 범행대상으로 지목하고 따라 내렸던 범인, 당시 버스기사와 안내양의 기억으로 놈의 몽타쥬가 그려졌다. 그리고 교회신도가 범행의 대상이 되었다가 구사일생으로 살아났던 사건의 범인 인상착의와도 대부분 일치했다.

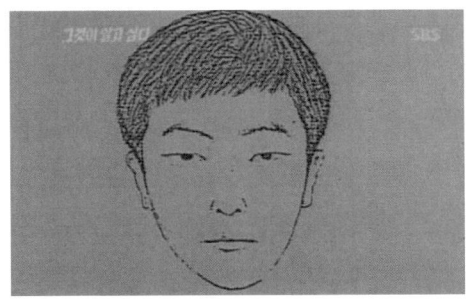

놈은 짧은 머리와 눈두덩이가 얄상한 눈매를 가졌고 하관이 빠르고 몸에는 군살이 없다. 손바닥은 보들보들하고 표준 말씨를 쓴다. 욕도 하지 않는다. 그래서 잡일을 하는 것 보다 사무직에 가까운 일을 할 것이라는 추측으로 정리되었다.

또한 성폭행을 당하고 죽음에 임박했을 때 가족들이 횃불을 들고 찾아옴으로써 간신히 목숨만을 건졌던 어린 여학생, 그 아이는 사건의 충격으로 정신병원에 장기간 입원중이었다. 그 아이는 실어증(失語症)과 거식증(拒食症)으로 투병중이었으므로 의사소통이 되지않아 범인에 대한 이야기는 끝내 전해들을 수가 없었다.

길지 않은 기간, 경기지방경찰청 강력과 형사로 활동하면서 화성에서 만났던 사람들은 평생 잊지 못할 분노를 만들어 주었다. 그 분노는 내가 경찰관이라는 직업을 가지고 있는 이상, '정의의 편'에 서서 범죄자는 반드시 색출하여 처벌해야 한다는 당위성과 사명감을 심어주기에 충분했다. *hee*

세 번째 • 이야기

나는 여성조사관의 시초였다

1993년 5월

경찰의 꽃은 '수사'라고도 했다.
형사가 되고 싶은 꿈은 새내기 경찰 시절부터 가지게 되었다.

1990년 10월 서울 용산경찰서에서 경장 승진임용을 받고 민원실에서 약1년 정도 고소·고발 접수업무를 담당한 적이 있었는데, 그때 접수된 고소장들을 찬찬히 읽어보면서 범인을 검거하는 수사과정의 추리나 상상력이 나도 모르게 발동되어 수사에 대한 흥미를 갖기 시작했다.

수사기법을 전문적으로 배우고 있었던 것은 아니었으나, 경찰관이 된 후 경찰종합학교에서 배운 기초지식과 경장 승진시험 과목인 형법과 형사소송법, 경찰실무 관련지식을 쌓은 것, 그리고 나중에 이직(離職)을 염두에 두고 수년간 법무사 시험 준비를 했던 과정들은, 그로부터 수년 후 내가 경기도에서 첫 번째 여성조사관으로 발을 딛을 수 있는 용기를 낼 수 있도록 해주기에 충분했다.

1993년 5월, 내가 조사업무를 해보겠다고 손들고 나섰을 때만 해도 전국의 여경 비율이 2%가 넘지 않았고, 조직에서는 창경創警이래 남경들로만 구성되어 온 수사·형사 기능에 여경들을 배치할 생각조차 없었다. 그래서 수가 적은 여경들은 주로 야간근무를 하지 않는 민원봉사실이나 본서 내근부서에 배치되어 일반 행정업무를 맡았으며 일반당직 근무를 면제받아 왔던 것도 우리 여경들은 조직이 주는 배려라고 생각했었다.

하지만 지금은 달라졌다. 여경의 비율이 10%에 달한 '만 명 시대'가 열렸고 우리 조직의 역량도 여경과 남경이 똑같이 업무를 수행할 수 있는 완벽한 시스템을 갖추어 모든 기능에 여경들을 배치하였을 뿐 아니라, 남녀 편견을 갖지 않는 사회풍조가 여성들의 역량을 키웠다고 생각한다.

나는 경장 때부터 금녀의 보직이었던 수사 부서에 진입하려고 호시탐탐 기회를 엿보고 있었다. 하지만 수사 부서는 남경들에게 있어 꽃보직이라고 할 만큼 인기가 있었고 한번 들어간 사람들은 10년, 20년 수사부서에서만 근무하다가 정년을 맞는 사람들도 태반이었다. 오랜 세월동안 남경들의 고정보직으로 굳어온 틀을 깨고 20대 후반의 여경이었던 내가 진입한다는 것은 결코 쉬운 일이 아니었다.

수년이 지나 경사로 진급했을 때 내 나이 서른 하나였고, 비로소 수사과 문을 자신있게 두드렸다.
  경기지방경찰청 강력과에서 최초 여형사로 근무했던 경력의 인지도가 자신감을 갖게 해주었고, 승진 T/O가 지금처럼 많지 않았던 그 해에 도내에서 경사승진시험 합격자 11명을 배출한 명단에 내 이름도 있었다는 것이 큰 자부심을 갖게 했다. 그리고 법무사 시험에 꼭 합격하겠다는 일념으로 수년간 헌법, 민법, 상법 등을 공부하며 쌓았던 법률 지식도, 경찰수사업무와 밀접한 연관성이 있었으므로 조사관이 되겠다는 꿈을 현실화시킨 발판이 되었다.

  어느 날 용기를 내어 수사과장을 찾아가 조사관이 되고 싶다는 소견을 밝혔다. 그러자 수사과장은 전례가 없었던 일이라 매우 당황하며 "에이~ 여자가 무슨 조사를..." 하며 말끝을 흐렸을 때 나는 거절당한 것임을 단번에 알아차렸다.

  거기서 포기하지 않고 나는 2층 서장실을 찾아가 노크했다.
  "서장님! 여성인권 보호에 앞장서는 조사관이 되고 싶습니다"라고 했더니 당시 김부영 서장님께서 "오호~ 그래요, 서경사는 충분히 할 수 있을 거에요"라며 다음날로 조사관 발령을 내주었다.
  시대를 가늠할 줄 아는 진취적인 서장님을 만난 덕도 있었지만 시기 또한 매우 적절했다. 여성NGO단체가 1991년도에 발생한 일명 「김부남 살인사건」의 무죄변호를 추진하면서 여성인권 보호가 사회문제로 확대되었고, 이때부터 사회 각계각층에서 여성보호 목소리가 터져 나오기 시작해 때가 잘 맞았던 것이다.

〈김부남사건〉

1991년 1월 30일 김부남 (30세,여성)이 아홉살 때 자신을 성폭행했던 송백권(55세,남성)을 성인이 되어 찾아가 살해한 사건이다.

(개요) 김부남은 9세 때 이웃집 아저씨인 송백권에게 성폭행을 당했다. 김부남은 성인이 된 후 결혼을 하였지만 성관계를 거부하는 등 정상적인 결혼생활을 이어나가지 못하고 여러 차례 결혼과 이혼을 거듭하였다. 김부남은 자신의 행동이 어린시절 당했던 성폭행 때문이라는 것을 알고 송백권을 고소하려 하였으나 당시 성범죄는 친고죄로서 고소기간은 6개월이었으며 공소시효도 지난 상태였다. 김부남은 법적으로 송백권을 벌할 수 없음을 알고 스스로 그를 벌하기로 결심하고 송백권을 찾아가 식칼로 살해하였으며 현장에서 검거되었다.

(판결) 1심 재판부는 김부남에게 징역 2년6월 (집행유예 3년), 치료감호를 선고하였다. 이후 여성단체에서는 김부남 살리기 운동으로 무죄를 주장하였으나 항소와 상고가 모두 기각되어 김부남은 1년7개월간 공주 치료감호소에서 치료감호를 받은 뒤 1993년 5월 1일 석방되었다. 김부남은 공판에서 '나는 짐승을 죽인 것이지 사람을 죽인 것이 아니다'라는 유명한 말을 남겼다.

(영향) 김부남 사건은 아동 성폭행의 후유증을 알리는 계기가 되었으며, 1992년 1월 17일 김보은은 자신의 남자친구 김진관과 공모하여 합동으로 어릴적부터 12년 동안 자신을 상습적으로 강간해온 계부 김영오를 살해한 사건과 함께 '성폭력특별법' 제정에 직접적인 영향을 주었다.

〈출처: 위키 백과사전〉

나는 1993년 5월에 「경기도 여성 첫 조사관」이 되었고, 언론에서는 마치 내가 발탁이라도 된 것처럼 부풀려서 보도가 되기도 했었다. 그 후에 경찰청에서도 사회 이슈화되어 가는 여성인권 보호에 편승하기 위해 전국 경찰서 모든 수사과에 여성조사관을 배치하라는 지시도 내렸다.

지금 생각해도 젊은 날의 내 용기와 실천의지가 대견하고 자랑스럽다. 여경이 수사를 제대로 할 수 있을까? 여경이 범죄자를 잘 다룰 수 있을까? 여경은 행정업무 외에 수사도 외근업무도 하기에는 역량이 부족할 것이라는 조직의 고정관념을 깨트리고 직접 실천을 통해 보여준 나의 수사역량에 자부심도 생겼다.

아무도 가지 않았던 길을 새롭게 개척한다는 것이 결코 쉬운 일은 아니었지만 내가 남긴 첫 발자국은 경기경찰의 수많은 여경들이 수사부서에 발령을 받을 수 있도록 물꼬를 터주게 된 계기가 되었다.

수사에 대한 기본교육을 받을 기회도 없이 오로지 내가 가진 지식과 나 스스로 터득한 수사의 노하우만을 가지고 수사업무를 해 오던 중, 뒤늦게 전국 경찰서 수사부서에 여경조사관을 배치하라는 경찰청 지시에 따라 서울 휘경동에 소재해 있었던 수사연수원에 '수사전문화교육과정'이 개설되었고, 제1호 교육생으로 나도 입교하여 수석으로 수료했다.

15년 세월이 흘러 내가 경감으로 진급해 있었을 때인 2011년도,

4주였던 그 교육과정은 어느새 12주로 늘어나 있었고, 수사연수원으로부터 외래강사 섭외를 받았을 때 나는 감사하는 마음으로 출강하여 한기수당 12시간씩의 강의를 해주었다. 그럼에도 불구하고 나는 수사경과를 받지 않았다. 그 이유는,

경찰에 발을 디딘 이상 경찰의 모든 업무를 다 섭렵하고 싶었다. 수사뿐 아니라 경찰업무 전반을 다 경험하고 싶었기 때문에 수사경과를 받으면 수사부서에서만 근무해야 한다는 조건이 나하고는 맞지 않았기 때문이다.

경찰조직에 들어와서 내가 목표로 두었던 경장, 경사, 경위까지는 고속승진을 하기 위해 일과 함께 승진공부도 참 열심히 했다. 약10년 세월이 흐르는 동안 나는 일시 건강도 잃었었고 가사, 육아부분에도 자연히 소홀할 수밖에 없어 승진의 영예를 얻은 만큼 손실도 매우 컸음을 느꼈다. 그것이 더 이상 시험승진을 위해 시간을 투자하지 않겠다는 의지를 키웠고 결국 나는 경위에서 8년, 경감에서 8년, 도합 16년이 지난 후에 경정으로 승진할 수 있었다.

두 계급의 체류기간 동안 나는 해당 계급이 아니면 경험할 수 없었던 여러 보직을 두루 거치면서 업무역량과 노하우를 쌓아나갔고, 때문에 경정으로 진급한 오늘날 나는 과분하게도 부하직원들로부터 업무에 정통한 과장으로 인정받을 수 있어 그 기쁨은 배가 되는 것 같다.

많은 세월이 흐르면서 나는 후배들에게 습관처럼 남기는 말이 있다

"결실은 그저 주어지는 것이 아닙니다. 운이 좋아서 결실을 맺게 되었다는 겸손한 말은 삼가 해도 됩니다. 자신이 그 결실을 맺기 위해서 얼마나 노력하였는가를 스스로 인정하고 자신을 칭찬하는 일에 인색하지 말아야 합니다. 그것이 자신을 더 크게 만드는 힘의 원천입니다"

"더 중요한 것은 균형입니다. 승진과 업무능력은 비례해야 하므로 한쪽만 키워 나가는 어리석음은 피해야 할 것입니다."

네 번째 • 이야기

첫 사건,
감성수사의 시작

1993년 5월

남다른 수사를 하고 싶었다.

담배연기 자욱한 곳에서 미간에 잡힌 험상궂은 주름으로 상대를 제압했던 선배들의 스타일과는 아주 다른 수사, 여성이기에 좀 더 친절하며 따뜻하고 섬세한 수사, 부드러운 카리스마로 상대방을 유인해 내가 그려놓은 원안으로 들어와 스스로의 목을 조이고 죄를 인정할 수밖에 없는, 그런 수사를 꿈꾸었다.

나와 접촉하는 모든 사람들로부터 '경찰수사가 달라지고 있네'라고 구전(口傳)되기를 바랬고, 여성수사의 첫발을 내딛은 경기경찰의 역사가 되고 싶었다.

처음으로 접했던 황당한 사건을 기억한다. 경찰서에서는 난리도 아니었다.

경기도 ○○지역에 대형빌딩을 짓는 공사현장이 있었다. 그 현장에 아주머니 100여명이 몰려가서 몇 주째 공사방해를 있다는 내용의 고소장이 접수된 것이다. 고소인인 시공사측은 피고소인들의 이름도 파악하지 못한 채 아주머니 30명을 사진에 찍힌 데로 번호로만 기재했고, 고소내용은 계약기간 내에 공사 마무리를 하지 못하는 손해가 예상되므로 업무방해죄로 처벌해 달라는 것이었다.

고소장에 첨부된 업무방해 현장 사진을 살펴보니 가관도 아니었다. 어떤 아주머니는 포크레인 바가지 안에 들어가 앉아 있고, 어떤 아주머니는 굴삭기 위에 올라가 있고, 어떤 아주머니는 땅 파놓은 웅덩이에 들어가 앉아 있고, 수십 명은 뙤약볕에 양산을 쓰고 덤프트럭이 드나드는 출입구에 삼삼오오 모여 앉아 차량들의 출입을 저지하고, 어떤 사람들은 현장사무실에 진입하여 거세게 항의하거나 사무실을 점거한 사진들이었다. 사진만 본다면 누가 봐도 딱 떨어지는 업무방해 현장사진들이다.

나는 이 사건에 사전준비 없이 접근했다가는 주민 소요사태라도 일어날 것 같아 나름대로 수사계획을 치밀하게 세웠다. 수사경험 초보인 내가 맡을 사건도 아니었지만 조사계 발령을 받으면서부터 조사계장에게 사건은 처음부터 순번에 의해 똑같이 배당해 달라고 요청을 해놨었다. 조사계장은 나에게 고소장을 내밀며 할 수 있겠느냐고 물어봤고, 나는 '당연히 해야지요' 하면서 배당을 받게 된 것이다.

시공사 대표를 불러 고소보충조서를 마친 후, 피고소인 30명중 유일하게 이름과 연락처가 있는 대표자 두 사람에게 우선 전화하였다.

"안녕하세요? 담당 조사관입니다. 공사방해를 하고 있다고 고소장이 접수되어 있는데, 무슨 사연이 있겠지요? 오셔서 차근차근 말해 보세요. 제가 도울 일이 있으면 돕겠습니다"라고 했더니, '우리가 왜 고소를 당해야 하느냐'며 거세게 항의할 법도 한 아주머니들은 권위적이지 않았던 나의 전화 목소리에 "예, 알겠습니다. 시간 맞춰서 출석하겠습니다"라며 순순히 응했다. 나는 다른 사람들을 대동하지 말고 두 사람만 오라는 부탁의 말을 덧붙였다.

그런데 다음날, 두 사람만 오겠다고 한 약속을 어기고 100명 가까운 사람들을 대동하고 경찰서로 몰려왔다. 그들은 '시민을 억울하게 하지 마라', '우리가 죄인이냐', '조사에 불응한다'는 내용이 적힌 피켓을 만들어 들고 왔고 수사과 앞 복도에 신문지를 깔고 앉아 구호를 외치며 시위를 하기 시작했다.

이에 놀란 서장님이 급하게 타격대를 배치하며 사태를 알아보라고 지시를 했고, 서장님 지시를 받고 내려온 모 계장은 '어떻게 수습할거냐'며 다짜고짜 나에게 대책을 물었다. 전혀 예상하지 못한 상황이 벌어졌음에도 나는 침착했다. 그리고는 "10분 후에 책임지고 해산시킬 테니 주민들을 자극하지 말고 올라가서 기다리라"고 말했다.

나는 피고소인 대표 두 사람을 조사실로 입실시켜 그들의 이야기를 성의껏 들어주었다.

"참 안타까운 일이네요. 주민들을 데리고 모두 돌아가 계십시오. 오늘은 늦었으니 내일 오전에 제가 현장에 나가 보겠습니다"

약속대로 주민 시위상황은 10분 만에 종료되었다.

다음날 공사현장으로 가 보았다. 모든 사건은 현장에 답이 있기 마련이다.

주민들이 사는 아파트는 낡은 5층짜리 아파트였는데 아파트 경계 5m지점부터 지하2층, 지상5층짜리 건물을 짓겠다고 굴삭기로 땅을 파고 있었던 것이다. 땅을 파는 굴삭기의 진동으로 인해 아파트 벽에 균열이 갔고 거실의 샹드리에 일부가 떨어져 덜렁거렸으며 곧 아파트가 붕괴될 것이라는 주민들의 불안 섞인 주장이었다. 당연한 일이었다. 그런데 시공사뿐만 아니라 관할 관청에서조차 '건물은 원래부터 낡아 있었으며 진동으로 인한 균열이라는 것이 입증될 수 없다며 주민들의 주장을 무시해왔고, 시장 면담을 요청해도 들어주는 사람이 없었으니 공사 진행을 막고 나설 수밖에 없었던 상황이었다.

이 사례는 관치시대 대표적인 시민들의 피해사례였다

1995년 6월부터 관치시대는 그 막을 내렸고, 시민들의 손으로 직접 자치단체장을 뽑는 자치행정시대가 열렸는데 국민들의 권익은 자치시대와 함께 더불어 성장했다.

자치행정시대인 지금 관할관청에서는 주민들의 안정을 해치는 위의 사례와 같은 공사를 하도록 내버려 두지도 않거니와 경찰서에 소속된 정보관들은 지역 내 주민마찰 동향정보나 각종 정보들을 폭넓게 수집하여 관계기관에 통보하고 주민들이 불이익을 당하지 않도록 조율해 주는 역할을 하고 있다. 또한 국민의 권리를 보호하는「국민권익위원회」나 소비자의 권익을 증진시키는 여러 소비자단체들의 왕성한 활동은 물론 각종 언론매체들도 국민의 편에 서서 귀를 기울이고 있기 때문에 국민들이 황당한 일들로 피해를 볼 일은 극히 드문 시대에 살고 있다.

그러나 위의 사건을 취급할 당시에는 대통령이 직접 시장, 군수를 임명했던 관치행정의 시대였다. 관치행정이건 자치행정이건 깊이 들어가면 모두 장단점을 안고 있겠지만 관치행정이 자치행정보다 국민들의 권익을 보호할 수 있는 사회적 제도가 미약했던 것만은 사실이었다.

그렇기 때문에 관청에서조차 도움을 얻을 수 없었던 주민들은 공사업체를 상대로 직접 공사를 제지할 수밖에 없는 외로운 싸움을 하고 있었던 것이다.

그 뿐만이 아니다. 우리 경찰수사의 발전상도 일면 들여다보자.
2005년경부터 본격적으로 수사권을 독립시키기 위한 움직임이 시작되었고 형사소송법상의 수사종속 검경관계를 상호협력관계로 개선하는 노력을 하면서 우리 경찰은 수사시스템의 개선과 더불어 그 역량이 놀라울 정도로 향상되었고 조사관 개개인의 마인드와 수사능력도 확실히 전문화되고 있음을 알 수 있다.

하지만 내가 수사를 처음 접하게 된 1993년도 시점에서는 검찰과의 관계가 상명하복 관계라는 것에 이의를 다는 사람은 아무도 없었고 그것은 법률상 당연한 것이었다. 실무에 있어서도 수사종결권자인 검사가 뒤에 있기 때문에 두루뭉술하게 수사를 종결하는 관행도 존재했었으며 그것을 적극적으로 제어하거나 감독하는 기능이 경찰 내부에 없었던 점도 수사권 독립의 움직임이 있을 때 경찰 조직의 큰 반성거리였다.

그런 시대적 배경을 안고 그토록 소망하던 조사관의 꿈을 이룬 뒤, 내가 수사종결권자인 검사라는 생각을 가져야만 소신 있는 수사를 할 것 같아 언제나 사회적 약자의 말에 더 귀를 기울이겠다고 마음속으로 다짐을 하였다.

이 사건은 먼저, 공사승인을 해 준 시청 담당부서 공무원을 참고인 자격으로 출석시켜 엄포를 놓았는데, 시청 담당자는 나더러 월권을 하고 있다며 출석에 불응하는 사태까지 벌어지다 결국 자진출석하여 조사를 받았다. 나는 공사승인 절차 하자를 문제 삼았고 시공사 측에도 '굴착 진동으로 인한 균열이 아니다.'는 것이 입증되기 전까지는 공사를 하지 못하도록 설득하여 중단시켰다.

아울러 상대적으로 법률지식이 부족한 주민들에게는 피해회복을 위한 민사조치, 즉 구제방법에 대하여도 상세하게 설명해 주었고, 마지막으로 시공사측을 설득하여 스스로 고소취하하도록 함으로써 주민 30명 전원을 업무방해 불기소(혐의없음)의견으로 송치하고 마무리하는데 꼬박 한 달이 넘게 걸렸었다.

수사는 두뇌게임이다. 상대보다 높은 고지를 점령하고 있어야만 하고 사전준비가 철저하지 않으면 뒤로 밀리는 전투와도 같은 것이다. 또한 사람이 하는 일이라 감성을 갖지 않으면 약자의 사연을 흘러듣게 되고 실체적 진실을 발견하는데 도움이 되지 못할 수가 있음을 날로 깨달으며 감성을 가진 전문 수사관이 되기를 꿈꾸었다. *hee*

다섯 번째 • 이야기

어린 미숙이

2000년 6월

그날도 미숙이는 커다란 빵을 물고 다녔다. 아빠는 공사현장을 따라 지방에 내려가 일주일에 한번 올까 말까하고, 엄마는 대형마트에서 시간제 계산원으로 일을 한다. 두 살 어린 남동생이 한 명 있지만 미숙이는 동생을 돌보지 못한다. 12살 미숙이는 6살 지능을 가졌기 때문이다.

구멍가게 아주머니는 미숙이 엄마가 점심부터 저녁까지 마트 일을 하는 동안 미숙이와 동생이 학교에서 집으로 제시간에 들어왔는지 확인하는 부탁을 받고 학교가 끝나는 시간부터 애들을 보살폈다.

구멍가게 아주머니는 자신이 애들에게 과자를 주지 않으면 얻어먹을 데가 없는데, 어느 날 부터인가 미숙이가 입에 빵을 물고 다니는 것이 여러 번 목격되었다. 이를 이상하게 본 아주머니가 미숙이를 부른다.

"미숙아~"

아주머니의 부름에 빵을 입에 물고 걸어가던 미숙이가 뒤를 돌아본다.

"그 빵 누가 주었니?"

미숙이는 아주머니가 빵을 빼앗기라도 할까봐 골목 안으로 그대로 달아났다.

다음날 아주머니는 이상한 광경을 목격하였다.

미숙이네 집은 구멍가게 옆이고, 큰길 건너편에는 골프연습장이 있다. 골프연습장으로 들어가는 정문 옆에 작은 창고건물이 붙어 있는데, 창고 철문은 언제나 자물쇠로 굳게 닫혀 있었다. 가끔 60살쯤 되는 경비아저씨가 창고에서 대비자루를 들고 나와 정문 앞을 쓸거나 긴 호스를 끌어내어 차가 지나갈 때 마다 먼지가 일어나지 않도록 물을 뿌리곤 했었다.

그런데 그 창고에서 미숙이가 빵을 물고 나오고 조금 있으니까 경비아저씨가 뒤따라 나와 창고 문을 잠그는 것이 목격되었다. 경비아저씨가 골프장 정문 안으로 사라지자 아주머니는 미숙이가 도망을 가지 못하도록 팔뚝을 꽉 잡고 구멍가게 안으로 끌고 들어왔다.

"이 빵 어디서 났어?"

미숙이는 잔뜩 겁먹은 얼굴로 말한다

"할아부지가 줬어"

"왜? 창고에서 무슨 일 있었어?"

미숙이는 입에 빵을 문채 대답대신 아주머니 눈치를 보며 도리짓을 한다.

저녁에 미숙이 엄마가 귀가하자 구멍가게 아주머니는 심상치 않았던 미숙이의 요즘 행동에 대하여 귀띔을 해주었다.
미숙이 엄마는 미숙이가 겁먹지 않도록 살살 달래면서 물어 본다.
미숙이는 할아부지가 자기 몸을 만지고 빵을 주었다고 말했단다.

***

미숙이 엄마가 아이를 데리고 경찰서를 방문하였다.

그때가 2000년도 6월쯤이었나 보다.
그 시기 법정에서는 아동의 유일한 진술이 당해 사건 증거로서의 가치가 있느냐 하는 증거능력 인정여부에 대하여 법정공방과 논란이 많았던 시대였다. 따라서 아동의 유일한 진술 외에 다른 증거를 찾지 못하면 결국 아동에게 성범죄를 저지르고도 범인은 무죄선고를 받고 뻔뻔히 거리를 활보하며 재범을 저지르기도 하였던 시대다.

지금이야 시대가 좋아졌으니 법정공방이 예상되는 사건에 대하여는 진술의 신빙성을 확보하기 위해 모든 경찰서 건물 안에 '진술녹화실'을 설치하여 그 곳에서 진술과 신문이 이루어지고 있으며 생성된 녹화기록은 법정에 증거물로 제출되고 있다.

특히 사회적 약자인 아동과 장애인들을 특별 배려하기 위하여 각 지역마다 One-Stop지원센타(해바라기 센터)를 설치하여 운영하고 있는데, 성범죄를 당한 피해아동이나 장애인들을 조사할 때 경찰과 의료진, 심리상담사가 동시에 투입된다. 또 피해자를 적극 보호하고 그들의 진술이 법정에서의 증거능력을 인정받을 수 있도록 진술녹화를 비롯한 진술의 신빙성을 확보하기 위한 시스템이 마련되고 이 모든 것이 국가 정책적으로 제도화 되어있다.

하지만 미숙이 사건을 취급할 당시에는 성범죄를 당한 피해자가 적극적으로 보호받을 수 있는 사회적 장치가 미약했으므로 범인 한명을 기소하려면 오로지 조사관의 수사의지와 증거를 확보하는 능력에 달렸다고 보는 것이 정확하다.

* * *

미숙이는 의자에서 1분을 채 앉아 있지 못하고 책상 주변을 빙빙 돌고 전화기며 볼펜이며 손에 잡히는 데로 만지작거리다가 제지를 당하면 복도 밖으로 나가려고 한다. 산만하고 호기심이 많은 소녀다. 엄마는 미숙이가 파티션 밖으로 더 나가지 못하도록 소매 끝을 꼭 붙잡고 울먹거리며 말한다.
"애가 강간이라도 당했으면 어떡하죠?"
나는 눈을 마주치지 않고 산만하게 움직이는 미숙이의 행동을 한참 동안 관찰하다가 대답했다.
"저와 함께 병원에 다녀옵시다. 아이 몸에서 강간을 당한 흔적이 있는지 진료를 받아봐야 해요"

나는 엄마와 미숙이를 데리고 인근 산부인과에 가서 진료신청을 했다.
다행이 미숙이 몸에서는 강간의 흔적이 없었고 해코지한 상처도 발견되지 않았다.

6살 지능을 가진 미숙이를 조사하기 위해서는 치밀한 수사계획이 필요했다.

창고 안에서 미숙이가 빵을 물고 나왔을 때 경비원의 행동을 지켜본 구멍가게 아주머니는 그 안에서 분명히 성추행이 있었을 것이라고 단언했다.
그 말이 사실이라면, 창문도 없는 그 밀폐된 공간에서 둘만이 있었던 일을 누가 규명을 해 줄 것인가? 강간의 흔적도 없다. 추행의 흔적도 없다. 미숙이의 지능으로서는 자신을 보호할 어떤 진술도 기대하기 어렵다. 경비원은 자신의 범행을 완강히 부인할 것이 불을 보듯 뻔한 일이다.

나는 엄마 옆에 앉아서 책상 모서리를 손톱으로 까그작 까그작 까고 있는 미숙이를 한참 내려다보다가 번뜩이는 생각이 들어 잠깐 기다리라고 해 놓고 지하 매점에 가서 아이스크림과 빵을 하나씩 사가지고 왔다.
「미숙이 성추행 피해사건」에 대한 수사가 지금부터 시작된다.

지하 매점에 다녀온 나는 미숙이에게 금방 녹을 아이스크림을 먼저 주었다.

미숙이는 아이스크림을 맛있게 빨아 먹었다. 그 사이에 나는 어린 내 딸을 대하듯 조심스럽고 친근하게 접근하여 마치 엄마와 딸처럼 다정한 대화를 이어나갔다. 그 사이에 미숙이 엄마에게는 근처 문구점에 가서 12색 크레파스와 스케치북을 사오라고 시켰다.

나는 어려서부터 그림 그리는 소질을 가졌다. 그래서 미숙이 엄마가 사온 스케치북을 펼쳐놓고 미숙이가 보는 앞에서 사무실에 있는 크고 작은 물체들을 편화(간단하게 특징만 살려서 그린그림)로 그려 나가는 과정을 보여주었다. 그리고 무엇을 그리고 있는 중인지 알아맞춰 보는 하는 놀이를 하였다. 그러자 미숙이는 처음 보는 재미난 그림에 '호호~깔깔~' 웃으며 매우 흥미있어 했다.

놀이가 한참 무르익을 무렵,
"다음은 미숙이가 사는 동네를 그려볼래?"
아이들은 대체로 그림을 잘 그린다. 그리고 자신의 기분 상태가 그림에서도 자연스럽게 잘 나타난다. 아마 미술치료도 이런 것에서부터 시작된 것이 아닐까 생각한다.

미숙이는 지능에 비해 그림을 잘 그렸다. 구멍가게와 자기 집, 골프장 정문과 창고, 파랑색으로 승용차도 한 대 그리고 스케치북 한가운데에는 빨강색 호스를 들고 물을 뿌리는 할아버지도 그렸다. 미숙이에게는 경비원이 나쁜 사람으로 보이지 않는 듯하다.

나는 잘 그렸다고 칭찬해 주면서 더 잘 그리면 상으로 빵을 주겠다고 했다.
그리고 스케치북을 한 장 넘긴 후 다음은 창고 안을 그려보라고 했다.

미숙이는 턱을 괴고 잠시 생각에 잠기더니 서랍이 없는 기다란 책상과 의자를 그렸고, 천정에 삼각 갓이 달린 전등을 그렸다. 바닥에는 빨간 크레파스로 둘둘 말려 있는 호스를 그렸다. 그리고 다시 책상위에다 하얀색 크레파스로 무엇을 그리려다가 색깔이 보이지 않으니까 흰색과 가까운 회색 크레파스를 다시 집어서 가슴 윗부분만 있는 사람 머리를 그렸다. 무엇이냐고 물었더니 학교 미술실에서 본 것이라고 했다.
'아~ 창고 속에 석고상이 하나 있구나' 하는 생각이 내 머릿속에 반짝 하고 스쳐 지나갔다.

나는 미숙이와 대화하는 내용, 놀이하는 내용을 진술조서에 남기며 계속해서 놀이를 이어 나갔다. 그리고 그림 그리는 모습도 사진으로 남겨두었다. 이 모든 것이 나중에 법정에 증거물로 제출될 것이니까 말이다.

"미숙이는 창고 속에 들어가 보았구나."
"예, 할아부지하고 들어가 보았어요."

"친구들하고도 들어갔었니?"
"아니오, 나만 들어갔어요."

"문이 열려 있었니?"
"아니요, 할아부지가 열어주면 들어갔어요."

"들어가서 뭐했어?"
"할아부지가 안아주고 빵 줬어요."

"몇 번 갔었는데?"
손가락을 펼쳐 오리조리 8개쯤 펼치더니 더 이상 기억이 안 나는지 도리짓을 해버린다.

"8번 갔었니?"
"몰라요."

"할아버지가 어떻게 안아줬어?"
"할아부지가 의자에 앉아서 안아줬어요."

"할아버지가 옷을 벗었어?"
"바지만 벗었어요."

"팬티도 벗었어?"
"예.. 히히~~ 빨가벗었어요. 꼬추도 나왔어요."
미숙이는 왼팔을 책상 위에 길게 뻗고 부끄러운지 얼굴을 자기 팔에 묻으면서 말했다.

"미숙이도 옷 벗었어?"
"헤에~"
미숙이는 웃음기 있는 얼굴로 길게 혀를 내밀며 그렇다는 대답을 했다.
지능이 낮은데도 발가벗은 몸을 보인 것이 다소 수줍은 모양이다.

"얼마만큼 벗었어?"
"다요~."

"미숙이가 벗었어?"
"아니요, 할아부지가 벗겨줬어요."

미숙이에게 있어 경비원은 빵을 주는 할아버지이다. 경비원은 미숙이가 학교에서 돌아오는 시간이면 창고 안에서 얼굴을 빼꼼히 내밀고 '이리와~'하고 불렀다. 미숙이는 빵을 얻어먹으려고 창고 속으로 들어갔다. 경비원은 그렇게 유인한 미숙이에게 해괴한 짓거리를 하며 상습적으로 성추행해 왔던 것이다.

"할아버지 팬티는 무슨 색깔이야?"
"빨강색.. 아니아니 파랑색.. 아니.. 회색.."
혼동이 되는 모양이다.

"아빠 팬티는 무슨 색이야?"
"하얀색이요"

아빠 팬티와는 확연히 구분하는 것 같았다. 그러니까 아빠가 입는 팬티와는 전혀 다른 디자인의 팬티일 것이라고 생각했다.

나는 스케치북의 다음 페이지를 넘기며 아빠 팬티와 할아버지 팬티를 그려보라고 했다. 미숙이는 그림그리기가 재미있는지 아까처럼 턱을 괴고 잠시 생각하더니 두 개의 팬티를 나란히 그렸다. 나는 각각의 팬티 밑에 '아빠'와 '할아버지'라고 글자를 써 넣으라고 했다.

미숙이가 그린 아빠의 팬티는 흰색 면으로 된 삼각팬티인 것 같고, 할아버지의 팬티는 얼룩덜룩한 무늬의 트렁크인 것 같았다. 그리고 할아버지의 팬티 그림에서 특이한 문양을 발견했다. 그것은 여러 색의 크레파스를 이용하여 혼란스럽게 칠한 그림 속에 노란색 삼각무늬가 여러 개 있는 것이 특징이었다.

나는 '참 잘했어요'라고 칭찬해주고 선물로 빵을 주었다.

엄마와 미숙이를 귀가시키고 퇴근길에 인근에 있는 재래시장에 들렀다. 미숙이가 그려놓은 팬티와 비슷한 물건이 있는지 살펴보다가 없는 것 같아서 그냥 얼룩덜룩한 팬티 다섯 장을 샀다.
다음날 오전 일찍 엄마와 미숙이를 다시 불렀다.

나는 넓은 회의용 테이블 위에 팬티를 펼쳐놓은 다음 미숙이에게 할아버지 팬티를 찾아보라고 했다. 미숙이는 손가락 하나를 입에 물고 꼼꼼히 살펴보더니 첫 번째 것을 집었다가 내려놓고 다시 4번째를 집었다가 내려놓은 후 '몰라요'로 간단히 마무리한다. 그렇다. 미숙이는 할아버지의 팬티를 정확히 기억하고 있으며 내가 사온 팬티 다섯 장 중에는 일치하는 물건이 없는 것이다. 이것으로 미숙이의 조사가 끝났다.

나는 미숙이 엄마에게 며칠 후 경비원을 경찰서로 부를 것이니까 그동안 직장에 나가지 말고 아이를 잘 보살피고 경비원에게는 경찰서에 신고하였다는 낌새를 차리지 못하도록 조심하라고 당부를 했다.

* * *

나는 신속히 경비원 숙소와 창고에 대한 법원의 '압수수색영장'을 신청하여 발부 받은 다음날 경비원 이 씨를 불러 신문하기 시작했다.

"무슨 일을 하시죠?"
"골프장 경비와 청소, 잡일, 주차관리를 합니다."

"사는 곳은 어디죠?"
"집은 안양인데 멀어서 자주 못가고 골프장 옥탑방에서 혼자 살고 있습니다"

"미숙이를 알지요?"
"미숙이요? 글쎄요~ 들어본 것 같기도 한데.. 골프장 건너편에 사는 지적장애아를 미숙이라고 부르는 것 같습니다"

"동네 아이들이 창고에 들어가서 놀기도 하나요?"
"아닙니다. 창고를 항상 잠가 놓기 때문에 아이들이 들어갈 수 없습니다."

신문 속도가 빨라지고 있다.

"미숙이는 창고 안에 들어가 보았다고 하던데요?"
"그럴 리가 없습니다. 창고는 항상 잠겨 있습니다."

"미숙이를 창고 안으로 데리고 들어가서 추행을 한 사실이 있지요?"
"아닙니다. 절대 그런 일 없습니다."

"미숙이는 피의자가 창고 안으로 데리고 들어갈 때마다 성추행을 하고 매번 빵을 주었다고 하던데, 도대체 몇 번이나 그랬습니까?"
"몇 번이라니요? 한 번도 그런 일이 없습니다. 그 아이는 질이 떨어지는 아이입니다. 저능아 말을 듣고 저를 죄인 취급하시네요. 변호사를 부르겠습니다."

"그렇게 하십시오, 변호사 선임은 피의자의 권리이고 불리한 진술을 거부할 권리가 있다는 것도 조사 전에 미리 고지했었습니다. 그렇지요?"

피의자는 갑작스런 기습 질문에 말문이 막히는지 '허~참!' '허~참!'이라는 말만 되풀이 하며 범행 자체를 완강히 부인하고 나섰다. 물론 충분히 짐작을 했던 일이므로 당황할 필요도 없었다. 원래 조사라고 하는 것이 범행을 부인하는 것을 자백으로 이끌어 나가는 게임과도 같은 것이니까 말이다.

　피의자는 내가 어떤 카드를 가지고 있는지 전혀 짐작할 수가 없을 것이다.
　지금부터 하나하나 보따리를 풀 때마다 피의자가 당황해할 표정을 상상하니 생각만 해도 흥미로워진다.

　나는 피의자에 대한 1차 조사를 마친 후, 피의자를 대동하고 '압수수색영장'을 집행하러 여러 명의 형사들과 함께 골프장으로 갔다.

　피의자가 숙소로 사용하고 있다는 옥탑방 문은 잠겨 있지 않았다. 문을 활짝 열고 들어가자 벽 쪽으로 1인용 간이침대가 붙어있고 그 옆에 3단 서랍장과 옷을 거는 일자형 행거가 한눈에 보인다. 다른 데는 살필 필요도 없이 들어가자마자 3단 서랍장부터 뒤졌다. 피의자는 형사들이 도대체 무엇을 찾는지 알 수 없다는 표정으로 잠자코 지켜만 보고 있다. 서랍 안에 여러 가지 옷들이 뒤엉켜 있는 중에 트렁크 팬티 3장을 건졌다.

　놀랍다. 3장의 팬티 중 2장은 문양이 똑같다. 그리고 2장의 얼룩덜룩한 무늬 속에는 미숙이가 그림으로 그렸던 노란색 삼각무늬가 형광색처럼 눈에 띄게 섞여 있다. 나는 증거물을 확보하여 봉투에 넣는 동안 동행했던 형사는 집행과정을 사진 촬영했다. 옥탑방의 영장집행이 끝난 후 나는 피의자를 앞세우고 창고로 내려갔다.

창고 역시 미숙이가 그림으로 그렸던 작업다이 위에 하얀 석고상이 서 있다. 학창시절 내가 숱하게 그려왔던 쥴리앙! 그 석고상의 이름은 쥴리앙이다. 창고 안에는 의자도 있고, 삼각으로 보이는 갓 달린 전등도 있고, 바닥엔 빨간 호스도 정리되지 않은 채 너부러져 있다.

나는 창고 내부를 여러 컷으로 사진 촬영케 한 후 경찰서로 돌아왔다.

***

경비원에 대한 2차 조사가 시작되었다.

나는 1차 조사에서처럼 변명할 기회를 다시 주었다. '피의자신문조서(1차)'에는 피의자가 범행을 완강히 부인하는 진술내용으로 도배가 되어있다. 이제는 하나씩 반전으로 들어갈 차례다.

"창고 속에는 무엇이 있습니까?"
"아까 다 보셨지 않습니까? 무엇이 더 궁금하신데요?"
까칠한 답변이다. 상대가 저능아인데 바보의 말을 듣고 수사를 하고 있다는 것이 한심스럽다는 듯한 말투로 들린다.

"피의자가 얼마만큼 기억하고 있는지 궁금합니다. 진술해 보십시오."
"책상, 의자, 석고상, 뭐 청소용구들도 있습니다."

"청소용구의 종류를 구체적으로 진술해 보십시오."
"대빗자루 서너 개, 삽, 호스.. 뭐 이런 것들입니다."

"호스의 색깔과 길이는 어떻게 되는지요?"

피의자는 조사관이 한심스럽다는 듯 비웃음 같은 한숨을 푹 쉬며 말한다.

"빨강색이고 한 10미터정도 됩니다. 왜요?"

"창고 문은 항상 잠겨있고, 아이들이 들어간 적도 없다고 진술하였지요?"

"예, 그렇습니다. 외부인을 물론이고 애들도 들어온 적이 없습니다."

창고에 대한 집요한 질문에 피의자의 눈빛은 불안에 떨고 있음이 느껴졌다.

나는 미숙이가 그린 창고 그림을 책상 위에 보기 좋게 펼쳐 놓았다.

"이것은 피의자가 저능아라고 표현했던 미숙이가 그린 그림입니다. 책상, 의자, 석고상, 빨간 호스.. 모든 것이 피의자의 진술내용과 완전히 일치하군요"

피의자는 뒤통수를 얻어맞은 기분으로 할 말을 잊고 있었다. 그리고 조사관이 다음 어떤 것을 들이댈까 걱정하는 표정으로 나를 물끄러미 바라본다.

다음은 피의자의 숙소에서 압수해온 팬티 두 장을 봉투에서 꺼내 미숙이가 그린 창고 그림 위에 펼쳐 놓았다.

"피의자의 숙소에서 압수해 온 것인데, 피의자 소유의 팬티 맞지요?"

"예, 맞습니다"

나는 서랍 속에서 미숙이가 그린 팬티 그림을 꺼내 팬티 옆에 나란히 붙여 놓으며 말한다.

"이 팬티 그림은 미숙이가 그린 그림입니다. 왼쪽 그림은 미숙이 아빠 팬티이고, 오른쪽 그림은 피의자가 미숙이를 창고 속으로 유인해가서 미숙이를 발가벗긴 후 피의자는 바지와 팬티만 벗고 의자에 앉은 채로 미숙이를 끌어안고 갖은 추행을 다 했지요. 그때 미숙이가 보았던 피의자의 팬티 그림입니다. 특징인 노란색 삼각문양이 놀랍게도 똑같네요? 보지 않고 이런 그림을 그릴 수 있다고 생각하나요?"

피의자는 얼굴이 벌겋게 상기된 채 입을 반쯤 벌리고 넋이 나간 듯 아무 말을 하지 못한다. 그러다가 결심한 듯 힘주어 말한다.

"우연일 수 있습니다. 저는 애를 건드리지 않았습니다. 변호사를 부르겠습니다"

"그렇게 하십시오. 오늘 조사는 늦어서 여기서 끝내고 내일 3차 조사를 할테니 유치장 안에 들어가서 깊이 반성하세요. 지능 낮은 애라고 손주뻘 되는 애를 그렇게 하면 됩니까? 부끄럽지도 않으세요? 천벌을 받습니다" 하고 호통을 쳤다.

나는 '미란다 원칙'을 고지한 후 피의자의 손목에 묵직한 수갑을 힘있게 채웠다. 그리고 도주 및 증거인멸의 우려가 농후하므로 그대로 귀가를 시키면 신병확보가 어렵다는 이유를 달아 긴급체포서를 작성하였다.

피의자는 3차 조사에서도 지능 낮은 저능아 운운하며 범행을 완강히 부인하며 끝내 자백을 하지 않았지만 구속영장이 발부되었다. 그리고 피해자인 미숙이가 법정에 증인으로 출석하지 않았어도 피의자는 징역 1년의 실형을 선고받았다.

그 이유는 지능이 낮은 미숙이의 진술만으로는 증거능력이 없어 피의자는 무죄판결을 받을 수도 있었겠으나, 내가 수사한 증거수집 과정은 미숙이 진술의 신빙성을 확보하는데 충분한 증거로서의 가치가 있었던 것으로 인정을 받았던 것이다.

그로부터 수 년이 지난 2005년 8월 국립경찰병원에 최초로 '원스톱지원센터'가 개설되기 시작하여 현재는 이와 비슷한 역할을 하는 해바라기센터 등 전국 곳곳에 36개소가 운영 중이다. 그 외에도 성폭력상담소, 성폭력피해자 보호시설 등이 설립되어 있어 미숙이와 같이 사회적 약자가 성폭행을 당했을 경우 육체적·심리적 치료와 함께 보호가 즉시 이루어지는 시스템이 잘 갖추어져 있다. 아울러 원스톱지원센터의 조사실은 친환경적으로 꾸며놓고 경찰관이 피해진술조서를 작성할 때 심리전문가가 입회하고 피해자 진술의 신빙성을 확보하기 위해 전 과정이 녹화되는 시스템을 갖추고 있으며 이 녹화기록은 증거능력이 인정되어 법정에서 곧 증거로서의 효력을 가진다.

그러므로 미숙이 사건과 같은 사례가 경찰서에 신고가 되더라도 지금은 경찰서에서 직접 조사를 하지 않고 '원스톱지원센터'로 바로 연계되는 좋은 세상이 되었다.

미숙이 수사를 끝내고 난 후 3년쯤 지났을 때였을까? 정말 우연한 자리에서 미숙이를 다시 보게 된 일이 생겼다.

내가 조사반장으로 근무하다가 파출소장 발령을 받아 근무하게 되었을 때 관할에 있던 사립여중 이사장님이 여학생들에게 범죄예방교육을 해달라는 부탁을 하여 2학년 교실에 들어간 적이 있었다.

한참 강의를 하던 중에 맨 앞줄에 단정히 교복을 입고 앉아 있던 미숙이를 눈으로 발견했다. 1분도 채 앉아 있지 못하던 어린미숙이가 어엿한 여중생이 되어 강의를 듣고 있었다. 나를 본 미숙이가 과거의 일을 기억해내 재차 마음의 상처를 입으면 어쩌나 하는 걱정이 사뭇 앞섰다. 나는 서둘러 강의를 마칠까 하다가 몇 가지 질문을 던지며 표정을 살펴보니 다행히 나를 기억하지 못하는 것 같았다.

강의를 끝내고 돌아가다가 담임교사에게 미숙이의 학교생활에 대하여 물어보았다. 미숙이는 다행이 아픈데 없이 건강하고 다른 아이들보다 학습능력이 다소 떨어지기는 하나 산만하지 아니하고 자기가 생각한 대로 의사결정도 가능하다고 했다. 다행스러웠다.

바쁜 일상에 찌들어 그 사건 이후로 미숙이를 한번 돌아보지 못했던 나의 무성의함이 미안했다. 그리고 경찰30년사를 정리하면서 다시 한번 미숙이를 생각해본다. 그녀의 나이는 지금 서른 살이 되었을 것이다. *hee*

의자

이정록

병원에 갈 채비를 하며
어머니께서
한 소식 던지신다.

허리가 아프니까
세상이 다 의자로 보여야

꽃도 열매도, 그게 다
의자에 앉아 있는 것이여

주말엔
아버지 산소 좀 다녀와라

그래도 큰애 네가
아버지한테는 좋은 의자 아녔냐?

이따가 침 맞고 와서는
참외밭에 지푸라기도 깔고
호박에 따리도 받쳐야겠다
그것들도 식군데 의자를 내줘야지

싸우지 말고 살아라
결혼하고 애 낳고 사는 게 별거냐
그늘 좋고 풍경 좋은데다가
의자 몇 개 내놓는 거여

01
°타인을 배려하는 마음의 詩

사람을 차별하지 않는 의자. 우리 사회도 삶에 지친 사람들을 다 품에 안을 수 있는 의자와 같은 사람이 점점 더 많아진다면.. 정말 살만한 세상이 될 거야.

여섯 번째 • 이야기

자백받기
좋은 의자

2011년 7월

나는 '의자'라는 단어를 참 좋아한다. 의자 중에서는 나무의자가 제일이다.

나무는 살아서 사람들에게 좋은 영향을 주고 죽어서도 의자로 변신하여 사람들을 품에 안는다.

사람을 차별하지 않는 의자…
우리도 삶에 지친 사람들을 아무나 다 품에 안을 수 있는 의자와 같은 사람이 되었으면 참 좋겠다는 생각을 해 본다.

정호승 시인의 〈의자〉라는 제목의 어른을 위한 동화책이 있는데, 이 스토리의 주인공은 사업에 실패하여 아내를 생활전선에 보낸 후 좌절감을 뿌리치지 못해 발길 닿는 대로 여행을 하다가 아무도 살지 않는 시골집을 방문한다. 거기에서 생전 아버지가 어머니를 위하여 만들어 주셨던 낡은 의자가 감나무 아래에 방치되어 있는 것을 보고 유품으로 가져와 자기 집 베란다에 놓는다. 그런데 바닥이 고르지 못해 의자가 기우뚱거렸던 것을 모르고 의자 탓만 하며 다리 네 개를 조금씩 순차적으로 잘라내다 결국 앉기에 더 불편한 의자로 만들어 놓는 실수를 범하고 자신의 신세를 한탄한다. 작가는 독자에게 무엇을 알려주고 싶었던 것일까?

내가 느낀 것은 실수의 결과보다는 주인공이 의자로 인해 자신의 처지를 위로받고 싶었던 부분이 더 크지 않았었나 하는 생각을 해본다.

의자를 생각해보면 그 종류가 참 많고도 많다.

사무용 의자가 있는가 하면 안락한 쇼파도 있고, 공원의 벤치도 한 사람이 앉느냐 두 사람이 앉느냐에 따라 크기와 모양이 다양하며 열 사람이 앉을 수 있는 넓은 평상도 의자의 일종이다. 노인들을 위한 실용적인 의자 중에는 지팡이처럼 짚고 다니다가 앉고 싶을 때 펼치면 의자가 되는 것도 있고 병환 중에 대소변을 가려 볼 수도 있는 위생의자도 있고 어린아이들을 위한 유모차도 의자이다. 그러고 보면 사람의 발길이 닿는 곳곳마다 의자 없는 곳이 없다. 그것은 사람이 의자를 떠나서는 살 수 없기 때문이다. 의자는 사람을 품에 안는 존귀한 물건이며 그 역사는 인류의 역사와 함께 하지 않았을까?

그런데 편치 않은 의자도 있다. 중세 시대에는 의자에 왕가시를 박아놓고 사람을 앉혀 고문했는가 하면 우리나라 사극에서도 역적모의를 한 사람, 지금으로 말하면 정치범들을 의금부로 끌고 가서 자백을 강요하며 주리를 트는 장면들을 쉽게 볼 수 있다. 이렇듯 의자는 사람을 안락하게 할 수도 있지만 사람을 고통스럽게도 할 수 있는 두 가지 기능을 가지고 있는데, 이것은 의자가 가진 고유의 기능이라기보다는 의자를 사용하는 사람의 인성과 직결될 것이다.

내가 '수사연수원'으로 경제사범 수사기법을 강의하러 출강 다녔을 때의 일이다. 교육생들은 수사업무를 막 시작한 새내기 경찰관들이었는데 나의 강의 첫 시간은 항상 '의자'를 주제로 이뤄졌다.

강의자료의 첫 대목은 바로 이것이었다.

피의자로부터 자백을 받아내려고 합니다
여러분들은 어느 의자에 앉혀서 신문을 하시겠습니까?

교육생들은 고개를 갸우뚱 하더니 대부분 '원형의자'를 선택했다.

그렇다. 물리적으로 등받이가 없는 원형의자에 서너 시간 앉아 있으면 불편함이 따를 수 있겠고 심지어는 허리가 아프다고 고통을 호소하다가 자백을 할 수도 있겠다. 1993년도 내가 처음 조사관 생활을 할 때까지 만해도 경찰예산이 넉넉히 않아 물자조달이 순조롭지 못했을 때 좌측 그림과 같은 저렴한 원형의자가 보급되어 피조사자 의자로 수년 동안 사용했던 기억이 있다. 하지만 피조사자에게 고통을 주어서 자백을 받아내려고 의도적으로 사용했던 것은 아니었다.

세월의 흐름에 따라 경찰예산이 점차 확보되고 또한 피의자의 인권을 중시하는 시대를 맞음으로서 동그란 원형의자에서 발전해 접이식 등받이 의자로 바뀌었다가 지금은 팔걸이가 있는 의자로 교체되었다.

어찌 되었건 피의자로부터 자백을 받아내려면 등받이 없는 불편한 원형의자가 아니라 팔걸이가 있는 안락한 의자를 내주어야 한다는 것을 말하고 싶다. 안락한 의자를 내주어라는 뜻은 그저 몸을 편하게 만들어 주라는 의미가 아니다. 팔걸이의자의 의미 속에는 피조사자의 인격을 존중하자는 의미가 담겨 있다.

나는 피의자의 자백이 있어야만 증거물 확보가 가능한 수많은 사건들을 조사하면서 내 마음속에는 항상 피의자의 인격을 존중하는 정신이 깔려 있었기 때문에 중도에 포기하지 않고 끝까지 피의자를 설득하고 감화시켜 자백을 받아내어 사건을 해결하는 성과를 거둘 수 있었다. 이것이 바로 내가 정립한 「의자이론」의 요지이다.

피의자가 범죄를 저지르는 데는 목적과 동기가 분명히 있다. 나는 경찰관이고 너는 피의자이니 순순히 조사에 응해야 한다는 공식으로는 절대로 우리가 목표로 하는 실체적 진실을 발견할 수 없다. 그렇기 때문에 조사관은 피의자의 입장에서 생각할 줄 알아야 한다. 어릴 적 부모로부터 구타나 학대를 당하면서 반사회적 성격이 형성되었을 수도 있고, 집안에 환자가 있어 급히 돈이 필요하여 범죄를 저질렀을 수도 있고, 잊을 수 없는 원한이 맺혀 범죄를 저질렀을 수도 있다. 이러한 환경을 가진 사람을 원형의자에 앉혀 단편적인 자백만 강요할 수 있겠는가?

수사의 목적은 실체적 진실을 밝혀내는 데 있다.
현명한 조사관은 피의자의 마음을 움직일 줄 아는 능력이다. 더 이상 거짓 진술을 하지 못하도록 서서히 궁지로 몰고 가는 게임을 하더라도 우리는 피의자의 인격을 최대한 존중해 주면서 천천히 한발 한발 정성을 다해 다가가야 한다. 죄에 대한 댓가는 법률로써 정해놓은 바에 따라 법관이 내리는 것이지만 피의자가 스스로 자신의 죄를 깨닫고 반성할 수 있도록 이끌어 가는 것도 수사관의 몫이라는 것을 잊어서는 안 된다.

그래서 나는 경찰에 첫발을 내딛는 후배들에게 경찰업무의 기본은 상대방의 인권을 존중해야함은 물론 사람을 사랑하는 마음이 있어야 하므로, 그대의 마음 속에는 등받이 없는 원형의자가 아닌 안락한 팔걸이의자를 항상 새겨두라고 말한다. *hee*

좋은 인상

용혜원

아주 잠깐 마주쳤을 뿐인데
흠잡을 데 없는
순수한 매력이
마음을 온통 흔들어 놓았다.

02
° 처음 만나는 사람에게 나를 보여주는 詩

바람 불어 헝클어진 머리를 손으로 그냥 쓸어버리는 그 사람이 어쩐지 좋아 보였어.
시선을 피하지 않는 온화한 미소, 어딘가 소탈해 보였던 그가 내 마음을 가져가 버렸네.

일곱 번째 • 이야기

옷입기의 품격

2011년 4월

옷이 날개라는 말이 있다. 그리고 옷은 사람의 품격을 나타낸다는 말도 있다.
나는 그 말에 적극 공감하는 사람이다.

어느 날 수사과 경제팀에 근무하는 새내기 여경 조사관이 내 방에 찾아와 이렇게 물었다.
"과장님, 어떻게 하면 민원인을 잘 대할 수 있나요?"

갑작스런 질문에 나는 다시 반문했다.
"친절하게 대하는 방법을 가르쳐 달라는 것인가요?"
"아니요, 민원인들이 제 말을 잘 안듣는 것 같아서요" 라고 했다.

부연설명을 더 듣지 않아도 나는 그녀의 연령이나 경찰경력, 업무경험 등 그녀가 가진 환경을 생각하며 어떤 점에 애로사항이 있어서 찾아왔는지 직감적으로 알 수 있었다.

나는 우선 경험을 토대로 두 가지를 알려 주었다.
"첫째는 옷을 상황에 따라 단정하게 갖춰 입고, 둘째는 신뢰감을 줄 수 있는 부드러운 카리스마를 키우세요."

그리고 옷 입기가 왜 중요한지에 대하여 상세하게 설명을 해 주었다.

요즘 신세대 조사관들은 연령대가 점차 낮아지고 있다.
한편, 피조사자들은 20대 젊은 조사관에 비해 나이가 많은 사람들이 대다수이고, 사회적 지위가 있어서 상대방으로부터 받는 예우를 중시하는 사람들도 많다. 혹은 내로라하는 전문적 지식이나 경험을 가진 사람들도 많아서 조사관들을 평가하는 눈도 높아져 있다고 볼 수 있다.

그들은 고소인의 입장이 되었건 피고소인이 입장이 되었건 상관없이 일단 자신들의 사건을 맡게 된 담당조사관은 사회 경험적 연륜과 수사경험이 풍부하며 노련미가 넘치는 조사관이었으면 하는 바램이 클 것이다.

이에 반해 젊은 조사관 개개인은 현장경험과 법률지식 등 자신이 보유한 스펙 등으로 미루어 보아 수사를 능히 감당할 자신이 있어서 조사관 보직을 받았다고 할지라도, 첫 인상으로 상대를 사로잡지 못하면 신뢰구축에 실패하기 쉽고 사건이 종결될 때까지 민원인으로부터 불신을 받고 사사건건 시비언쟁을 할 수도 있음을 꼭 염두에 두자.

 그러면 신뢰를 구축하기 위한 경찰관으로서의 좋은 첫 인상은 어떤 것일까?
 한 마디로 말하면 부드러우면서도 강해보이는 포스이다.
 이것은 상대에 대한 예의범절을 깍듯이 갖춘 태도, 단호함과 따뜻함이 담겨 있는 언어, 자기업무에 대한 자신감 있는 눈빛이 조합되어 만들어 낸다.

 그러면 여기에서 옷입기가 왜 그리 중요할까?
 옷 입기, 즉 의상은 사람의 품격을 나타내는 것이요 상대에 대한 예우를 나타내는 것이기 때문이다.

 요즘 젊은 경찰관들 중에는 '사복'에 대한 개념이해를 잘못하는 사람들이 더러 있다. 일의 능률을 올리기 위해서는 그저 내가 편한 차림으로 입고 일해도 되는 것이 사복이라고 생각하는 사람들이 있는데 그건 정말 크게 잘못된 생각이다.

 내가 경찰생활을 처음 시작하던 때만 해도 여경의 경우에는 머리를 길게 풀고 있거나 화려한 귀걸이 같은 장신구를 착용하고 있으면 제복에 어울리지 않는다고 선배 경찰관들이 보자마자 잔소리 같은 지적을 했었고, 복무규율을 담당했던 경무계장들은 등서하는 지역 경찰관들을 수시로 집합시켜 복장검열을 하고 잘못된 복장은 그 자리에서 즉시 면박을 주거나 야단을 치며 경찰서내의 규율을 지켜나갔다.

그때의 여경 선배들과 경무계장은 참 무서운 존재였던 것으로 기억한다.

요즘은 딱히 언제부터라고는 말할 수 없지만 세월이 흐르면서 통제의 개념보다는 복무규정을 스스로 지켜나가는 자율분위기로 전환되었다. 그만큼 사회 구성원들의 인격이 자율에 맡겨져도 지켜질 수 있을만큼 성숙해진 이유라고 생각한다.

그러다보니 잘못된 옷을 입은 후배 경찰관을 보아도 그것을 지적해 주는 선배나 동료가 없는 현실이 안타깝다. 그래서 나는 경찰관으로서의 옷입기가 얼마나 중요한 것인가를 이 책을 빌어 후배들에게 알려주고자 한다.

경찰은 정복 부서와 사복 부서로 나뉜다. 사복 부서의 '사복'은 어떤 일을 주업무로 하는 부서인가에 따라 그 개념이 달라진다.

정보보안과에 근무하는 외근정보관들은 대외기관에 출입하는 일이 잦으므로 주로 넥타이 정장을 비롯해 콤비정장이 적합하다.

형사과에 근무하는 외근형사들은 범인검거가 주업무이므로 대체로 활동하기에 편한 점퍼 차림이 적합하다.

그러면 내근수사를 주업무로 하는 수사과 경제범죄수사팀은 어떤 사복이 적합할까? 한 사례를 들어 설명하고자 한다.

내가 경제범죄 수사팀장으로 발령받았을 때 40,50대의 기성세대 조사관들은 넥타이 정장을 하고 있거나 혹은 콤비 정장 차림으로 업무를 보고 있었다.

그런데 20대, 30대 새내기 젊은 조사관들은 놀랍게도 청바지에 라운드 티셔츠를 입은 사람도 있었고, 여성 조사관 같은 경우는 의자에 앉으면 허벅지가 보이는 짧은 미니스커트, 혹은 민소매에 가까운 브라우스, 거기에 발가락이 노출된 샌들 등 유행에 민감한 의상을 입고 조사업무를 하고 있어 참 놀라웠다.

기성세대인 나의 상식으로는 도저히 납득이 가지 않은 의상이었는데 이 글을 읽는 젊은이들 중에는 혹 세대차이가 난다고 속으로 생각할 사람이 있을지도 모르겠다. 그렇지만 때와 장소 그리고 대상, 즉 내가 언제 어디에서 누구를 만나는 가에 따라 입어야 할 의상이 달라져야 한다는 '복장의 기본'은 세월이 변한다 해도 달라질 수가 없다.

나는 젊은이들에게 "옷은 상대방에 대한 예의를 갖추는 것이고 개인의 인격을 나타내는 것"이라며, 특히 수사과에 근무하는 조사관들은 정장 스타일의 옷을 입어야 민원인으로부터 대접을 받는다고 누누이 강조하였으나 젊은 경찰관들은 그 말에 공감하지 못하고 편한 옷과 유행에 밝은 옷들을 선호하며 입는 것 같았다.

어느 날, 나는 보고 느낄 수 있는 교육을 해야겠다고 마음먹고 아침에 출근하자마자 평소 입고 다니는 연회색 쓰리피스 정장의 겉옷을 벗어 옷장에 걸었다. 겉옷을 벗자 내 모습은 어깨와 목선이 드러나고 겨드랑이가 약간 보일 듯 하는 조끼형 브라우스에 바지를 입은 차림새가 되었다.

더운 날 해안도로를 거닐 때 위와 같은 차림에 썬그라스를 착용하고 걸어간 적이 있었는데, 동행한 사람들이 예쁘고 멋있고 시원해보인다고 칭찬했던 그 옷차림이었다. 나는 그 옷을 그대로 입고 의자에 앉아서 업무를 보았다. 뿐만 아니라 자잘한 보석이 박힌 예쁜 머리핀도 머리 왼편에 앙증맞게 꽂아 보았다. 나는 거울을 보면서 흐뭇했다. 여기가 사무실이 아니고 쇼핑센타나 휴양지였다면 얼마나 더 예뻐보였을까 생각하면서...

하지만 하나 둘 출근하는 팀원들은 나를 보자 깜짝 놀라는 기색이 역력했다. 팀장이라는 사람이 어깨와 겨드랑이가 드러난 옷을 입고 거기다 눈에 띄는 머리핀을 꽂고 앉아 있으니 예쁘고 아름다운 의상이라기보다 보기에도 민망하기 그지없는 의상이라고 생각하기에 충분했을 것이다.

팀원들은 팀장의 의상이 어떻다는 지적을 직접 하지는 못하고 곁눈질로 나를 훔쳐보면서 생각하는 것 같았다.
'팀장이 왜 저런 옷을 입고 앉아 있을까? 민망해 죽겠어!'
'민원인들이 오기 전에 빨리 윗옷을 걸쳐 입었으면 좋겠다' 하는 생각으로 흘깃흘깃 훔쳐보는 것이 느껴졌다. 반응은 성공적이었다.

모두 출근하자 나는 한 자리에 모여 앉게 했다. 물론 어깨가 드러나는 민소매 브라우스 의상을 그대로 입은 채로 말이다.
"오늘 내 옷이 어때요? 좀 예뻐보이지 않나요?"
서로 눈치만 보며 대답하기를 주저했다.

그러다 중견 조사관 한 명만 망설이다가 작은 목소리로 말했다.
"보기가 좀…"
끝말을 흐렸으나 그 말은 곧 민망하다는 의사표시였고 모두가 그 말에 공감하는 것 같았다.
나는 머리에 꽂았던 머리핀을 뽑고 옷장에 벗어두었던 상의 자켓을 꺼내 다시 입어 보였다. 내 모습은 방금 전과 다르게 위아래 깔끔한 연회색 정장차림의 카리스마 넘치는 커리어우먼으로 변신했다. 옷이 요술을 부린 것이다. 그제야 팀원들은 원래 팀장의 모습을 보고 안도의 숨을 쉬는 것 같았다.

그런 일이 있은 후 젊은 조사관들의 의상이 달라지기 시작했다. 청바지와 라운드 티셔츠가 사라졌고, 여성 조사관들의 노출된 어깨는 물론 맨 발가락과 짧은 스커트 아래로 보이던 무릎, 그리고 머리를 예쁘게 장식했던 핀도 자취를 감췄다.

그 자리에는 하얀 깃을 빳빳이 세운 와이셔츠에 검정 재킷을 걸쳐 입은 카리스마 넘치는 미남 조사관이 앉아 있었고, 쎄미정장을 부드럽게 차려입은 온화한 분위기의 멋진 조사관이 앉아 있었고, 스커트 정장이나 혹은 바지 정장에 하이힐을 신은 깔끔하고 산뜻한 이미지의 여성조사관이 앉아 있었다.

그뿐만이 아니다. 젊은 조사관들 앞에 앉아 있는 민원인들의 태도가 달라지기 시작했다. 불과 얼마 전까지만 해도 시비조로 다리를 꼬고 앉아 불평스럽게 조사를 받고 있던 민원인들의 자리에 최대한 예의를 갖추려는 모습으로 조사관의 눈을 응시하며 어깨를 가지런히 모으고 앉아 조사를 받고 있는 사람들이 보이기 시작했다.

 이렇게 복장 하나로 경제팀 사무실 전체 분위기가 격조 높은 반석 위에 올라가 있는 느낌이었다.
 옷을 잘 입어야 하는 이유를 다시 한 번 강조하기 위하여 몇 가지 예를 더 들어보자.

 몸이 아파서 약국을 찾았을 때 약사가 하얀 약사 가운을 입고 고객을 맞이한다면 좋은 약을 지어줄 것이라는 믿음이 갈 것이다.
 반대로 자동차 정비업소의 기사가 작업복이 아닌 하얀 와이셔츠에 넥타이를 매고 기름때가 묻을까봐 조심하면서 차 수리를 하고 있다면 우리는 아마도 그가 가지고 있는 자동차 수리능력을 알아차리기도 전에 차를 제대로 수리하지 못할 것이라는 불신이 생겨 나중에는 카센터를 바꾸게 될지도 모를 일이다.

 이렇듯 옷은 겉모습만으로도 사람을 들었다 놨다 한다. 어깨가 드러나 보이며 화려한 귀걸이에 치렁치렁한 헤어스타일을 한 조사관은 어떤 말을 하더라도 상대에게 신뢰를 주지 못한다. 반대로 의상이 나무랄 데 없이 반듯한 조사관은 조사 분위기를 제압할 뿐만 아니라 상대 민원인으로서는 자신을 예우해 준다는 느낌도 받기 때문에 말 한마디 한마디에 신뢰를 받을 수 있을 것이다.

 이는 사복 부서 뿐만 아니라 정복 부서에 근무하는 직원들도 마찬가지이다. 제복은 법을 집행하는 공권력의 상징이다. 치안 일선에서 112 순찰차를 타고 근무하는 지역 경찰관, 거리의 교통경찰관, 경찰서 종합민원실 담당 경찰관 등 제복을 착용하는 부서에서는 그 제복에 어울리는 단정한 헤어스타일과 항상 청결한 복장을 유지하여야 한다.

2015년 11월 13일자 조선일보에 어느 기자가 '경찰은 더 멋져야 한다'는 제하에 미국 경찰과 한국 경찰을 비교하며 한국 경찰은 권위도 없고 근엄하지도 않은 형편없는 경찰관으로 묘사하는 글을 게시한 적이 있었다.

그 내용은 대략 이렇다.

> 〈중략〉.. 단속내용은 별 것이 아니었고 나는 훈방됐다. 그러나 이후 미국 경찰은 항상 두려움의 대상이었다. 뉴욕 경찰들은 짙은 감색유니폼에 권총과 무전기와 GPS장치를 주렁주렁 달고 다닌다. 잘못하지 않았는데도 웬만하면 피하고 싶다. 그들은 항상 근엄하고 권위적이었으며 무표정했다. 한국 경찰의 유니폼은 민간기업 경비원보다 못하다. 헐렁한 회색 셔츠에 나팔바지를 입고 1000원에도 사지 않을 것 같은 모자를 덥다고 삐딱하게 쓴 그들에게서는 전혀 권위가 느껴지지 않는다. 수신호를 무시하고 휙 지나가는 자동차를 향해 어이없다는 눈총을 주는 정도의 단속을 하는 그들에게 즉시 복종하고 싶은 생각이 들지 않는다.
>
> 〈이하 생략〉

나는 경찰 전체에게 모멸감을 심어준 이 기사를 보고 삭일 수 없는 분노감에 사로잡혔으며 이 기사를 즉시 스캔하여 500여명의 전 직원이 등록된 경찰서 밴드에 올려 함께 공유하고자 했다.

내가 아는 경찰관들은 품위를 유지하며 청결한 제복을 입는 경찰관이 더 많다. 하지만 눈에 가십거리처럼 품위를 손상시킬 만큼 청결치 못한 제복을 입는 사람도 소수 존재할 수 있으므로 그들이 이 기사를 보고 반성했으면 하는 바램으로 밴드에 올렸던것이다.

그리고 이 기사의 조회수를 높이고 흥미를 유도하기 위해 평상시 근무복을 잘 입기로 정평이 나 있는 사람들을 추천하는 〈베스트드레서 왕 뽑기 경진대회〉를 개최하기로 기획하고 추천수가 가장 높은 2명에게는 경찰서장 표창을 주겠다고 제안했다. 무려 410명의 직원이 열람했고, 273명이 댓글을 달고 기사내용에 대하여 열변을 토했으며, 멋진 동료경찰관의 사진과 함께 베스트드레서 추천글이 올라왔다. 이렇게 멋진 경찰관을 뽑는 이벤트 행사를 통해 우리 자신의 복장도 한번 되돌아보는 계기를 마련을 해주었다.

외모가 반듯하고 든든한 경찰의 모습, 국민들은 그런 경찰을 믿고 의지하고 사랑할 것이다. *hee*

우리 곁에 파주경찰(좋은직장만들...

조리 이의택 주임님 추천합니다
단정한근무복에
멋진외근조끼까지^^
완벽하십니다!!

1 · 좋아요

월롱/월롱3팀장   11.13 오후12:47
월롱~댓글좀 팍팍 올리세여

1 · 좋아요

김선아(조리관리반)   11.13 오후12:47

우리 곁에 파주경찰(좋은직장만들...

김기병(교통안전계장) 초록바구니   11.13 오후12:56
맞습니다 제복입은 경찰관은
용모복장에서 그사람의 품위가
결정되는것 같습니다 앞으로
더욱 더 용모복장에 신경을
써야겠습니다 ~^.^~

1 · 좋아요

김기병(교통안전계장) 초록바구니   11.13 오후12:58
김선아(조리관리반) 이의택 주임
님 멋집니다 ~^.^~

1 · 좋아요

우리 곁에 파주경찰(좋은직장만들...

1 · 좋아요

이자영(금촌3팀)   11.14 오전10:50
늦었지만 금촌3팀의 고재성
부장님 추천합니다!! 꼭이요!!
항상 단정한 근무복에 언제
어떤일이 벌어질지 모를 상황을
대비하여 모자와 장갑등은
물론이거니와 ^^ 늘 방검복을
착용하시는 모습을 보여
주십니다! 고재성 부장님은 복장
뿐만아니라 우리가 순찰업무에
있어 경찰관들의 부상, 피의자
도주 염려등 항상 긴장을 늦추지
않으시는 분입이다 ^^ 특히 큰
체격에도 불구하고 매일
방검복을 착용하시는게 불편하지
않을까 하는 마음이 있었는데...
부장님께서는 우리가 경찰서로
희생해야하는 직업은 마지막 한

처음처럼

신영복

처음으로 하늘을 만나는 어린 새처럼
처음으로 땅을 밟고 일어서는 새싹처럼
우리는 하루가 저무는 저녁 무렵에도
아침처럼
새봄처럼
처음처럼
다시
새 날을 시작하고 있다.

03
초심을 상기하는 詩

처음의 순수했던 마음으로 돌아가자, 열정 가득했던 그 날로 돌아가자, 그러나 그 날의 내가 오늘의 나 보다 훨씬 더 값진 삶이었다고는 말하지 말자. 왜냐하면 오늘은 내일 내가 돌아보아야 할 그날이니까.

여덟 번째 • 이야기

12만경찰
초심찾기 프로젝트

2012년 4월

　2012년 4월의 어느 날 밤, 수원의 한 주택가에서 엽기적인 살인사건이 발생한다. 그 사건은 다름 아닌 온 국민을 경악케 했던 중국 조선족 오원춘 사건.
　그날 밤 한 여성은 112에 전화를 걸어 모르는 아저씨에게 끌려가 성폭행을 당하고 있다. 빨리 와달라고 애원하며 위치를 설명하였으나 전화를 받은 경찰관은 그 위치를 한 번에 알아듣지 못하고 되풀이되는 질문만 반복하는 사이에 전화가 끊겼다.
　여성은 살해되었고 범인은 욕실에서 여성의 사체를 심하게 훼손하는 과정에서 다음날 경찰이 들이닥쳐 검거되었다.

　이 사건은 대한민국 국민 모두에게 크나큰 경악과 공포감을 주기에 충분했고 이어서 대한민국 경찰은 무능한 조직이라는 국민의 분노를 사기에도 충분했다.

당시 경찰청장으로 취임한지 불과 한 달 남짓 되었던 김기용 청장께서는 특단의 조치를 내리지 않고는 쏟아지는 국민의 질타와 공분을 이겨낼 수 없고 실추된 경찰의 신뢰를 바로 일으켜 세우기도 매우 힘든 상황에 봉착하였으므로 심사숙고한 끝에 2개의 큰 프로젝트를 급히 창안하여 내놓으셨다.

그 첫 번째가 112신고접수처리 시스템을 개혁에 가까울 정도로 개선하는 것이었는데, 이 사건이 발생하기 전까지는 생활안전과장 소속으로 직제되어 있던 '112지령실'이 '112종합상황실'이라는 명칭으로 변경, 독립된 기능으로 개편하고 전문성을 부여하였으며, 그 결과 지금은 과거의 시스템과는 완전 다른 방식으로 치밀하게 운영되고 있다.

그 두 번째가 '우리 경찰은 변화해야 한다'는 과제였다.
이것은 '112지령실'을 '112종합상황실'이라는 단독기능으로 개편하고 전문성을 부여하며 이와 연관된 시스템을 아무리 초과학적으로 바꾼다고 해도 그것을 활용하는 사람이 변화하지 않고 있으면 아무 소용이 없다는 전제로 시작되었는데 그 과제명이 '12만경찰 초심찾기 프로젝트'였다.

김기용 청장은 이 프로젝트를 경찰청 교육계에 하명하면서 "경찰의 자질을 변화시켜야 하는데 과연 누가 그 변화를 가져다 줄것인가?" 하고 고민하였다고 한다. 결과적으로 전문 외래강사 초빙교육 보다 변화의 주체인 우리 자신들이 변화의 목소리를 내자는 쪽으로 의견이 모아졌다고 하는데, 이는 경찰 역사상 처음 있는 일이라 일종의 모험에서부터 시작되었다고 해도 과언이 아니었다.

하명을 받은 경찰청 교육계에서는 16개 지방청에 지시하여 강의경력이 풍부하거나 언변이 좋은 사람들을 추천받았다고 하는데 그 결과 전국 56명의 명단이 1차로 추출되었고 나도 모르는 사이에 내 이름 석 자도 들어있었으니 개인적으로는 놀랍고 큰 영광이 아닐 수 없었다.

따라서 그 명단에 있는 사람들을 칭하기를 '12만경찰 초심찾기 프로젝트'를 리드 할 '초심메신저'라고 했다.

명단이 하달되자 다음날 바로 전국의 '초심메신저'들이 경찰청에 집결하였다. 비상소집처럼 급하게 소집되었기 때문에 우리들은 무슨 일로 소집되었는지 그 명과를 구체적으로 알 수 없었고 경찰청에서도 그야말로 아무것도 준비되어 있지 않은 상태에서 오로지 초심메신저들과 함께 無에서 有를 만들어 내야 한다는 과제만 안고 차출하였던 것이다.

황당한 심경을 감추지 못해 처음엔 웅성거렸으나 그것도 잠시, 모두들 사태를 공감하고 침착하게 머리를 맞대고 고민하기 시작하였다.

56명의 힘으로 12만명이나 되는 경찰관들의 초심을 어떻게 일깨워 줄 것인가? 수적으로도 대응하기 힘든 상황이었지만 우리는 '불가능'이라는 단어는 쓰지 않기로 약속이라도 한 듯 일심동체가 되어 오로지 '된다'라는 것 한 가지만 생각하고 토의에 들어갔다.

12만명에서 뽑힌 56명은 남다른 데가 있었고 놀라울 만큼의 타고난 능력과 추진력이 있었으므로 이번 프로젝트를 반드시 성공시켜야 한다는 공감대가 형성되기까지는 그리 많은 시간이 필요치 않았다.

그리고 그것은 곧 큰 힘을 발휘하여 상대방의 의견을 존중하고 배려하며 머리를 맞대고 연구한 끝에 단 10일만에 4시간 분량의 강의 커리큘럼을 만드는 데 성공하였다.

강력한 리더였던 경찰청 정창옥 교육계장과 심창진 반장, 그리고 56명의 초심메신저들이 만들어낸 커리큘럼은 곧 전국 경찰관들에게 큰 변화의 물결을 일으키는 시작의 종이 되었다.

20대의 젊은 나이에 투철한 국가관과 사명감을 가지고 경찰에 투신했던 초심, 많은 세월이 흐르는 동안 파릇파릇했던 초심의 색을 잃고 우리는 지금 얼마나 구태의연한 모습으로 살아가고 있는가? 이 과정이 끝나는 마지막 시간에는 사랑하는 가족과 옆에 앉은 동료들의 소중함에 새삼 가슴이 뭉클해지고 국민의 경찰로 거듭나지 않고서는 정년을 목표로 향해 앞으로 나아갈 수 없음을 자각하는 시간이 될 것이라고 미루어 짐작했다.

내게 주어진 임무는 고양권 인접 5개 경찰관서 2천명을 교육시키는 것이었다. 그것도 단 20일에 걸쳐서 말이다.

나는 200명씩 10회 동안, 4시간씩 연속 강의하는 교육계획을 세웠다. 전문 강사가 아니었기에 200명을 상대로 하루 건너 4시간씩 토론식 연속강의를 한다는 것은 대단한 체력을 요구하는 일이기도 하였다.

강사들은 합동으로 만들어 놓은 기본 커리큘럼에 자신들만의 자료를 첨가하여 독특한 방식으로 교육에 임했다. 이때 나는 '감성치안'이라는 용어를 처음 쓰기 시작했고 경찰관 개개인의 가슴에 잠자고 있는 감성을 자극하여 스스로 초심을 찾을 수 있도록 도와주는 쪽으로 교육방향을 잡았다. 말 그대로 메신저역할이었다.

내 강의를 들었던 사람들이 이구동성으로 말했다.
이런 강의는 자신들이 경찰 들어온 이후 처음 듣는 강의였다고, 내 직업이 얼마나 소중한 것인지, 절대로 놓을 수 없는 직업이라는 것을 새삼 깨달았다고, 이 직업을 끝까지 보전하기 위해서는 국민의 경찰이 되어야만 이 조직에서 살아남을 수 있다고, 그리고 잊고 있었던 초심을 찾았다는 감사의 편지와 문자메세지도 수백 통 받았다. 교육의 효과는 매우 성공적이었다.

함께 동고동락했던 전국의 모든 초심메신저들은 그 날의 '12만 경찰 초심찾기 프로젝트'를 절대로 잊지 못한다. 고생한만큼 반응도 결과도 모두 성공적이었기 때문이고 우리 스스로가 만족을 얻었기 때문에 고생을 했어도 행복한 행로였다고 스스로를 평가했다.

초심메신저의 탄생은 훗날 경찰 조직에 동료 강사를 출범시키는데 물꼬를 터주는 선도적 역할을 하였다. 초심메신저 탄생 이전까지 경찰교육이라 하면 직장훈련이라는 명목 하에 한 달에 한 번씩 대강당에 갑부, 을부 이틀간 파트를 나눠서 집체교육을 해 왔다. 집체교육에는 경찰서장 훈시에 이어 각 과장들의 통상적인 업무지시, 그리고 외래강사 초빙교육으로 이어지는 것이 보편적이었으나 그 내용면으로 보아서는 큰 효과가 없는 교육이었다.

그런데 초심메신저들의 활약이 있은 뒤 집체교육의 판이 달라졌다. '초심찾기 프로젝트'를 통하여 경찰 내부에도 훌륭한 강사자원이 있다는 것을 보여주는 계기가 되었고, 의례히 불러오던 외래강사의 초빙교육도 줄어들게 되었다. 이후 경찰청에서는 각 지방청별로 수사면 수사, 교통이면 교통, 실무에 밝은 여러 분야의 '동료 전문강사'를 발굴하게 하였고 그들로 하여금 각 경찰서를 찾아다니는 현장 순회교육을 실시하게 되었다.

지난날을 회상해 보면 '초심메신저'의 탄생은 경찰의 역사를 바꾸는 하나의 터닝 포인트(turning point)였다. 초심메신저들의 역할로 우리 조직 내부에 훌륭한 강사자원이 있다는 것은 큰 깨달음이 되었으며 경찰청은 끊임없이 각 분야의 능력 있는 동료 강사를 발굴하고 교육과 실전을 통해 인재를 육성하고 있다.

나는 처음 경찰에 입문하는 젊은 후배들에게는 내가 선호하는 부서에서만 편하게 근무하려고 하지 말고 기회가 있을 때 마다 전기능을 두루두루 경험해 보기를 바란다고 조언하며 아울러 첫 마음이 퇴색되지 않고 잘 간직되기를 바란다고 했다.

그리고 '숲 속에는 두 갈래 길이 있었고 나는 사람이 적게 간 길을 택하였다고 그리고 그것 때문에 모든 것이 달라졌다'고 하는 로버트 프로스트의 〈가지 않는 길〉이라는 시를 떠올리며, 세월이 가도 항상 초심의 마음으로 자기 인생의 길을 개척하는 콜럼버스가 되기를 소망했다. *hee*

아홉 번째 • 이야기

초심(初心)

초심메신저로서 강의 커리큘럼을 짤때 함께 활동했던 박 선배가 말했다.

초심은 처음 옷을 입었을 때의 마음이 아닐까? 라고...

그 말을 듣고 한자를 가만 들여다보니 '초'자의 한자에는 분명 옷의 衣변에 칼도刀자가 씌여 있었다.

그래서 그 어원에 대하여 네이버 검색을 해보니, 사람이 살아가는데 필요한 의식주衣食住에서 유래가 된 듯하다.

아무리 먹는 것이 중요하다고 하지만 옷을 입지 않고 벌거벗은 채로 앉아서 밥을 먹을 수는 없는 것, 또한 아무리 집이 중요하다고 하지만 먹지 못하고 집만 덩그렇게 있다면 살아갈 수 없는 것, 그래서 사람이 살아가려면 옷과 먹거리와 집이 필수적인데 그 중에서도 옷이 더욱 중요하다는 뜻이며 그 옷을 만들려면 옷감을 재단하는 칼이라는 도구가 필요하다는 데서 이루어진 글자라고 했다.

  하지만 이 어원의 유래가 초심강의를 앞두고 있는 나에게 강의소재로 사용하기에는 2% 부족하다는 생각이 들었다.
  그러자 내 머릿속에 휙~하고 지나가는 옛시조가 생각났다.

  한산섬 달 밝은 밤에 수루에 홀로 앉아
  긴 칼 옆에 차고 깊은 시름하는 적에
  어디서 일성호가는 남의 애를 끊나니

  조선시대의 장수로 임진왜란에서 삼도수군통제사로 수군을 이끌고 전투마다 승리를 거두었던 이순신 장군을 생각했다.

  이순신 장군이 긴 칼을 옆에 차고 수루에 홀로 앉아 왜적으로부터 나라와 백성을 구할 결심을 하고 있는데, 이때 이순신 장군이 장도(長刀) 대신 짧은 단도(短刀)를 옆구리에 차고 있었다면 어떤 모습이었을까? 아마도 보는 이로 하여금 굳은 결심이 반감되어 보이지 않았을까 하는 생각을 해 봤다.

  그렇다. 처음의 마음初心이란? 의식주를 해결하려는 사람의 원초적인 것 이상으로 굳은 결심을 나타내는 것으로 활용하면 되겠구나 그리고 그 귀결은 경찰의 사명감으로 종지부를 찍어야 하는 생각을 가지며 나의 초심강의 첫 도입은 한시를 낭송하는 것부터 시작이 되었다.

***

"안녕하세요? 직원 여러분!

제가 사복을 입고 있으니까 외래강사로 보이시죠? 아닙니다.

저는 경찰관이 된지 26년차 되고 있고요, 여러분들과 마찬가지로 초심을 잃어가고 있는 사람 중의 한 사람입니다.

얼마 전 수원에서 오원춘이라는 조선족 한사람이 엽기적인 살인을 저질렀습니다. 무고한 여성 피해자는 범인이 화장실에 들어간 사이에 이불을 뒤집어 쓴 채 112에 전화를 걸어 살려달라고 애원했고요. 경찰과 통화한 시간은 1분 20초, 그 사이에 범인이 들어와서 여자를 해칩니다. 전화는 끊기지 않았고 이후 6분 동안이나 피해자와 범인의 현장상황이 112전화를 통해 생생하게 들려오다가 마침내 전화가 끊어졌습니다. 여자는 강간을 당한 후 목졸려 살해당했고 범인은 사체를 화장실로 끌고 가서 훼손하기 시작합니다.

이 사건을 두고 전화를 받은 경찰관은 '여자 목소리가 들리고 남자 목소리도 들리고... 이거 부부싸움 같은데...' 하며 신속한 조치를 취하지 않았다고 합니다.

물론 전화를 받은 경찰관의 입장에서 보면 피해자가 말하는 위치를 한 번에 알아듣지 못했을 수도 있습니다. 그렇지만 생명에 위협을 느낀 무고한 시민은 오로지 112전화를 받은 경찰관, 단 한 사람의 경찰관에게 자신의 목숨을 구해달라고 애원할 수밖에 없었습니다. 그것이 그녀 생의 마지막이었습니다.

내가... 내가 그 전화를 받았다면... 나 역시도 그렇게 밖에 할 수 없었을까요?

물론 우리 시스템의 문제도 있습니다. 전화받은 사람에게만 전적인 책임을 물을 수는 절대로 없는 사안입니다. 그래서 우리가 지금 이 자리에 있습니다. 12만경찰이 초심을 잡고 국민의 경찰로 거듭나자고 지금... 동시 다발적으로 전국 곳곳에서 자기반성의 불길이 번지고 있습니다.

나는 지금 여러분을 모시고 '나를 찾아가는 시간여행'의 길로 들어서려고 합니다. 앞으로 4시간이 소요될 것이고요, 이 여행의 목적은 우리가 처음 경찰에 투신하였을 때 가졌던 초심을 찾는 것입니다"로 시작했던 초심강의의 도입부... 내 나름대로 초심의 의미를 만들어 설명했는데 많은 사람들이 공감했다. 따라서 내 강의를 들어보지 못한 사람들과 함께 공유해 보고자 하는 의미에서 다시한번 올려본다.

***

초심!
처음의 마음을 뜻합니다.
그런데 왜? 처음이라는 한자에 옷과 칼을 썼을까요?

먼저 한시를 하나 낭송해 드리겠습니다.

한산섬 달 밝은 밤에

수루에 홀로 앉아
긴 칼 옆에 차고
깊은 시름하는 적에
어디서 일성호가는
남의 애를 끊나니

이 시조는 조선시대의 장수로 임진왜란에서 삼도수군통제사로 수군을 이끌고 전투마다 승리를 거두었던 이순신 장군이 명량해전을 목전에 두고 승전을 염원할 때 휘영청 밝은 달빛을 바라보며 깊은 시름 속에서 썼던 우국시조입니다.

여기에서... 이순신 장군이 긴 칼을 옆에 차고 수루에 홀로 앉아 왜적으로부터 나라와 백성을 구할 결심을 하고 있는데, 이때 이순신 장군이 장도(長刀) 대신 짧은 단도(短刀)를 옆구리에 차고 있었다면 어떤 모습이었을까요?

아마도 굳은 결심이 반감되어 보였을 것이라고 생각됩니다. 그래서 초심을 가질 때에는 옷과 칼이 필요한데 이때의 칼도 옷에 어울리는 칼을 소지해야 그 결심이 더 굳어 보입니다.

자! 의사가 수술용 가운을 입고 메스를 들고 있습니다. 위급한 환자의 생명을 구하기 위해 수술을 잘 하려는 의사의 의지가 보입니다. 그런데 메스를 들지 않고 식칼을 들고 있었다면 수술을 잘 하려는 의지로 보일까요?

또 하나! 학생이 단정하게 교복을 입고 책상머리에 앉아 연필을 깎고 있습니다. 연필을 잘 깎아서 공부를 열심히 해 보려는 의지로 보이죠. 그런데 문구용 칼이 아니고 회칼을 들고 있었다면 그 학생이 공부를 잘해 보려는 의지가 있어 보일까요?

　마지막으로! 아내가 앞치마를 두르고 싱크대 앞에서 칼질을 하고 있습니다. 가족들의 건강을 생각하여 맛있고 영양가 높은 음식을 만들겠다는 의지가 깃들어 있겠죠. 그런데 식칼이 아니고 손톱소제용 칼을 들고 있었다면 요리하는 아내로 보일까요? 맛있는 음식이 밥상위에 올라올 것이라고 기대가 될까요?

　그렇습니다. 초심을 가질 때는 언제나 옷과 칼이 어울려야 합니다. 우리 모두는 경찰관으로 임용될 때 이미 대한민국 정부로부터 사명과 함께 옷과 칼을 지급받았습니다.
　옷이란 빛나는 경찰제복이요, 칼이란 그칼보다 성능이 더 우수한 38권총입니다. 그리고 우리의 사명은 국민의 생명과 신체, 재산을 보호하는 것입니다.
　따라서 우리의 초심은 언제나 그 사명을 다 하는 것이어야 합니다. 그리고 지금은 퇴색되어 가는, 혹은 잃어버린 우리의 초심을 찾아가는 시간입니다. 우리는 한 배를 탄 사람들입니다.

　초심메신저로서의 나의 강의 첫 대목은 이러한 초심한자의 뜻풀이로 시작되었다. *hee*

열 번째 • 이야기

24억 원짜리
유리항아리

우리가 초심을 유지해야 하는 이유,
우리가 국민의 경찰로 거듭나서 그 사명을 다해야 하는 진짜 이유,
'24억 원짜리 유리항아리'는 내가 개발한 초심교육의 하이라이트 소재였다.

***

"24억 원짜리 유리항아리, 잘 안고 있습니까?"
사람들은 이게 무슨 말인지 영문을 몰라서 어리둥절한 표정으로 나를 보았다.

이 말을 쓰게 된 계기는 우리 경찰관들의 자체사고 발생에 기인하였다.

자체사고의 유형에는 피의자도주, 음주운전, 금품수수 등 3대 자체사고 유형이 있고, 그 외에도 7대 자체사고, 14대 자체사고 유형으로도 구분될 만큼 중요하다. 우리 경찰에 있어 자체사고는 절대로 발생하지 말아야 할 성질이다.

자체사고가 발생하면 그 중요도에 따라 파면, 해임 등 배제징계나 정직, 감봉, 견책 등 중·경징계를 면치 못한다. 뿐만 아니라 당사자의 직속상관인 계장, 팀장, 과장, 서장 또한 1차 책임, 2차 책임, 3차 책임 등 지휘책임을 물어 그 직위를 보전하지 못하는 직위해제 처분을 당하거나 사고 당사자와 함께 징계를 받는 등 연대책임을 면치 못한다.

그럼에도 불구하고 끊임없이 자체사고가 발생하는 것을 보면 정말 의식의 문제가 심각하다고 본다. 자체사고를 발생시키고 직장을 잃은 다음에 후회해 본들 무슨 소용이 있겠는가?

교통사고를 내지 않은 단순 음주운전 행위에도 우리 경찰은 상황에 따라 파면이나 해임 등 배제징계를 하는 경우도 있었는데, 이것이 직장을 잃게 할 만큼 파렴치한 범죄행위에 속했느냐 하면 그것도 아니다. 하지만 우리는 그것을 감수해야 할 직분의 경찰이다.

경찰에게는 국민의 생명과 신체 재산을 보호해야하는 사명이 주어져 있고, 국민 생활과 가장 밀접한 곳에서 업무를 보고 있기 때문에 다른 공무원들보다 도덕성이 요구되는 정도가 훨씬 크다고 볼 수 있다. 또한 음주운전 행위를 적발하고 처벌해야 하는 기관에서 도리어 음주운전 행위를 스스로 자행하고 있다면 경찰관으로서의 자질이 부족할 뿐만 아니라 단속에 대한 영이 서지도 않을 것이다.

젊은 날 우리는 경찰관이 되기를 얼마나 소망하며 얻은 직업인가?

지금도 노량진 공무원 학원가에는 컵밥으로 끼니를 때우며 경찰관이 되고자 준비하는 고시생들이 수도 없이 많다. 그들은 간간이 지나가는 순찰차량만 보아도 눈시울을 붉히며 꼭 경찰관이 되겠다는 희망을 가진다. 우리에게도 그런 시절이 있었다. 우리는 지금 처음 경찰에 들어왔을 그때의 초심으로 돌아가야 한다.

내가 초심메신저로서 2천명의 경찰관들에게 전달했던 중요한 메시지중 하나는,

우리가 받은 최초의 임용장은 대한민국 정부가 주는 '24억원짜리 보험증권'이라고 말했다.

임용장.

순경공채로 경찰에 입문하였건, 경찰대학을 졸업하고 경위로 입문하였건 모두 다 같이 우리가 받은 최초의 임용장은 그 후 승진할 때마다 받는 임용장과는 다른 특별한 성격을 가지고 있다.

그것은 바로 우리가 경찰관으로 입문한 순간부터 대한민국 정부는 우리가 이 세상을 하직할 때까지 24억 원을 주겠다는 약속의 보험증권이기 때문이다.

왜 24억 원인가?

통상적으로 30세부터 60세까지 30년간 재직한다고 치자. 그 급여를

통산해 보면 최하 12억 원이 된다. 그 뿐이겠는가? 60세 퇴직해서 사망에 이르기까지, 100세까지 산다고 치자, 정부는 지속적으로 연금이라는 명분으로 우리를 먹여살려주는데 그 연금을 통산해 보면 최하 12억 원이 되며 이를 합하면 24억 원이 되는 계산이다.

보험의 약관.
모든 보험에는 약관이 있듯이 임용장이라는 이름의 보험증권에도 당연히 약관이 있기 마련이다. 그것은 바로 '대한민국 정부는 귀하가 경찰에 입문한 순간부터 사망에 이를 때 까지 24억원을 주겠다. 하지만 이것은 한꺼번에 주는 것이 아니고 국민의 경찰로서 그 업무를 성실히 수행할 것을 조건으로 하여 매월 분할해서 지급해 주겠다'는 의미가 내포되어 있다. 바꾸어 말하면 경찰관으로서의 소임을 다하지 못할 때에는 이 보험은 상실한다는 내용의 약관이다. 그리고 그것은 바로 우리의 사명과 이어진다

우리는 가슴 가슴마다 쉽게 깨어질 수 있는 '24억원짜리 유리항아리'를 껴안고 살아가고 있다.

이 유리 항아리의 두께는 아주 얇다. 그래서 작은 실수 하나에도 용납되지 않고 쉽게 깨져버리는 성질을 가지고 있다. 이 유리항아리가 깨져버리는 순간 그 속에 들어있는 현금 24억 원은 바람과 함께 사라져 버리는 것이다.

이 유리 항아리를 고의로 깨트리는 사람은 없다.

이 유리 항아리는 단순한 실수나 설마 하는 방심에 의해서 깨트려지고 있다. 이 정도야 괜찮겠지 하는 음주운전, 수갑을 채웠는데 도망가겠어? 하는 방심이 불러오는 피의자도주, 총기 오발사고, 24억 원과는 비교할 수도 없는 쥐꼬리 만큼의 금품수수나 향응의 유혹이 평생 보장된 우리의 삶을 송두리째 앗아간다.

그런데 부하 직원들이 가진 유리 항아리의 두께보다 팀장, 계장, 과장, 서장 등 직급이 올라 갈수록 그 두께가 점차 더 얇아지는 것이 문제다. 그것은 바로 지휘책임을 갖고 있기 때문이다. 그래서 관리책임이 있는 상급자는 하급자의 공사생활에 관심을 가지고 자체사고가 발생하지 않도록 지도와 관리감독을 게을리 하지 않아야 한다. 이것은 하급자의 유리 항아리를 보호해주는 차원이 아니라 바로 내 항아리를 보호하기 위한 나의 문제다.

어떤 사람은 자체사고를 발생시켜 유리 항아리가 바싹 깨져버렸음에도 불구하고 이것을 원상회복시키려고 갖은 애를 쓴다. 소청이나 행정소송이라는 이름을 빌려서 말이다. 설사 승소하여 지위보전을 했다고 치자, 이미 금이 간 유리항아리가 온전할 리 있겠는가? 변호사 비용이나 일실급여 같은 실질적인 손실뿐만 아니라 당사자가 겪어야 할 고통, 가족이 겪어야 할 고통, 상급자가 겪어야 할 고통, 실추된 자신의 명예와 국민이 경찰을 바라보는 불신까지 합한다면 이루 말할 수 없는 큰 비용을 감수해야 한다.

나는 신임 순경들에게 말한다.

최초의 임용장, 최초로 입었던 경찰제복.. 이것은 버리지 말고 장롱 깊숙한 곳에 잘 보관해 두었다가 시시때때로 꺼내서 만져보고 초심을 잃지 말기 바란다고 했다.

그랬다. 우리가 국민의 경찰로서 사명을 다해야 하는 이유.. 초심을 유지해야 하는 진짜 이유... 그것은 '24억 원짜리 유리항아리'를 온전히 보호하기 위함이다. 그것만이 살길임을 잊지 말아야 한다. *hee*

초심동화

어느 날 임금님이 어느 시골 마을을 지나가다 날이 어두워 하룻밤을 머물게 되었다.

한 목동의 집에서 어쩔 수 없이 묵게 되었는데 목동의 모습이 참으로 인상적이었다.

목동은 욕심도 없고 성실하며 평화로운 것이 평소의 임금이 보아온 신하들에게서는 찾아보기 힘든 모습들이었다고 한다.

젊은 목동의 모습에 감동한 임금님은 목동을 나라의 관리로 등용을 했다.

그는 청빈하고 정직한 생활, 그리고 양떼를 잘 이끌었던 경험이 있어서 그런지 왕을 잘 보필하고 정치를 잘 하였다. 왕은 마침내 그를 재상의 자리에 앉혔다.

능력도 있지만 마음이 더 중요하다고 생각했기 때문이다.

재상이 된 목동은 더욱 더 성실하고 사심 없이 일을 잘 처리해 나갔다.

그러자 다른 신하들이 그를 시기하기 시작했다.

보잘 것 없는 목동이 나라의 관리가 된 것도 그렇지만 재상까지 오르고 더욱이 악과 타협하며 적당이 뇌물도 받았으면 좋으련만 모든 일을 공정하고 깨끗하게 처리하니 자신들의 처지가 곤란했다. 그리하여 신하들은 재상이 된 목동을 쫓아내기 위해 이리저리 모함거리를 찾기 시작했다.

그런데 가만히 보니 재상은 한 달에 한번 정도 자기가 살던 시골집에 다녀오는 것이었다. 몰래 따라가 보니 그 집 광에 커다란 항아리가 있는데 그 항아리 뚜껑을 열고 한참 동안 항아리 안을 들여다보는 것이었다. 신하들은 임금님께 이 사실을 본대로 일렀다.

재상이 청렴한 척 하면서 남모르게 시골집 항아리 속에 금은보화를 채우고 있다고 고자질 했다. 왕은 자기가 무척 신임했던 그에게 많이 화가 나서 재상을 앞세워 진실을 알고자 재상의 집으로 행차했다.

목동의 집에 다다른 왕과 일행은 모두가 보는 앞에서 재상에게 광속에 있는 항아리를 열어보게 하였다. 그런데 이게 어찌된 일인가?
항아리 속에는 번쩍이는 금은보화가 아니라 재상이 목동시절에 입었던 낡은 옷 한 벌과 지팡이 뿐이었다. 임금이 사연을 묻자 재상이 대답했다.

"저는 본래 목동이었습니다. 임금님의 은혜로 관리가 되고 재상이 되었지만 제가 목동이었다는 사실을 한시라도 잊어본 적이 없습니다. 그러한 마음이 사그러질려고 하면 늘 초심을 잃지 않기 위해 이 집에 한 번씩 찾아와 제가 입고 있던 옷을 쳐다보곤 했습니다"

그 재상의 마음을 안 이들은 그 누구도 재상을 헐뜯는 자가 없었다고 한다.
욕심을 부리지 않고 초심을 잃지 않으면 어떠한 위치에서라도 시기와 모함을 받지 않을 것이다. 누구나 처음 먹은 아름다운 초심을 잃지 않고 자기의 길을 가야겠다.

출처 〈네이버〉

국화옆에서

서정주

한송이 국화꽃을 피우기 위해
봄부터 소쩍새는 그렇게 울었나보다

한송이 국화꽃을 피우기 위해
천둥은 먹구름 속에서
또 그렇게 울었나보다

그립고 아쉬움에 가슴 조이던
머언 먼 젊음의 뒤안길에서

인제는 돌아와 거울 앞에 선
내 누님같이 생긴 꽃이여

노오란 네 꽃잎을 피우려고
간밤엔 무서리가 저리 내리고
내게는 잠도 오지 않았나보다

04
°인고 끝에 결실을 맺은 이에게 보내는 축하 詩

잎사귀 하나, 둘, 셋, 넷, 피어나더니 드디어 꽃도 피기 시작했다.
국민의 사랑을 먹고 피는 유일한 꽃, 무궁화 꽃.

열한 번째 • 이야기

105등
콤플렉스

한 송이 국화꽃을 피우기 위해 봄부터 소쩍새는 그렇게 울었나 보다.
미당 서정주 시인의 〈국화 옆에서〉
아 시는 승진을 한 후배 경찰관들이 양 어깨에 계급장을 부착하는 임용식에서 내가 곧잘 낭송해 주는 단골 시다.

한번은 경사로 승진하는 아들의 임용식에 초청을 받은 연로하신 부모님이 고운 옷을 입으시고 참석을 하였다. 통상 계급장은 서장과 주무과장이 한쪽 어깨에 하나씩 부착해 주는 관례가 있는데 이 날은 이례적으로 과장대신 부모님이 부착해 주도록 하는 이벤트를 마련했다. 정말 흐뭇한 광경이 아닐 수 없었다.

임용식이 끝나고 기념촬영을 하기 위해 아들과 나란히 서신 부모님, 어머니는 아들의 옷매무새를 다듬어주느라, 아버지는 대견스러운 아들을 쳐다보느라 카메라 렌즈를 쳐다봐야 사진이 찍힌다는 사실도 잠시 잊은 듯하다. 그 모습을 보고 있는 순간 저 아버님의 얼굴에서 작고 하신 내 아버지의 얼굴이 교차되어 스쳐지나갔다.

하나, 둘, 셋! 찰칵! 사진 촬영이 끝난 후, 나는 앞으로 몇 발짝 나아가서 그분들에게 그대로 서 계시라는 주문을 하고 그들 앞에 서서 즉흥적으로 서정주 시인의 〈국화 옆에서〉를 낭송해 주었다.
며칠 후 아들로부터 소식이 왔다. 부모님을 모신 자리에서 평생 잊지 못할 임용식이 되었으며 살아가면서 앞으로 자신도 누군가에게 기쁨을 줄 수 있는 사람이 되겠다고 했다.

매년 1월은 승진발표로 인해 희비가 엇갈리는 달이다. 누구에게는 승진의 기쁨으로 탄성을 자아내게 하고 누구에게는 쓰디쓴 고배의 잔을 들게 하는 잔인한 달 1월.
나도 각고의 노력 끝에 경정까지 승진하는 영예를 안았지만 승진 대상에서 탈락되어 쓰디쓴 고배의 잔을 마신 적도 있었다. 무려 두 번이나…
여러 번 쓴 맛을 본 자는 좌절하지 말고 스스로 딛고 일어서야만 쓴 맛의 기억에서 해방될 수 있다.

고배의 첫 잔은 1988년도 경장 승진시험에서 탈락되었을 때다.
처음 경찰에 들어왔을 때 순경으로 정년퇴직을 맞는 선배님들이 계셨으니 과거에는 얼마나 승진하기가 어려웠겠는가?
내가 경장 승진시험을 볼 때만해도 서울청 승진시험 인사제도는 여경들끼리 경합하여 두 명만 합격시켜주는 제도였기 때문에, 100점 가까운 성적을 내지 않으면 안 될 정도로 경장으로 승진하기가 매우 어려웠었다. 그 첫 시험에서 나는 보기좋게 낙방하였다.

경찰종합학교를 졸업할 때 나는 거의 꼴찌 수준인 105등의 성적표를 받았다. 교육을 받는 동안 나름대로 사격도 무도훈련도 공부도 열심히 하였건만, 똑똑한 동기생들을 잘못 만난 탓인가? 아니면 내 머리가 정말 나쁜 것인가? 아무튼 나는 105등의 열등감에서 벗어나기 위해 경장 승진 첫 시험에서 보란 듯이 합격하고 싶었는데, 떨어지고 난 다음의 좌절감이란 이루 말할 수 없었다.

나는 순경에서 경장, 경사, 경위 계급을 시험으로 승진했었는데 승진 소요기간을 포함하여 꼬박 12년이 소요되었다. 그런 후 경위 승진을 마지막으로 공부했던 모든 책들을 폐기처분하였다. 그 이유는 10년 넘게 승진공부에 매진하다보니 가정과 육아에 자연 소홀해 질 수밖에 없었던 것이다. 가정과 직장의 밸런스를 유지하기 위해서 더 이상 승진에 대한 욕심을 갖지 않기로 결심하고 출근해서는 오로지 직무에만 전념하고, 퇴근 후에는 육아와 가정 일에만 전념하였다.

업무에 대한 열정이 남달랐기 때문에 경감으로 진급할 행운도 찾아왔다. 그러나 8년이라는 긴 세월이 지난 후였고 그래도 나는 감사했다.

다시 8년이 지난 후 경정으로 승진할 행운이 또 찾아왔다. 우수한 성과도 냈었고 지방청에서도 나에 대한 인지도가 있어서 인사고과도 최고점수를 받았었다. 그리고 어느 정도 고참 경감이었으므로 나는 전국에서 유력한 승진 후보자가 되어 있었다.

그런데 그해 승진심사 한 달 남짓 남겨두고 불행의 바람이 닥쳐왔다. 내가 속해 있던 경찰서 형사과에서 강간범으로 구속된 피의자를 이송중 관리가 소홀한 틈을 이용하여 그 피의자가 헐거워진 수갑 사이로 손을 오므려 쏙 빼고 도주한 자체사고 유형중에서도 대형사고를 낸 것이다. 그 일로 우리경찰서는 쑥대밭이 되었고 줄줄이 징계조치가 이루어졌으며 나한테까지 불운의 여파가 찾아왔다.

후문을 들어보니 그해 경찰청에서 심사하는 승진심사 대상계급 중에 자체사고를 낸 당해 경찰서에는 승진 T/O를 아예 주지 말라는 명이 있었다 하니 이것이야말로 관운의 장난질이 아니고 또 무엇이랴. 고배의 마지막 잔은 쓰고도 혹하게 썼다. 업무실적을 올리느라 마지막 젖먹던 에너지까지 다 소진하고 기력이 없는 터에 다음 1년이라는 시간을 또 다시 긴 마라톤 경주에 참여해야 한다니, 생각하면 생각할수록 좌절감에 기운을 차릴 수가 없었다. 모든 것을 그만두고 싶었다. 하지만 나는 오뚜기처럼 일어섰다. 그리고 정확이 1년이 지난 그 다음 해 1월에 당당히 경정 승진심사에서 합격이 되었다. 누구든지 모두 열심히 일을 해 오지만 나에게 승진의 행운이 돌아왔다는 것은 너무나 감사한 일이었다.

청운의 푸른 꿈을 안고 경찰에 투신한 지 30년이라는 긴 세월이 흘렀다. 그동안 나는 정말 열심히 살았고 한 치 부끄럽지 않은 국민의 경찰이 되고자 노력했다. 그래서 지금 나는 국민의 경찰이라고 당당히 말할 수 있겠다.

지난 세월을 가만 생각해 본다.

식지 않는 나의 열정, 에지지원은 어디에서 나오는 것이었을까?

그것은 바로 105등의 열등감과 콤플렉스의 영향이었다.

105..

내게는 악마의 숫자였고 부끄러움의 숫자였다. 이 숫자는 매 발령 때 마다 인사기록카드에 붙어 따라다니며 나를 괴롭혔다. 그 숫자에 관심을 갖는 사람은 아무도 없었지만 그래도 내가 인사기록카드를 만질 기회가 있다면 그래도 괜찮다면 칼로 도려내고 싶을 정도로 미워했다.

이제는 젊은 후배들에게 말할 수 있다.

나도 한때는 힘들고 좌절할 때가 있었다. 그 때마다 다시 일으켜 세웠던 것은 다름아닌 105라는 숫자였고.. 그 숫자는 내가 부족한 사람이라는 겸손을 안겨주었으며 나는 그 겸손함으로 매 순간순간 최선을 다하며 살았다고.. 그래서 지금의 내가 만들어졌다고 부끄럽지 않게 말할 수 있겠다. *hee*

담쟁이

도종환

저것은 벽
어쩔 수 없는 벽이라고
우리가 느낄 때
그때 담쟁이는
말없이 벽을 오른다.

물 한 방울 없고
씨앗 한 톨 살아남을 수 없는
저것은
절망의 벽이라고 말할 때
담쟁이는 서두르지 않고 앞으로 나아간다.

한 뼘이라도 꼭 여럿이
함께 손을 잡고 올라간다

푸르게 절망을 다 덮을 때 까지
그 절망을 잡고 놓지 않는다

저것을 넘을 수 없는 벽이라고
고개를 떨구고 있을 때
담쟁이 잎 하나는
담쟁이 잎 수천개를 이끌고
결국 그 벽을 넘는다.

05
° 최고의 리더에게 용기를 보내는 詩

진정한 리더는 지시하거나 가르치지 않는다.
다만 보여줄 뿐이다. 그대가 그렇습니다.

열두 번째 • 이야기

리더의 꿈

2008년 4월

"진정한 리더는 지시하거나 가르치지 않는다. 다만 보여줄 뿐이다."
이것은 곧 내가 꿈꾸는 리더의 모습이다.

***

경감 때 열흘 동안 화장실 청소를 꼬박 한 적이 있었다.

청소도 그냥 청소가 아니고 청소용역회사에서나 할 수 있는 전문적인 청소였다. 나는 출근할 때부터 미리 빨간 고무장갑 한 켤레와 낡은 수건 2개, 프라스틱 스프레이통에는 락스 원액을 한 통 담고, 유리세정제까지 한 통 챙겨서 나왔다. 벌청소를 하였냐고? 그것은 아니었다. 평소 화장실이 사람의 인격과 동급이라고 생각했기 때문에 지구대장으로 발령받은 즉시 청소부터 실천했던 것이다.

내가 화장실에 들어가자마자 맨 먼저 했던 일은, 세면대와 타일 벽 사이에 곰팡이로 새까맣게 변색되고 더러워 보이는 실리콘에 락스 원액을 칙칙~ 뿌려서 화장지로 덮은 후 그 위에 다시 락스 원액을 칙칙~ 뿌렸다. 약 5분이 경과하자 새까맣던 실리콘은 원래의 하얀색 실리콘으로 되돌아와서 청결해졌다.

　그 다음은 남자 소변기와 대변기에도 락스 원액을 칙칙~ 뿌려서 악취를 제거했다. 하루도 빠지지 않고 10일 동안 지속적으로 락스를 뿌려서 근본적인 악취를 제거해주었다. 화장실을 사용할 때마다 누구든지 악취 때문에 불쾌감이 들었을 것으로 짐작이 되었지만 '내가 이곳의 주인이다'라는 주인의식을 가진 직원이 단 한 명도 없었기에 화장실은 우리의 일상적인 무관심 속에서 그렇게 방치되고 있었다.

　낡은 세탁기가 한 대 있었는데 사용치않는 것 같아서 버렸더니 화장실 공간이 넓어졌다. 그 자리에는 음지에서도 잘 자라는 예쁜 화분을 놓아두었다.
　소변기 위쪽 시선이 닿는 벽에는 해바라기꽃이 만발한 사진액자를 걸어두었는데 남자들이 소변을 볼 때마다 노란 해바라기와 얼굴을 마주할 수 있었다.
　대변기 앞 시선이 닿는 곳에는 도종환 시인의 〈담쟁이〉 시를 출력해서 붙여두었다. 담쟁이 시는 내가 좋아하는 애송시 중 하나인데 "담쟁이 잎 하나는 담쟁이 잎 수천 개를 이끌고 결국 그 벽을 넘는다"는 대목이 제일 마음에 와닿는다. 그래서 이 시는 경찰서장 취임식장이나 혹은 지방청장 초도순시 식장에서 주로 낭송하는 단골시가 되었다.

원점으로 돌아가서 나는 10일 동안 매일 매일 세면기의 때를 닦았고, 유리세정제를 뿌려서 거울을 닦았으며 곳곳에 락스를 뿌려서 악취를 제거했다. 그런 다음 호스로 시원스럽게 물을 뿌리고 마지막 마른걸레로 물기를 닦은 다음 창문을 열어 환기를 시켰다.

반짝 반짝 화장실이 날로 아름다워지고 있었다.

우리 지구대는 순찰차 4대에 62명이 근무했는데 112신고 사건이 많은 지역이었다. 지구대안은 4대의 순찰차량이 순차적으로 들어와서 112사건을 처리하느라 밤낮없이 분주했고, 내근을 보는 직원들도 몇명이 있었지만 그들 나름대로도 항상 바쁜 일과를 소화해냈다.

나는 지구대장 발령을 받자마자 청사 환경부터 점검했었다. 겉에서 보는 지구대는 근사해보였지만 정작 내부 환경은 손이 미치지 않아 불결하고 정리되지 않은 곳 천지였다. 불결한 환경 속에 앉아 있는 경찰관들을 내가 봐도 구질구질해 보이는데 방문객의 입장에서 봤을 때는 어떠했겠는가?
나는 사무환경을 가장 중요시 여기는 사람 중에 한 사람이다.

청사 환경이 깨끗하고 거기에 앉아 있는 경찰관의 의복이 단정하고 말씨 또한 부드럽거나 혹은 상황에 따라 단호하거나 하면 경찰관에게 함부로 덤비는 사람도 없을 것이다. 이런 관점에서 시작한 화장실 청소는 시작에 불과하였다.

내가 직원들에게 "김 순경, 화장실 청소 좀 해"라고 지시했을 수도 있었다.

그러면 김 순경은 화장실 청소를 했을 것이다. 하지만 김 순경은 더러운 화장실 청소를 시켰다고 속으로 불평을 했을 것이고, 또한 그 청소는 한 번에 그쳤을지도 모를 일이다. 그래서 나는 그 누구에게도 화장실 청소를 시키지 않았다.

매일 아침 조회가 끝나고 직원들이 순찰차량을 타고 나가면 남아있는 내근직원들이 불편해할까봐 문을 걸어 잠그고 화장실 청소를 간단히 끝냈다. 결코 힘든 일은 아니었다. 청소가 며칠 동안 계속되자 이 사실을 뒤늦게 알게 된 내근직원들이 어쩔 줄 몰라하며 빗자루를 들고 자기들이 청소를 하겠다고 만류한다. 나는 단호히 거절하였다. 내가 청소를 할 때는 그 누구도 아는 체를 하지 말고 자신들의 사무를 보라고 당부를 하고 청소는 나 혼자서 척척 해냈다.

사실은 내가 화장실 청소를 하는 이유와 목표는 따로 있었다.
화장실 청소는 수단일 뿐이었고, 화장실 청소를 통하여 얻고 싶었던 것은 작은 것 하나에도 소홀함이 없이 전체 직원 모두가 '내가 주인이다'라는 의식을 갖게 해주는 것이었으며 나아가서는 지역주민들과의 관계개선이었다.

***

내가 이곳 지구대장으로 발령을 받고 온 시간은 밤10시였다. 정기인사 시즌이 아니었기 때문에 갑작스런 발령통보를 받고 부임했었다.

부임 3일 전, 모 방송사 저녁뉴스에 이 지역 아파트 엘리베이터 안에서 40대 한 남자가 10살 여자아이를 납치하려고 폭행을 하며 엘리베이터 밖으로 아이를 질질 끌고 나가는 중에 아이의 극렬한 저항으로 미수에 그치고 범인은 그대로 달아났던 현장 CCTV 녹화장면이 그대로 방영되면서, '경찰이 뭐했느냐'는 비난이 일기 시작하여 다음날 이명박 대통령까지 우리 경찰서에 진상보고를 받으러 다녀갔던 사건이 있었다.

이 사건의 여파로 12명의 경찰관이 징계를 받고 타서로 전보되었으며 당시 지구대장이 직위해제된 자리에 내가 급히 부임했던 것이다.

방송의 위력은 실로 대단했었다.

피해자 부모와 아파트 관계자들은 '범인의 얼굴이 이렇게도 선명하게 나와 있으니 저녁 뉴스에 나오기만 하면 경찰이 고생하지 않아도 시민들의 신고로 잡히는 것은 시간문제일 것이다'라는 의도로 모 방송사에 CCTV녹화자료를 주며 제보한 것이라는데, 이 자료를 넘겨받은 방송사 측에서는 범인의 얼굴을 공개하여 시민들의 신고를 유도하는 것보다 경찰의 늑장대응을 비난하는 쪽에 무게를 두고 보도했던 것이 화근이었다.

물론 경찰의 잘못이 많았다. 사건이 발생한 직후 지구대장의 지휘로 순찰팀 전원이 동원되어 날이 어두워질 때까지 범인의 동선을 추적하며 검거에 나서는 등 현장에서 할 조치는 다 했다고 주장했지만, 지구대장은 지휘보고를 하지 않았고 단순폭행사건으로만 취급하여 본서로 넘긴 탓에 사건서류는 3일 동안 형사과 캐비넷에서 잠을 자고 있었던 것이다.

사건 발생 즉시 지구대장이 지휘보고를 제대로 했더라면 전 경력(警力)이 투입되어 범인을 현장 인근에서 즉시 검거할 수 있었을 텐데, 아쉽게도 대통령이 경찰서에 방문하여 진상보고를 받은 그 다음날, 경기남부 모처 사우나탕에서 사건 발생 6일 만에 범인을 검거하였다. 수사결과 범인은 수차례 미성년자 상습강간혐의로 징역10년을 복역하고 2년 전 출소한 전과를 갖고 있는 자였다.

이 사건에 시민들은 깊은 오해를 하고 있는 부분이 있었다.
그것은 담당 형사가 휴무를 마치고 출근하자마자 자기 앞으로 배당된 이 사건을 살펴보니 매우 중대한 사건임을 인지했고 즉시 형사과장에게 보고하였으며, 형사과장은 전체 형사들을 집합시켜 광범위한 수사를 개시하였다. 형사들은 범인이 지하철을 이용하여 상당한 거리를 이동한 CCTV 경로를 확보하였고 범인이 하차한 지역의 주민들을 상대로 탐문수사를 한 결과 은신처도 확보하였다. 범인의 검거를 목전에 두고 있는 상태에서 대통령은 예고없이 방문하였으며 다음날 범인은 검거되었다. 하지만 시민들은 대통령이 왔기 때문에 경찰들이 움직여 범인을 검거하였다고 오해를 하고 있었던 것이다.

그때와 비교하면 지금은 ICT산업의 성장에 따른 첨단장비를 도입하여 경찰시스템이 날로 발전하고 있기 때문에 이처럼 사건이 방치되는 일은 결코 없다.

모든 112신고는 지방청 112상황실에서 접수하고 동시에 112종합처리시스템을 통하여 그 내용이 해당 지역의 순찰차량 안에 탑재된 IDS라고 하는 기기에 현출이 되며 티맵으로 연동되어 신속하게 신고 현장까지 길 안내를 받을 수 있도록 되어 있다.

그래서 신고 시점부터 현장 도착까지 소요된 시간은 얼마인지, 사건을 종결하기 까지 소요된 시간은 얼마인지 한 눈에 알 수 있고 또한 처리과정 및 처리결과 까지 한 시스템에서 보고와 지시가 동시에 이루어지고 있으므로 이는 자연적으로 사건현장에 있는 경찰관과 상부기관과의 소통, 관리감독 기능까지 동시에 이루어지고 있는 셈이다.

그 뿐아니라. 폭행, 절도 등 형사사건으로 취급해야 할 신고사건은 지구대 또는 파출소에서 KICS라고 하는 시스템에 즉시 입력을 해야 하고 입력과 동시에 경찰서 단말기에도 현출되며 담당형사도 신속하게 배정되므로 과거와 같이 캐비넷 속에서 사건서류가 방치되는 일은 있을 수 없다.

또한 중요한 사건이 발생하면 경찰서장은 즉시 지방청장등 상급기관 관계부서 간부들을 모두 초청한 '단체카톡방'을 구성하고 사건개요 및 범인이 검거될 때까지의 수사전과정을 실시간 보고하고 공유하는 시스템을 갖추고 있으므로 사건이 방치되거나 늦장수사를 한다거나 하는 것은 꿈도 못 꿀 일이며 따라서 국민들은 경찰을 믿고 의지해도 충분하다는 것을 알리고 싶다.

다시 원점으로 돌아가서,

지구대장 발령을 받은 후 어르신들이 계시는 노인정을 비롯하여 주민대표단들을 만나보러 다녔으나 경찰을 바라보는 주민들의 시선과 반응은 냉랭하기만 했다. 이 사건의 진상을 알 턱이 없는 지역 주민들은 경찰에 대한 비난성 언론보도만 믿었고 경찰이 정말로 아무것도 안 하고 사건을 깔아 뭉개버리려고 한 파렴치한 경찰로 인식하고 분노하고 있었던 것이다.

그래서 112신고를 받고 경찰관들이 출동해도 주민들의 반응은 '경찰이 뭘 하겠어, TV에 나와야만 일을 하겠어? 대통령이 또 와야만 일을 하려나?'라며 비아냥거리기 일쑤였고, 112신고 처리현장에서도 사건관계자들이 사건진행에 협조를 하지 않는다며 직원들의 볼멘소리는 커져만 갔다.

내 어깨가 무거워졌던 것은 당연한 일이었다.
처음부터 나쁜 상황을 안고 발령받아온 것이기에 피할 수도 없었고 앞으로의 일은 이 지역의 치안을 책임지고 있는 지구대장인 내가 헤치며 나가야 할 숙제였기에 나는 무엇이 문제였는지 분석하여 주민들로부터 신뢰를 회복시키고 관계를 개선을 시키는 것이 최우선 목표로 삼았다.
그래서 제일 먼저 선택한 것이 화장실청소였고, 그것에서 나는 모든 직원들이 주인의식을 갖고 그 다음 단계로 나아가기를 원했다.

***

화장실 청소를 시작한 지 열흘 만에 변화의 조짐이 보이기 시작했다. 그 변화는 62명 전원에게 동시에 찾아왔다. 실로 기쁜 일이 아닐 수 없었다. 어느 누구 한사람에게라도 변화하자고 말을 해본 적도 없는데 그 변화는 겨울 추위에 움츠렸다가 따스한 봄햇살을 받고 톡톡 터지는 꽃망울처럼 자연스럽게 찾아온 것이다.

전일 야간에 근무했던 직원들은 112신고가 뜸한 새벽 6시가 되면 청소를 시작했다. 화장실에 들어가 변기에 칙칙~ 락스를 뿌리고 세면기와 거울을 깨끗이 닦았다. 전체 통유리로 된 출입문에 유리세정제를 뿌려 하루 종일 묻어있던 손때를 말갛게 닦아 놓았다.

가장 청결을 유지해야 하는 음료대도 내근 직원들이 매일 매일 깨끗하게 정리를 하며 커피와 차를 준비해 놓았다. 물 한모금 마시고 종이컵을 버렸던 때와는 달리 봉지컵을 한번 더 사용하기 위해 통나무에 칼집을 내어 봉지컵을 꽂을 수 있는 물체도 누군가가 창안해서 만들어 놓았다.

직원들의 제복도 달라졌다. 관리반 직원이 근무복을 단체로 드라이 할 수 있는 세탁소를 지정하고 배달을 시켜 깨끗한 옷으로 매일 갈아입게 했다.

환경이 바뀌니 민원인을 상대하는 말씨도 부드러워졌고, 표정도 밝고 친절해졌다. 그야말로 우리 경찰관들은 부드러우면서도 위엄이 있었다.

시간이 지날수록 경찰을 비아냥 거렸던 주민들의 숫자도 줄어들게 되었고 지구대를 찾아오는 방문객들의 수도 늘어났다.

나는 조·석회시간을 통해 직원들에게 습관처럼 말했다.
"지휘관은 절대로 뒤로 숨지 않습니다. 정당하게 집행된 업무의 뒤는 내가 책임질테니 여러분들은 옳다고 판단되는 일은 소신껏 능동적으로 처리해 주시기를 바랍니다."

그리고 나는 지역 구석구석을 헤집고 다니며 지역을 대표하는 아파트 동대표, 부녀회장을 비롯한 통반장, 학교관계자, 종교단체관계자, 상인연합회 등 어떤 사람도 가리지 않고 수시로 만나고 다니며 지역민의 애로사항을 청취하고 그들의 해결해주고자 노력하였다.

***

그러던 중 한 아파트의 1층에 홀로 거주하는 정신착란 20대 여성이 엘리베이터를 이용하려고 하는 어린아이들이 떠든다며 수시로 문을 열고 튀어 나와서 아이들을 폭행하고, 심지어는 2층에서 자기를 욕하는 소리가 들린다며 새벽 두세 시가 되었는데도 시간 개의치 않고 올라가 현관문을 둔기로 찍는 등 과격한 행동을 일삼고 있으며 길거리에서도 담배를 피우고 다니는데 경찰에 신고해도 벌금만 조금 나왔을 뿐 뾰족한 해결방법이 없었다는 주민 하소연을 들었다.

그 말을 듣고 지구대로 돌아와 그동안 여자와 관련된 신고사건이 얼마나 있었는지 출력해 보라고 했더니 최근 6개월 동안 무려 8번의 신고가 있었다.

신고를 받고 나갔던 경찰관들의 얘기는 이렇다.

여자의 나이는 25세이고 편의점 아르바이트로 생계를 유지하며 혼자 산다. 어머니는 어릴 때 일찍 사망하고 아버지가 홀로 딸을 키웠다는데 2년 전 이 아파트를 사서 이사를 왔으나 아버지는 함께 살지 않는다.
여자는 계속 미쳐있는 것이 아니고 가끔 정신이상증세가 발작할 때마다 자기를 욕하는 환청이 들린다며 엘리베이터 앞에 서 있는 아이들의 멱살을 잡고 흔들었고 특히 2층으로 올라가 2층집 현관문을 발로 차며 욕을 하였다.
112신고를 받고 출동했을 때에는 이미 여자의 정신이 돌아와 있었고 주민들은 여자가 불쌍하다며 신고 취소하는 일도 있었기에 2회에 걸쳐 즉심으로 종결한 것 외에는 별다른 조치를 취하지 못했다.
또한 아버지는 딸에게 집을 사 준 후 몇 달에 한 번 정도 들른다고 하는데 만나 본 적은 없다. 전화 통화를 한 적이 있었는데 딸의 얘기를 하면 '성인이 되었는데 아직도 아버지가 책임을 져야 하느냐'며 화를 내고 전화를 끊었다는 것이다.

며칠 후 나는 사복으로 갈아입고 여자가 일하고 있다는 편의점에 가서 여자의 상태를 살펴보기로 했다.
물건을 사고 이것저것 물어보면서 말을 시켜보았더니 여자는 묻는 말에 대답을 잘하고 계산도 정확히 해주었다. 정신상태는 매우 양호해 보였다.
 그러나 자신의 뚱뚱해진 몸매에는 전혀 관심을 두지 않는듯 했고 옆에 다가서니 씻지 않은 꼬릿한 냄새가 났다. 긴 머리는 빗질이 제대로 되지 않은 채 한 가닥으로 아무렇게나 찔끔 묶어져 있었으며 화장기없이 퉁퉁 부은 민낯은 고객들에게 불결함마저 들게 했다.

 다음날 같은 시각에 다시 편의점을 찾았다. 여자는 보이지 않았고 주인남자가 카운터에 서 있었다. 나는 경찰이라는 신분을 밝히지 않고 "00씨 오늘 안 나왔어요?"하고 물었더니 "그동안 무단결근이 잦았고 손님들에게 자주 불손한 행동을 보여 오늘부로 해고했다"고 말했다.

 나는 그 길로 여자가 사는 아파트로 갔다. 편의점에서 걸어가도 그리 멀지 않는 곳이다. 아파트 초입에 들어서자 작은 공원 벤치에 여자가 웅크리고 앉아 담배를 피우고 있었다. 학교가 끝나고 어린 아이들이 많이 왕래하는 길 중간에서 아무렇지도 않게 담배를 피우고 있는 여자를 멀리서 지켜보았다.
 여자는 다 피운 담배꽁초를 땅바닥에 아무렇게나 내던지고 칵~ 소리를 내며 가래침을 뱉더니 이어서 두 대를 더 태웠다. 그런 후 집으로 들어갔다.
 여자가 떠난 자리에는 담배꽁초가 무려 다섯 개, 가래침이 여기저기 뱉어져 있었다. 더러웠다.

 나는 여자의 뒤를 따라 그 집 문 앞에 섰다. 학교가 끝난 여자아이 두 명이 현관으로 뛰어 들어오더니 엘리베이터 앞에 서자 서로 약속이라도 한 듯이 한손으로 자신들의 입을 가리고 조용히 엘리베이터를 기다렸다. 엘리베이터 앞에서 떠들면 여자가 튀어나와 폭행을 한다는 주민의 말이 생각났다.

아이들이 엘리베이터에 오르고 혼자 남겨졌을 때 나는 초인종을 한 번 눌렀다. 인기척이 없다. 한 번을 더 눌렀다. 그래도 인기척이 없다. 분명 집으로 들어간 것을 보았는데 인기척이 없는 것은 고의로 문을 열지 않는 것이라 생각했다.

알미늄 철판으로 만들어진 출입문을 사이에 두고 그녀와 내가 마주 서 있었다. 눈에 보이지 않아도 그녀의 묵직한 숨결을 느낄 수 있었다. 그녀가 출입문 안쪽에 서서 밖을 볼 수 있는 유리알에 눈을 대고 있다는 것을..

발걸음을 돌려 아파트 관리소장을 찾아갔다.

관리소장은 예고 없이 방문한 나를 반기며 내 앞에 서류 한 뭉치를 내 놓았다. 놀랍게도 그것은 주민들의 손으로 쓴 탄원서 뭉치였다.

내용을 살펴보니, 여자는 정신병자다. 정신병원에 입원시켜야 한다. 담배와 가래침을 아무렇게나 내뱉고 다녀서 아이들에게 교육적이지 못하다. 엘리베이터 앞에서 우리 아이가 놀랄 만큼의 큰소리로 욕을 하였다. 아이의 옷을 잡고 때릴 듯이 흔들었다. 여자의 집 현관문이 여닫힐 때마다 악취가 새어 나와서 아파트 내부 공기가 청결하지 못하다. 강제이사를 하게 해야 한다. 수시로 2층집에 올라와서 문을 두드리고 발로 찬다. 가끔 집안에서 괴성이 들린다는 내용들이었다.

관리소장은 주민들의 원성이 하도 잦아서 해결책을 찾아주지는 못하고 일단 피해사례를 적어내라고 해서 모아두었을 뿐 이것을 어디에다 제출해야 해결될지 모르겠다고 한다. 그리고 집을 사서 이사를 왔기 때문에 스스로 이사를 가지 않는 한 쫓아낼 방법도 없고 여자의 아버지에게 전화를 하면 딸의 일로는 전화하지 말라며 끊어버리고 이후에는 전화도 안 받는다는 것이었다.

가장 피해가 많다는 2층집 주인을 만나보고자 하였으나 저녁에야 들어온다고 하여 늦은 시간이라도 2층집 주인과 관리소장, 부녀회장, 동대표회장 등과 함께 지구대에서 간담회를 갖기로 약속하고 돌아왔다.

저녁 늦은 시간에 모두 모였다. 먼저 2층집 주인의 말을 들어보았다.
여자는 밤에 잠을 자지 않는듯하다고 했다. 어떤 때는 화장실 세면기에 수돗물을 밤새 틀어놓아 물 흘러내리는 소음 때문에 잠을 설친 적이 한두 번이 아니었고, 물건 부수는 소리, TV를 크게 틀어놓은 소음, 비명에 가까운 괴성, 가끔 아파트 현관문을 발로 걷어차고 물건으로 찍는 소리 때문에 도저히 살수가 없어 이사를 하려고 아파트를 내놓았다는 것이다.

2년 전 처음 이사를 왔을 때 여자의 아버지가 1,2층 사는 사람들에게 선물을 가지고 와서 딸을 잘 좀 보살펴 달라고 부탁을 하였고, 딸의 생활비를 주기 위해 한 달에 한 번씩 올 때마다 1,2층 사는 사람들을 만나서 딸의 과격했던 행동에 대해 사과를 하고 주민들의 항의가 거세지면 곧 집을 팔고 이사를 하겠다고 하던 사람이 요즘은 코빼기도 안 보인다는 것이다.

나는 주민들이 여자의 집에 들어가 본 적이 있었는지가 제일 궁금하여 물어보았더니 들어가 본 사람이 아무도 없었고 들어갈 수도 없었다고 했다. 우리 경찰관들도 마찬가지였다. 신고 받고 나가면 여자가 자기 집 문을 꼭 걸어 잠그었기 때문에 집 내부를 볼 수 없었다고 했다.

나는 그 집 내부가 무척 궁금해졌다. 그 집 내부를 들여다보면 뭔가 해결점이 보일 것 같아서 그 집 내부를 들여다보는 것에 최우선 목표를 두었다.

그리고 2층집 주인에게 오늘부터는 작은 소음이라도 들리면 즉시 112신고를 하라고 당부했다. 그것은 신고처리를 빌미로 그 집 내부를 들여다보기 위함이었다. 편의점에서 해고당한 것이 정신적으로 충격이 컸을 것이라는 생각이 들었고 무엇보다 낮에 보았던 여자의 상태가 좋아 보이지 않았기 때문에 여자가 정신발작을 또 일으킬 수 있으리라는 예감이 들었기 때문이다.

새벽 2시가 되자 거짓말처럼 112신고가 들어왔다.
여자가 갑자기 올라와서 2층집 문을 발로 걸어차며 문을 부술 듯이 쾅쾅거리고 있다는 신고였다. 즉시 출동해 보니 여자는 자기 집 문을 활짝 열어놓고 냉장고에 있던 김치통을 2층으로 가지고 가서 신 냄새가 코를 찌르는 김치를 2층집 현관문에 뿌리고 있었으며 시뻘건 김칫국물이 계단을 타고 흘러내리고 있었다. 여자의 머리는 산발이었고, 눈동자가 풀려 있었으나 경찰관의 제지에 어디에서 그런 힘이 솟았는지 두 사람이 양쪽을 잡고 있어도 그 힘을 당해 낼 수 없었다고 했다. 그 사이에 다른 직원은 여자의 집에 들어가서 구석구석 사진을 찍었다.

여자를 검거해 왔다는 보고를 받고 즉시 사무실로 나가 보았다. 긴 머리가 부풀어 올라 산발이 된 여자가 동공이 풀린 채 맥없이 수갑에 묶여 있었다. 식칼을 들고 2층집 문을 찍고 있었고 자해의 우려가 있어 수갑을 채웠다고 했다. 여자의 집 내부를 찍어온 사진을 보고 나는 경악을 금치 못했다.

집안은 쓰레기장 보다 더한 모습이었다. 사진만 보아도 악취가 나는 것이 느껴졌다. 싱크대 위에는 온갖 잡쓰레기들이 산더미처럼 쌓여있어 여기에서는 도저히 어떤 음식을 해먹을 수도 없을 것 같았다. 쓰레기통 주변에는 컵라면을 먹다 남은 쓰레기가 산더미처럼 쌓여있어 여자가 배고플 때마다 컵라면으로 끼니를 때웠을 것이란 짐작이 갔다. 화장실 또한 잡다한 물건들이 내던져져 있어 샤워할 공간도 없었으며 장롱문은 부수어져 있고 그 내부에 있는 물건들이 모두 밖으로 쏟아져서 짓밟혀 있었다. 거실을 포함해 바닥에는 있어야 할 물건이 아닌 것들이 뒤엉켜져 있어 그야말로 발디딜 틈이 없었다.

더 놀라웠던 것은 안방이다.
안방 벽에는 라이타 불로 벽을 지진 흔적들이 서너 군데가 되고 침대 매트리스 일부가 불에 타 시커멓게 속을 드러내고 있었다. 그곳에서 여자는 잠을 잤다가 담배를 피웠다가 괴성을 질렀다가 급기야 불을 냈다가 스스로 끈 흔적들이 난무했다. 정말 심각한 일이 아닐 수 없었다.

이 사진을 주민들이 보기라도 한다면 심한 불안감과 공포에 휩싸일 것 같아서 그 누구에게도 보여주지 않기로 하고, 날이 밝는 대로 여자의 아버지를 만나 어떻게든 해결책을 함께 찾아야 한다는 의무감만 들었다. 전화를 하면 받지 않는다고 하니 문자 메시지를 넣고 연락을 기다렸다. 다행히 통화가 되어 긴 설득 끝에 오전 일찍 지구대를 찾아온 아버지를 만날 수 있었다.

아버지가 그랬다.
"딸아이가 초등학교 3학년 때 아내가 유방암으로 사망한 후 혼자 딸을 키워왔습니다. 딸이 고등학생이 되면서 이상행동을 보여오던 것이 졸업하자 거의 미쳐버렸어요. 몇 달 정신병원에 입원시켰더니 호전증세를 보였습니다. 다행히 편의점에 취직을 할 수 있어 좋았는데 병원에서 주는 약을 지속적으로 복용하지 않아 다시 발작이 시작되는 거예요. 그 후로도 정신병원에 많이 다녔어요."
"사는 것에 지쳤습니다. 빨리 죽고 싶어요. 딸과의 인연을 끊고 싶은데 그게 맘대로 잘 안 되네요."
"저는 건축설계사가 직업인데 사무실에 달린 작은 공간에서 먹고 자고 합니다. 이 아파트 말고는 집도 절도 없는 사람이지만 딸이 보기 싫어서 집에 안 들어 갑니다."
"딸아이 치료요? 돈이 없어요. 성인이 되었는데 언제까지 애비가 데리고 살아야 합니까?"
"예전에 살던 동네에서도 쫓겨나다시피 하면서 이곳으로 이사를 왔는데 다시 또 어디를 가라는 말입니까? 동네 떠날 생각도 없지만 동네 사람들 보기에도 미안하고 볼 면목이 없어서 연락도 못하고 있습니다"

길고 긴 시간 아버지를 설득했다.

아버지의 나이는 이제 갓 50을 넘긴 젊은 나이, 그동안 딸 때문에 자신의 인생이 너무도 피폐해졌고 우울증이 찾아오고 있다는 아버지. 그에게 나는 집안을 찍은 사진을 보여주었다. 집안이 쓰레기장이 되어있는 것은 이미 알고 있었으나 화재가 난 사진을 보고 기겁하며 놀라는 아버지에게 나는 말했다.

"아직 인생을 반밖에 살지 않았는데 결혼도 하시고 새 출발을 하셔야지요"
"인생이 너무 아깝지 않습니까? 언제까지 딸에게 발목이 잡혀 자신의 인생을 포기하며 사시겠습니까? 돈이 없으면 없는 대로 행복할 수 있습니다"
"딸을 정신병원에 다시 보내서 치료를 받게 하십시오. 보호자의 동의가 없으면 경찰은 어떤 것도 할 수가 없고 도와드릴 수도 없습니다"
"일단은 시에서 부담하는 정신병원에 입원할 수 있도록 조치를 해드리겠습니다. 그 기간이 영구적이지는 않기 때문에 일정기간이 지나면 자비 부담을 하셔야 할 겁니다. 그것을 아깝다 생각하지 말고 자신의 인생을 되찾는 경비부담이라 생각하고 받아들이십시오. 불교에서 말하기를 자식은 업둥이라고 하지 않습니까. 나의 업보라고 생각하시고 딸의 치료와 더불어 아버님의 인생을 찾으십시오"

아버지는 그동안 억눌려 왔던 감정이 북받쳤는지 입술을 실룩거리며 뒷주머니에서 손수건을 꺼내 두 눈에 대고 고개를 돌린 채 한동안 말이 없었다. 아버지는 그렇게 자신의 인생과 딸의 인생을 생각하며 조용히 울고 있었다.

그동안 딸아이의 문제라 하면 어떤 사람의 말도 듣지 않고 연락조차 끊어버렸던 아버지가 돌아섰다. 이제는 아버지 자신의 인생을 되찾아야 할 출발의 시간, 정신병원 엠블런스가 왔고 여자를 태워갔다.

여자가 반항없이 차에 오르는 것을 지구대를 찾아온 동네사람들이 다 지켜보고 있었다. 2층 사람은 아버지에게 험한 말을 할 법도 한데 아무 말도 하지 않았고 경찰에서 처리하는 데로 믿고 맡겨두었다. 처리가 끝나갈 즈음 동네사람들은 지구대장인 나와 우리 경찰관들에게 동네의 고민거리를 시원하게 해결해 주어서 고맙다는 말을 남기고 모두 각자의 집으로 돌아갔다.

그렇게 지구대장 2년 임기를 무사히 마치고 다음 발령지인 경기지방경찰청 6기동대에 부임했을 때, 사무실과 복도, 로비에는 그 곳 지역주민들이 보내온 화환들로 장사진을 이루었고 꼭 다시 돌아와달라는 부탁의 문자 메시지도 쇄도했었다.

그것은 바로 내가 그 지구대에 부임하기 전 발생했던 엘리베이터 사건으로 인해 급격히 추락했던 경찰의 신뢰가 회복되었다는 뜻이었다.

"진정한 리더는 지시하거나 가르치지 않는다. 다만 보여줄 뿐이다"
나는 늘 마음속에 이 글귀를 새기면서 보여주는 리더가 되기를 꿈꾼다. *hee*

열세 번째 • 이야기

빨강자전거와
위력순찰

우리 지역을 한 마디로 말하자면 '도둑놈 밭'이었다.

그 이유는 관할의 절반은 아파트요, 절반은 단독주택 밀집 지역이었는데, 아파트는 경비원들이 배치되어 있고 곳곳에 CCTV도 설치되어 있는 반면 주택단지는 그 모든 것이 취약했으므로 절도범들이 주택가를 뻔질나게 들락거리며 귀금속과 심지어는 생필품까지도 도둑질을 해갔다.

초저녁부터 털렸던 곳은 집주인이 귀가하는 밤에 신고가 들어오기 시작하고 자정 넘어서 털린 집은 집주인이 귀가한 다음날 아침 나절부터 신고가 들어오기 시작했다. 침입절도 현장에 임장한 경찰관들은 그 집을 지켜주는 경비원이 되기라도 한 듯 무엇을 그리 잘못했는지 "죄송합니다"라는 말부터 하고 그 집 문지방을 넘었다.

주택가를 순찰하다 보면 도둑이 들어 털릴 것 같은 집들은 경찰의 눈으로 보면 금방 알 수 있다. 그래서 집 주인을 만나 문단속을 시키고 취약한 점을 지적해 주고 보완하도록 알려주어도 집주인은 "우리 집엔 털어갈 것도 없어요"라며 경찰관의 말을 무시하기 일쑤다. 하지만 실제로 그 집에 도둑이 들고나면 경찰의 지적은 아랑곳하지 않고 자기 집 앞에 경찰차의 순찰횟수가 적었기 때문에 도둑이 들었다며 책임을 전가한다. 딱히 틀린 말은 아니다. 경찰이 그 집 앞만 지키고 서 있을 수 있다면 얼마나 좋았겠는가? 하지만 경찰력도 한계가 있기 때문에 자기 집은 자기가 지켜야 하는 자위방범의식이 무엇보다 중요한 것이다.

도둑맞은 집의 현장감식 결과를 보면 그 침입수법이나 족적 등이 집집마다 각각 다르다. 즉 이 동네를 털어간 놈은 한두 놈의 짓이 아니었다는 얘기다.

한 번은 집안 쓰레기통에 버려진 우유곽을 수거해서 거기에 묻은 지문을 채취해 감식을 해 보니 역시 범인이 흘리고 간 유류지문이었다. 그날 범인은 장갑을 낀 채 온 집안을 뒤져 귀금속들을 챙겨 넣은 후 마지막으로 냉장고에 있는 음식을 훔쳐 먹으려다가 김치그릇을 깼고 김치국물에 젖은 장갑을 벗어 싱크대에 버리고 다시 냉장고의 우유를 손으로 꺼내 벌컥벌컥 마시고 무의식중에 버리고 간 그 우유곽이었다. 물론 범인은 검거되었다.

현장에 가면 범인들이 말하지 않아도 범인의 동선을 대략 추정할 수 있다.

그놈은 절도 행각에 치밀하지 못한 놈이고 배가 고픈 상태의 범인이다. 즉 전문털이범이 아니라는 말이다. 그 지역은 마지막 전철역이 있는 곳이라 노숙자들이 서울에서 무작정 전철을 타고 끝까지 와서 하차한 후 공원을 배회하다가 교회에서 주는 점심을 얻어먹고 다시 공원을 배회하다가 어두워지면 불이 켜지지 않은 집에 침입하여 도둑질을 한 뒤 다시 전철을 타고 다른 장소로 이동할 수 있는 그런 취약점을 안고 있는 지역이었다.

전문털이범들도 있었다.

놈들은 4인조 복도식 아파트 전문털이범들이었는데 잡고 보니 수첩(그들에게 있어서는 일명 '업무수첩'이다)에는 놀라울 정도로 치밀한 계획이 수립되어 있었다. 먼저 그들은 도주로가 잘 뚫려있는 지역의 아파트 한 동을 물색해 놓고 일주일 전부터 와서 아파트에 불이 켜지는 상황을 꼼꼼히 시간 체크했다. 그놈들은 저녁 8시부터 밤 12시까지 불이 켜지지 않았던 집 8개를 최종 선정하고 행동을 개시했다.

일차적으로 한 놈이 아파트 맨 위층부터 순차적으로 계단을 타고 내려오면서 빠루로 현관문만 따놓고 내려온다. 그 다음 놈은 같은 순서대로 집에 들어가 귀금속들을 순식간에 훔친 후 도로가에 주차해 있는 차를 타고 사라진다. 물론 망을 보고 있었던 또 다른 한 놈을 태우고 말이다. 망을 보는 놈은 경비원이 아파트에 들어가려고 하면 딴지를 걸어 시간을 벌어주는 역할도 하는 놈이다.

그 놈들은 대단위 아파트가 있는 분당, 산본, 일산 할 것 없이 전국을 헤집고 돌아다니는 전국구였다. 유류품도 남기지 않고 CCTV에 얼굴이 노출되는 일도 없는 주도면밀한 놈들이었지만 사람이 하는 짓이라 흔적이 있기 마련이고 또한 '꼬리가 길면 잡힌다'는 옛 속담이 딱 들어맞았다.

'열 명이 한 놈의 도둑을 못 잡는다'는 말도 맞다. 그리고 '뛰는 놈 위에 나는 놈이 있다'는 말도 맞다. 범죄수법은 날로 지능화되어 가는데, 경찰수사가 '나는 놈' 역할을 하려면 시대에 뒤떨어지지 않는 과학장비를 최대한 도입해야 한다는 사실을 모르는 게 아니다. 범인들이 범죄수법을 지능화시키는 데는 머리만 잘 굴리면 되고 돈이 들어가지 않지만, 범죄예방시스템이나 수사의 과학화 도입에는 많은 비용이 들어가기 마련이다. 최첨단 과학장비가 제대로 작동하려면 국민의 혈세로 거둬들인 어마어마한 돈이 투자되어야 하는데 이것이 기대수준에 미치지 못하기 때문에 경찰은 '뛰는 도둑을 잡는, 나는 경찰'이 될 수 없는 이유다.

요즘은 지자체별로 많은 예산을 들여 지역 곳곳에 CCTV 증설을 하고, 가로등의 LCD조명을 LED로 바꾸어 조도를 높이고 있다. 그리고 범인들이 은신하지 못하도록 조경수들의 가지를 쳐내거나 일부를 뽑아버리는 정지작업을 거쳐 범죄환경을 제거하는 노력을 끊임없이 하고 있다. 뿐만 아니라 대단위 아파트를 건설한다거나 빌딩 하나를 세울 때에도 지자체가 주관이 되어 건축설계전문가 및 경찰을 포함시킨 '건축위원회' 혹은 '도시환경위원회'를 구성하여 설계단계에서부터 방범효과를 극대화 시키는 CPTED(범죄예방환경설계)를 도입하고 있다.

셉테드는 1960년대부터 미국, 영국 등지에서 연구하여 시행해오던 것인데, 우리나라는 2005년도에 처음으로 부천시가 일반 주택단지를 셉테드 시범지역으로 지정한 후 지켜본 결과 실제로 범죄발생률이 줄어드는 효과가 입증된 바 있다.

지금은 셉테드라는 용어 자체가 낯설지 않고 사람 사는 곳에는 당연히 존재해야 하는 것으로 인식되고 있다. 대표적인 것을 꼽는다면 CCTV설치, 가로등 조도 밝히기, 후미진 곳의 벽화사업, 자투리땅에 설치되었던 어린이 놀이터를 건축물 중심으로 옮겨 가족단위 쉼터로 활용하고 가스배관을 타고 올라가지 못하도록 미끄러운 덮개를 씌우고, 여성전용주차장을 지하주차장 출입문 가까이에 배치하고 위급 시 사용할 수 있는 비상벨 설치와 아파트 입구에서부터 외부인의 출입을 금지시키는 도어장치, 조경수의 높이를 낮추는 등 주변에서 셉테드를 찾아보려면 주변에서 수없이 많이 보인다.

2006년 내가 경감으로 승진하여 양주경찰서 생활안전계장으로 발령났을 때의 일이다. 그때는 동두천경찰서가 양주경찰서에서 분서되기 전이었고, 당시 경찰서장이셨던 김덕기 서장님께서 발령신고를 받은 첫 날 나에게 "양주경찰서 관할시계(管轄市界)에 CCTV를 설치하라"는 거대 명과를 주어 추진했던 일이 기억난다.

그 당시 부천시가 셉테드 시범지역으로 선정되어 방범용CCTV를 설치하였다고는 하나 말 그대로 시범지역이었을 뿐 타 지역에서는 이를 알지 못했고, 우리가 알고 있는 CCTV는 고속도로에 설치된 과속 단속

카메라가 전부였다.

  그때까지만 해도 지자체에서도 CCTV설치를 한 번도 해보지 않은 터라 우리 지역에 CCTV를 설치하자는 경찰의 제안에 시청 관계자는 무엇을 어떻게 해야 할지 생소한 반응을 보였다.

  CCTV 설치예산은 지자체를 설득시켜 예산을 확보해야 하는 사안이므로 지자체를 설득시키지 못하면 이 과제는 풀어나갈 수 없다. 그래서 맨먼저 경찰서 시계에 CCTV설치가 된 곳이 있는지를 전국적으로 알아보았더니, 경북 영주경찰서가 전국 최초로 유일하게 설치하여 운용하고 있는 것을 알아냈다.

  다음날 즉시 직원1명을 데리고 시스템 벤치마킹을 하기 위해 영주경찰서로 내려갔는데 당시 권기선 총경이 경찰서장으로 계셨다.
  영주경찰서 관내는 풍기인삼 특산물 재배지인데 인삼 절도범이 하도 기승을 부려 시계에 CCTV를 설치하였더니 인삼절도가 대폭 줄었다는 것이고, 또한 타인의 신용카드를 훔친 범인이 은행 CD기에서 돈을 찾아 차량을 타고 달아났는데 은행CCTV에 찍힌 범인의 옷 색깔이 시계에 설치된 차량방범용 CCTV에 찍힌 운전자의 옷 색깔과 동일한 것을 발췌하고 차적조회를 통해 범인을 검거한 실적도 가지고 있었다.

  나는 이러한 자료들을 모아 우리 관내 시계에도 차량방범용 CCTV를 설치해야 할 당위성에 대한 브리핑 자료를 만들어 양주 시장과 동두천 시장, 시의장들을 순차적으로 만났다. 그리고 그 자리에서 어렵지 않게 3억원의 예산지원을 약속 받았다.

그 후 양주·동두천시에서 인접 시로 넘어가는 도로목 19개소를 선정하고, 지자체에서 입찰공고를 통해 선정한 업자의 공사 진행까지 내가 직접 감독해야 하는 상황까지 벌어졌다. 그러한 각고의 노력으로 양주경찰서가 경기도 최초로 '차량방범용 CCTV'를 설치하는 성과를 이루어 냈다.

양주경찰서 CCTV 설치가 완성된 후에 부천시에서 시범 실시한 '주택가 방범용 CCTV'가 각종 범죄를 예방할 수 있다는 성공적 데이터를 산출함으로써 전국적으로 확산되기 시작했고, 양주경찰서는 차량방범용CCTV설치에 이어 주택가 내에 설치하는 방범용CCTV설치도 지자체와 협조하여 순조롭게 증설해 나갈 수 있었다.

10년이 지난 지금은 지자체가 주체가 되어 많은 예산을 들여 매년 방범용 CCTV를 증설해나가고 있다. 살기좋은 도시의 척도는 그 지역에 방범용CCTV가 얼마나 많이 설치되어 있는가에 따라 치안만족도도 함께 높아지는 것으로 나타난다.

각 지자체에서는 예산규모에 따라 적게는 1천 대, 많게는 2,3천 대, 그 이상 보유하고 있는 지역도 많으며 CCTV 모니터링 요원을 별도 채용하고 여기에 전담경찰관도 파견함으로서 '통합관제센터'를 운영하고 있다.

그러나 CCTV 수만 많을 뿐 이를 모니터링할 수 있는 인력이 부족하여 운영면에서 비효율적이라는 지적이 있다. 모니터링 채용인원은 지역별로 상이하지만 보통 16~24명을 채용하여 4조 2교대 근무를 하는데 일시점 근무인원이 4~6명 정도밖에 되지 않는다고 한다.

문제는 한 사람당 모니터링할 수 있는 최대 적정수는 40대인데, 현재는 한 사람당 200~300개 이상을 모니터링하고 있으니 이 얼마나 비효율적 운영인지 한눈에 알 수 있다.

뿐만 아니라 실제 범죄가 발생하여 형사들이 범인의 인상착의를 확보하고 그 범인의 이동경로를 파악하기 위해서는 그 많은 CCTV의 녹화장면을 일일이 되돌려 봐야 하는데 촌각을 다투는 시간에 또 얼마나 많은 시간낭비를 하고 있는지 모른다.

특히 치매 어르신이 집을 나갔을 때 집 근처에서 찍힌 최초의 CCTV 확보는 쉽지만 이후의 이동경로를 파악하는 데는 많은 시간이 필요하다. 그래서 CCTV확인과 현장수색을 동시에 하고 있는데도 어떤 때에는 단시간에 발견하지 못해 2~3일 후에 동사체로 발견되는 안타까운 현실에 직면하기도 했다.

그래서 이제는 바꿔야 한다.
효율적으로 운영하지도 못하는 CCTV 댓수만 자꾸 늘릴 것이 아니라, 이제는 '개체 인식형 CCTV 프로그램'을 도입해야 할때다.

'개체 인식형 CCTV 프로그램'을 간단히 설명하자면,
강도가 편의점을 털고 나오면서 찍힌 최초의 CCTV화면이 확보되었다고 치자.
현재는 수천 대가 되는 CCTV를 일일이 검색해서 강도의 모습과 같

은 사람을 찾아내어 그 이동경로를 파악하고 있는데, 시간과 인력소모가 상당히 크다.

그러나 개체인식형 CCTV는 범인의 신장이나 체구, 옷 색깔, 걸음걸이 등 특징이 같은 사람을 컴퓨터가 스스로 인식하고 찾아내어 수 천 대의 CCTV가 동시에 반응을 하는 시스템을 말한다. 그렇게 되면 범인의 이동경로, 이동시간, 이동수단 등을 한눈에 알 수 있어 신속히 범인을 검거할 수 있고 2차 범행도 예방할 수 있다. 이런 맥락에서 치매노인이나 어린 아이, 장애인들도 단시간 내에 찾을 수 있으며 수사력도 낭비되지 않는다.

그런데 이 시스템의 비용이 만만치 않아서 지자체에서는 예산편성의 애로 때문에 모른 척 하고 있기도 하다. 하지만 범죄의 예방과 범인의 조기검거의 효율성을 높이자면 한 지역에만 설치하는 것보다 전국적으로 이 시스템을 동시에 도입하여야 제대로 된 효과를 기대할 수 있으며 범죄로부터 우리 국민이 안심하고 자유로울 수 있을 것으로 본다.

따라서 나는 이 '개체인식형 CCTV'의 중요성과 필요성을 알리기 위해 내가 근무하고 있는 대상지역에 순차적으로 이 프로그램을 개발한 업체의 시연회를 볼 수 있도록 주선하였는데, 다행히 고양시에서 긍정적인 반응을 보였고 수십억 원대의 예산을 들여 이 '개체인식형 CCTV'를 도입하기 위해 작업에 착수하였다 한다.

머지않아 '개체인식형 CCTV'가 전국 최초로 고양시에 도입될 전망이다. 그래서 우리 경찰이, 우리 형사들이 날 밤새지 않고도 더 빠르고 더

효율적으로 범인을 검거하고 미귀가자도 신속히 찾아내어 따뜻한 가족의 품으로 돌려보낼 수 있는 세상이 곧 올 것으로 기대해본다.

다시 원점으로 돌아가서,
우리 지역의 주택 침입절도 신고는 하루 평균 4건 정도였는데 한 달로 치면 120집 넘게 털리고 있는 아주 심각한 수준이었다. 나는 지구대장으로 발령 나자마자 침입절도부터 차단해야겠다는 목적을 세우고 '위력순찰'이라는 이름의 순찰방식을 만들었다.

먼저 집에서 타고 다녔던 사제용 빨간 자전거를 가지고 와서 나의 순찰전용으로 전환하고 지구대에서 보유하고 있는 고장난 자전거도 정비를 마쳤다.

그런 후 방범효과를 극대화하기 위하여 순찰차 4대는 교대하고 나가는 시간, 들어오는 시간 각 30분씩을 지정된 지역에 난선순찰 방식으로 투입을 하였고, 도보 근무자들도 자전거 순찰로 전환하여 순찰차량과 같은 시간, 같은 장소에 난선순찰 방식으로 동시 투입을 하였다.

처음에는 경찰관들이 너무 많이 그리고 자주 보이니까 '동네에 무슨 일이 생겼느냐'며 주민들이 불안해하는 전화 문의가 잇달아왔었다.

평소에는 그 지역을 담당하는 순찰차 한 대만 간간히 지나다녔는데, 위력순찰을 실시하고 난 다음부터는 순찰차 4대가 순차적으로 한 대가 지나가고 나면, 잠시 후 또 한 대가 지나가고, 또 지나가고, 또 지나가고, 자전거 탄 경찰관도 지나가고 빨간 자전거를 탄 지구대장도 지나가고, 잊을 만하면 몇 시간 후 다시 지나가고 하루 종일 경찰관이 동네를 헤집고 다니니 주민들이 불안하지 않았겠는가?

하루 이틀 지나고 나니 주민들이 안정을 되찾았다. 순찰을 돌다가 마주치는 주민들은 '수고합니다'라는 인사말을 잊지 않았고 어떤 상인은 시원한 미숫가루를 타서 기다리고 있다가 지나가는 경찰관에게 따라 주기도 하였다. 그러기를 한 달여 만에 절도범들은 완전히 사라졌고 내가 그곳 지구대장으로 근무하는 동안은 침입절도 완전 제로화를 이루어냈다.

또한 위력순찰과 병행하여 실시한 것은 노숙자 점심을 제공하는 교회 목사님들을 찾아가 사정을 얘기하고 노숙자들에 의한 범죄가 발생하지 않도록 기도와 교화를 당부했고 경찰관들을 교회에 파견시켜 범죄예방 교육을 병행한 것도 그 효과에 큰 보탬이 되었었다.

살인, 강간, 절도, 이 세 가지의 범죄는 인류의 역사와 같이 하는 원초적인 범죄라는 말을 들은 적 있다. 사람이 감정을 가진 동물인 이상 살인사건은 발생하고, 이 세상에 남성과 여성이라는 성별이 존재하는 한 강간사건은 발생하며, 개인의 재물이 존재하는 한 절도는 끊임없이 발생한다는 것이다. 지역내에는 이런 원초적인 범죄뿐만 아니라 납치, 유괴, 방화, 강도, 폭행 등... 여러 가지의 범죄가 발생할 수 있으며 음주운전 및 부주의로 인한 교통사고도 발생한다.

전국의 모든 경찰관들이 자기가 속해 있는 지역의 범죄예방을 위해 적극적인 자세로 지혜를 짜내고 주민들과 함께 하는 협력치안으로 힘을 모은다면 적어도 우리 동네에서 만큼은 범죄 제로화를 이루어낼 수 있지 않겠는가? 이것이 바로 우리 경찰이 목적하는 범죄예방 활동의 내막이다. *hee*

열네 번째 • 이야기

밥상머리 교육의 전환

2008년 8월

'밥상머리 교육'이란 원래 밥상이 차려진 식사자리에서 온 가족이 둘러앉아 식사를 할 때 어른으로부터 식사예절을 배우는 것부터 시작되었다. 어른이 숟가락을 들기 전에는 먼저 숟가락을 들어서는 안 되고 먼저 숟가락을 놓아서도 안 되며 쩝쩝 소리 내어 음식을 씹어서도 안 된다. 이러한 밥상머리 예절은 밖에 나가서도 어른을 공경하고 섬기는 자세를 길러냈다.

시대 변천에 따라 핵가족화된 식사 자리는 어른보다 숟가락을 먼저 들어서는 안 된다는 예절교육의 장을 넘어 소통의 공간이 되고 화해의 공간이 되고 훈육의 공간이 되었다. 식사를 할 때 부모와 자식은 더 많은 대화를 나누게 된다.

부모로부터 칭찬과 격려를 받고 자라난 아이들의 가슴에는 사랑의 씨앗이 자라고 그런 가정의 아이들은 대체로 인성이 좋은 어른으로 성장할 수 있는 질 좋은 토양과도 같았다.

그러나 식사 자리가 소통의 공간이 아니라 불화의 공간인 집도 있다. 말썽피우는 자녀들이 평소에는 부모 눈을 피해 다니다가 밥 먹을 때만 한자리에 앉을 수 있으니 부모는 이때다 싶어서 평소 하고 싶었던 잔소리를 늘어놓는다. 자녀는 부모의 잔소리가 듣기 싫어서 밥을 먹다 말고 일어서서 나가기도 하고 이에 격분한 부모들은 '누구 닮았네' 하면서 부부싸움으로 이어지기도 한다. '먹을 때는 개도 안 건드린다'는 옛 속담이 있듯이 부모는 밥상머리에서 인내하고 또 인내하지만 자식만 보면 울화통이 터지는 지라 얼마 참지 못하고 다시 잔소리를 시작한다.

결국 가족 간의 식사자리는 소통과 화해의 공간이 아니라 불화의 공간이 되기도 하며 이러한 악순환의 연결이 부모자식간의 거리를 멀게 하고, 나아가 자식에게는 건강한 사회인으로 성장하는데 좋지 않은 영향을 미치기도 한다.

그런데 밥을 같이 먹고 싶어도 먹을 수 없는 상황도 있다. 중·고등학생들은 입시준비로 학원에서 늦게까지 공부를 하다 보니 그곳에서 제공하는 유료급식으로 끼니를 때우기 일쑤다. 밤늦게 귀가하여 나머지 숙제를 하고 지친 듯이 잠자리에 들다보면 부모와 대화를 하고 싶어도 소통할 시간이 없다. 이 얼마나 안타까운 우리나라의 교육현실이란 말인가?

이렇게 바쁜 중·고등학생에게도 연간 20시간의 봉사활동이 주어져 있다. 이 봉사활동은 내신성적에 반영되므로 의무시간을 다 채워야만 한다. 청소년들은 봉사활동이라는 실천을 통해 남을 위한 희생정신과 양보, 배려심 그리고 사회의 한 구성원으로서 더불어 살아가야 한다는 것을 배우게 되는데 이것은 단순한 사회봉사가 아니라 교육의 일종으로 보아야 한다. 그렇기 때문에 이는 정말 필요한 교육이 아닐 수 없다.

그런데 우리 사회는 청소년들이 봉사활동이라는 명분으로 사회에 첫 발을 디뎠을 때 그들에게 건강한 사회를 경험할 수 있도록 하는 시스템이나 마음가짐이 준비되어 있었는지 짚어볼 일이다.

지금은 청소년 봉사활동이 과거보다는 많이 안정화되고 정착되어가고 있지만 불과 7,8년 전만 해도 방학 때가 되면 중·고등학교 청소년들이 우루루 몰려다니며 관공서를 기웃거렸다.
"여기 뭐 할 일 없어요?"
"이미 다 찼다. 다음에 오너라" 문전박대 당하기도 일쑤였다.

아이들은 차도 없이 걸어서 구청이나 시청, 동사무소나 소방서, 경찰서나 파출소, 눈에 보이는 데로 들어가서 마치 구걸이라도 하듯 봉사활동을 할 수 있는 자리를 구하고 다녔다.
일찍 시작한 아이들은 얼마 걷지 않고도 봉사활동할 장소를 구할 수 있었는데, 늦게 시작한 아이들은 빈 자리를 찾기 위해 아주 더운 여름이나 아주 추운 겨울에도 얼마나 많이 걸어야 했는지 모른다. 그러다가 허탕치는 아이들도 많았다.
다행히 봉사활동 장소를 구했다 싶으면 그것은 봉사활동과는 거리가 아주 먼 일감이 떠안겨졌다. 사무실 청소나 관공서 앞 도로청소는 물론이고 우체국 소인 찍기도 시키며 뿐만 아니라 종이 먼지 마셔가며 A4용지를 파쇄하는 작업까지 개인이 해야 할 일을 남겨두었다가 청소년에게 시켰다.

그런 일이 진정한 봉사활동이 아니라는 것을 잘 알면서도 그것조차 하지 않으면 지정된 봉사시간을 채우지 못하기 때문에 청소년들은 감사하는 마음으로 열심히 일을 했다.

정작 청소년 봉사활동의 진가를 발휘할 수 있는 장애인시설이나 노인복지시설에서는 아이들을 외면했다. 능숙하지 못한 아이들의 서툰 행동이 도움이 되지 않는 이유도 있겠지만 일하는 방법을 가르쳐주면 1회성 활동으로 그치고, 다음날 처음 오는 아이들에게 다시 일을 가르쳐야 한다는 수고와 번거로움 때문에 청소년들을 반기지 않았던 것이다.

교육부에서 기대했던 청소년들의 진정한 봉사활동이 과연 이런 것이었을까?

절대로 그렇지는 않았을 것이다. 그렇다면 교육부는 청소년들을 학교 밖으로 내보내기 전에 타 부처와 충분한 협의가 있어야 했다. 각 부처에서는 청소년들이 진정한 봉사활동을 통해 무엇을 얻을 수 있을지 고민하고 준비를 했어야 했다. 무작정 거리로 내 몰린 청소년들, 그 청소년들에게 나도 역시 한때는 측은한 마음이 생겨 사무실에 앉혀 놓고 아이스크림 먹여가며 종이를 갈게 했다.

2008년 지구대장 재임시절이었다.

내 자리는 통유리 창을 통해 바깥이 잘 내다보이는 곳에 위치해 있었다. 밖을 내다보니 학생들이 버스정류소에서 긴 대빗자루를 들고 서로의 머리를 맞추는 장난을 하고 있었다. 바로 옆 관공서에서 학생들에게 거리청소를 시킨 모양인데 새벽에 환경미화원이 다녀간 뒤라 거리는 청소할 것도 없이 그저 깨끗하기만 한 터였다. 청소년들은 그곳에서 할 일이 없자 장난을 하며 봉사활동 시간을 때우고 있었던 것이다.

물론 우리 지구대에도 청소년들이 수시로 문을 열고 다녀갔다.
"경찰 아저씨! 청소해 드릴까요?"
"아니다. 아저씨들 바쁘다. 다른 데 가봐라"
직원들은 범죄자들이 들락거리는 지구대에서 청소년들에게 봉사활동 명목으로 머물게 하기는 적합하지 않다고 생각했기 때문에 문전박대했을 것이다.

대빗자루로 장난을 하고 있는 청소년들을 바라보며 청소년봉사활동 정책이 잘못된 방향으로 나가고 있다는 생각을 하고 있는데, 갑자기 내 머릿속에서 반짝하는 아이디어가 스쳐 지나갔다. 나는 반짝 떠오른 아이디어를 놓칠세라 머릿속에 떠오른 생각을 재빠르게 스케치하기 시작했다.

그래, 청소년들을 치안보조 인력으로 활용해 보는 거야.
노란색 조끼 뒷면에 '청소년 봉사활동'이라고 글자를 새긴 유니폼을 입히고...

낮에 시간이 있는 아이들에게는 두 명씩 짝을 지어 무단횡단을 일삼는 노인들을 횡단보도로 안내하는 도우미 역할을 시켜 보는거야. 그리고 후미진 곳에 위치한 어린이놀이터의 벤치에 봉사활동 노란 조끼를 입고 앉아 있어 주는 것만으로도 납치나 유괴, 성추행 같은 어린이들을 대상으로 한 범죄가 충분히 예방 되겠지?

그리고 밤 시간에 봉사활동을 원하는 학생들에게는 '부모와 함께 하는 순찰활동'을 하게 하는 거야. 야간에는 112신고가 많아 바쁘니까 청소년들을 관리할 경력이 없어. 그러니까 부모님과 함께 나오게 하는 거지. 부모와 함께 두 시간 동안 길을 걷다 보면 서로 닫혔던 마음의 문도 열리게 되고 그러면 얼마나 행복해질까? 그 덕에 우리 동네는 범죄예방도 되는 거야. 그러니까 일거양득이지. 이것은 식사자리에서 따뜻하게 나눠야 할 부모로부터의 교육을 대신하는 밥상머리 교육의 전환이 될 것이야.

나는 즉시 실행에 옮기기로 하고 관내 중·고등학교에 청소년봉사활동 안내문을 만들어 보냈다. 학교에서는 환영의 박수를 쳤고, 이 안내문은 입소문을 통해 우리 관할이 아닌 다른 지역 아이들에게도 전해졌다. 나는 관할을 따지지 않고 오는 데로 모두 접수해서 봉사활동을 시켰다.

그해 여름방학동안 우리 지구대에서 봉사활동을 한 청소년은 2,150명으로 집계되었고 다음 겨울방학을 합하여 5,000명 이상의 봉사활동 청소년이 다녀갔다.

그리고 부모들로부터 경찰 덕분에 자녀들과의 관계가 아주 돈독해졌다며 고맙다는 전화와 방문이 쇄도했고, 청소년들로부터는 보람있는 봉사활동을 시켜주어서 감사하다는 편지도 이어졌다.

그것 뿐만이 아니었다. 5,000여명의 학생들을 지구대 경찰관이 다 관리할 수 없어서 주간 봉사활동 학생은 주부로 구성된 '어머니방범대' 단체에, 야간 봉사활동 학생은 남성으로 구성된 '자율방범대' 단체에 관리명과를 부여했더니 양 단체에서는 경찰이 자신들에게 분명한 명과를 주어서 대단히 감사하다는 인사와 함께 소신과 책임을 가지고 열심히 관리를 해주었다. 그래서 우리 지구대와 경찰협력단체인 어머니방범대, 자율방범대가 서로 win-win하는 돈독한 관계로 더 발전할 수 있었다.

2008년 여름방학과 겨울방학에 청소년 봉사활동 프로그램을 재미나게 운영하고 다음 방학을 기다리고 있는데, 2009년 5월 경기청에 '경찰관여경기동대'가 창설되어 제대장으로 발령나면서 갑자기 지구대를 떠나게 되었다. 나는 내가 그곳을 떠나더라도 남은 직원들이 청소년봉사활동을 지속적으로 이끌어주기를 바랬었다. 하지만 112신고가 폭주하는 지구대의 업무성격상 업무외적인 것은 누군가가 열정을 가지고 이끌어가지 않으면 불가능한 일이므로 내가 떠난 이후에는 흐지부지 없어져 버렸다.

그러나 수년 후 다시 기회가 왔다.
그것은 내가 기동대 임기를 마치고 그 경찰서 수사과 경제팀장으로 복귀하여근무를 하고 있었던 2011년 봄이었다. 그 당시 전국의 경찰서가 지역특성에 맞는 특수시책을 발굴하여 추진하는 단계였고, 경찰청에서는 정책적으로 선의의 경쟁을 부추기고 있었다.

그 때 경기지방경찰청장께서 경기도 41개 경찰서장들에게 일주일 안에 특수시책 2~3가지씩 의무적으로 발굴해내라는 특별하명을 하였는데, 경찰서장들로서는 지금까지 해오지 않았던 독특한 시책을 내 놔야 한다는 부담을 가졌던 것으로 기억한다.

그래서 서장님께서는 각과 계,팀장들에게 소관업무와 연관된 특수시책 2~3가지를 3일안에 발굴해서 개별보고를 하라는 특명을 하였고 이 또한 계,팀장들은 경찰서장과 같은 부담을 떠안고 머리를 짜내기 시작했다.

나는 하명이 떨어지자 당당히 서장님을 찾아갔다.

특수시책 구상안에 대한 정리된 페이퍼도 준비하지 않은 채 그냥 찾아가서 서장님과 테이블에 마주 앉았다.

"서장님! 정말 대박날 특수시책이 한 가지가 있습니다. 이것은 제 소관업무가 아니고 생활안전과 여성청소년계(분과전) 업무이기 때문에 따로 페이퍼를 준비하지 않았는데 그냥 말씀으로 드리겠습니다."

서장님께서는 평소 나를 신뢰하고 계셨던 터라 눈과 귀를 모으고 내가 하는 말을 신중하게 들으셨다.

"서장님! 중·고등학교 청소년들이 일 년에 20시간, 3년 동안 60시간의 봉사활동을 채워야 한다는 것을 알고 계십니까?"

"지금 교육부에서는 교과목 외로 청소년들에게 사회활동을 통하여 남을 위한 배려심과 봉사정신을 키우려고 하고 있습니다. 그런데 정부기관이나 사회단체에서는 청소년들을 외면하고 있어요."

"청소년들이 걸레 들고 관공서 창틀이나 닦고 종이먼지 마셔가며 종이 파쇄기나 작동하고 있어서는 안되지 않겠습니까?"

"3년 전 제가 지구대장을 할 때「부모와 함께 하는 순찰활동」프로그램을 창안하여 연간 5,000여명의 학생들에게 봉사다운 봉사를 하게 해 주었습니다. 범죄예방효과가 충분히 있었고, 학생들에게는 관공서 허드렛 일이 아닌 진정한 치안봉사를 함으로써 자부심과 함께 봉사활동 시간을 채울 수 있었어요"

"그리고 부모들에게는 2시간동안 자녀와 함께 걸으면서 대화의 시간을 가지게 해 주었는데 부모들이 얼마나 고마워했는지 모릅니다. 이것을 저는 '밥상머리 교육의 전환'이라고 이름을 붙였습니다"

"이 프로그램을 빨리 기획해서 언론과 방송사에 터트리십시오. 대박 중에도 큰 대박이 날 것입니다. 그리고 이것이 성공하면 분명 특진의 기회도 따를 것이라고 저는 확신합니다"라고 했다.

내 말을 끝까지 신중하게 듣던 서장님께서는 당장 시행해야 할 과제라고 말씀하시고 생활안전과장을 불러 내 말을 그대로 전달하면서 당장 시행할 것을 하명하셨다.

이 과제는 일산경찰서 생활안전과 여성청소년계장이 정말 멋들어지게 기획하고 시행한 결과를 각 언론사와 방송사에 홍보 전략을 폈다. 〈부모와 함께하는 순찰활동〉 프로그램은 KBS, MBC, SBS등 지상파 저녁뉴스를 타고 전국에 보도되었고, 이어 주요 일간지, 인터넷 뉴스에도 줄지어 보도되었다. 그리고 그해 특수시책 평가에서 일산경찰서는 당당히 전국 1위를 하여 경위 한 분이 경감으로 특진되는 영예도 안았다.

밥상머리 교육의 전환인 〈부모와 함께 하는 순찰활동〉, 이 시책은 그 분의 노고와 기획성을 인정받아 전국 경찰서로 확산되었고 지금도 시행중이다. *hee*

열다섯 번째 • 이야기

학교폭력과 손편지

2012년 2월

요즘은 편지 쓰는 사람이 드물다.

편지는 사전적 용어로 '안부, 소식을 전하는 글'이라고 하는데 요즘 아이들에게 있어 편지라는 말은 구시대적 단어처럼 들릴 수도 있을 것이다. 날로 발전하는 초고속 IT기술 발달로 지금은 손안의 작은 세상이라고 불리는 이 작은 기기 스마트폰에서 거리를 불문하고 문자 메시지나 카톡으로 안부대화를 주고받는 스피디한 세상에 살고 있기 때문이다.

스마트폰은 1년이 멀다하고 계속 새로운 버전으로 출시되는데 사람들은 평균 2년에 한번 꼴로 스마트폰 기기를 새 것으로 바꾼다고 한다.

스마트폰으로 문자를 보낼 때 이모티콘을 함께 보내지 않으면 그 사람의 마음과 기분을 잘 알 수가 없다. 이모티콘은 사람의 표정과도 같은 것이기 때문에 우리는 문자의 마지막에 이모티콘을 삽입하기도 하고 문자

없이 이모티콘만 보내도 상대방과의 의사소통은 이루어질 수 있다.

우리는 스마트폰 문자로써 상대방에게 사랑한다는 말도 쉽게 전하고 미안하다고 하는 말도 쉽게 전할 수 있다. 가슴속에 하고 싶은 말을 담고 있다가 언제가 적기일까 하고 호시탐탐 기회를 엿보다가 결국 그 기회를 얻지 못해 할 말을 가슴 속에 묻어야 하는 안타까움도 없다. 상대가 보든 안보든 언제든지 내 마음을 표현하고 싶을 때 문자를 보내놓고 나중에 수신확인만 하면 되니까 이 세상이 얼마나 편한 세상으로 바뀌었는가?

하지만 손글씨가 그리울 때도 있다.

E-mail이나 문자 메시지, 카톡 문자는 수신한 후 저장할 필요가 없다고 생각하면 즉시 휴지통 모양의 아이콘 속에 넣어 삭제시키지만, 손글씨로 보내온 편지는 쉽게 찢어버리지를 못한다. 왜 그럴까? 그것은 마음을 글로 표현하는데 드는 비용, 즉 시간, 정성, 감성이 얼마나 녹아 있느냐의 차이가 아닐까 생각한다. 그렇다고 문자 메시지에 시간과 정성, 감성이 전혀 들어있지 않다고 하는 것은 아니다.

다만, 편지 한 통을 보내기 위해 투자되는 비용을 한번 생각해 보자.

어떤 사람에게 편지를 보내느냐에 따라 양면지에 쓸 것인가 아니면 꽃편지지에 쓸 것인가 하는 디자인 선택의 고민이 필요하고, 한 줄 한 줄 고민하고 썼음에도 정작 읽어보고 마음에 들지 않으면 한두 장은 구겨서 휴지통에 버리고 다시 써야할 때도 있다. 다 쓴 편지는 봉투 끝을 풀로 얌전히 밀봉하고 혹여 편지가 구겨지지는 않을까 염려하면서 우체통에 넣기까지 책 사이에 끼워 보관하는 것도 정성이 깃들지 않으면 어려운 일이다. 편지는 우체통에 넣고 이삼일쯤 지나야 상대방에게 도달하는데 그 2~3일은 편지를 받아서 읽고 있을 상대방을 생각하는 기다림의 시간이다. 이것이 바로 편지에 깃든 정성이고 감성이고 시간의 투자 아니겠는가?

집집마다 서랍 속에 손편지를 모아놓는 집들이 많다. 그 속에 들어있는 내용물들은 여러 해 동안 버려지지 않고 그 곳에서 깊은 잠을 자고 있다. 집안 정리를 하다가 무심코 발견하여 열어보았을 때 우리는 그 중 손에 잡히는 데로 몇 장 펼쳐서 읽어보고 흐뭇한 미소를 짓다가 다시 제자리에 넣어두지만 필요 없다고 몽땅 휴지통에 버리지는 못한다.

나에게는 소중하게 보관하고 있는 30년 묵은 애송시집이 한권 있는데 이것은 직접 내 손으로 그린 삽화와 손글씨로 만들어졌다.
내가 만든 것임에도 스스로 감동이 되어 가끔 지인들에게 보여주는데 시집을 보는 사람들마다 향수에 젖어드는 모습을 목격한다. 해묵은 시집을 보고 사람들이 향수에 젖을 수 있는 것은 같은 시대를 살아온 사람들끼리 말로 표현할 수 없는 시 한편으로 통하는 마음이 있기 때문이리라.
만약 이 시집을 손으로 쓰지 않고 워드프로세서로 타이핑하여 묶어두었다면 사람들에게 보여줄 생각도 못했을 것이다.

한번은 암벽등반을 함께 하는 멤버 중에 '별나무'라는 닉네임을 쓰는 분에게 이 시집을 보여준 적이 있었는데, 그 분은 다른 사람들과 달리 내 시집을 빌려달라며 간곡히 부탁을 하여 다음 산행 때 까지 상당기간 빌려 준 적이 있었다. 그 분은 내 시집을 가지고 있는 동안 감성변화가 있었던 것 같았다. 잃었던 감성을 찾았다는 표현이 나을까? 그 분은 전기관련업에 종사하는 분인데 현재의 직업과 상관없이 학창시절에는 문학적 기질이 다분히 있었던 것 같다. 그는 내 시집을 돌려주면서 극찬과 더불어 손글씨의 소중함을 일깨워 주어서 감사하다는 내용의 손편지를 넣어서 돌려주었다.

그 후 그는 사람들에게 안부와 축하의 말을 전할 때 종이노트에 정성스러운 손글씨로 몇 자 적은 후 그것을 사진 촬영하여 상대 카톡으로 보내는 것을 목격하였다. 젊은 나이가 아닌데도 불구하고 참 아름다운 모습이 아닐 수 없다.

나는 아름다운 감성을 되찾은 '별나무님'을 보면서 '감성이란 모든 사람들의 마음속에 다 있다. 단지 저마다 표현력에 차이가 있을 뿐, 나이가 든다고 해서 사라지는 것도 아니다. 그러니까 우리는 세월의 흐름에 따라 퇴색되어 가는 감성을 지키거나 찾는데 노력해야 한다. 그것이 生을 좀 더 의미있게 살아가는 방법일 것이다'라는 생각을 하며 손글씨의 매력을 다시 한번 가슴 속에 새겼다.

* * *

2012년도였던가? 여성청소년계장으로 발령을 받았을 때의 일이다.

관내 초등학교 4학년인 명진(가명)이는 학급의 반장을 맡고 있었다.

명진이는 성격도 좋고 공부도 잘하고 급우들과도 잘 어울려 사귀고 선생님에 대한 예의도 바르며 리더쉽도 우수하다는 평가를 받는 모범학생이다. 그러나 장난이 좀 심하다는 것은 선생님이나 주변 친구들도 다 알지만 그 장난은 결코 못된 장난이 아니라며 명진의 장난에 모두가 관대했다.

그런데, 그 장난 때문에 동반자살을 모의한 어린 학생들이 있었다는 것은 매우 놀라운 일이다.

같은 반 학생인 동민이, 서민이, 남민이(모두가명)는 1년 동안 명진이로부터 인격을 모욕당하는 참을 수 없는 괴롭힘을 지속적으로 당해오면서도 정작 부모님한테는 얘기하지도 못하고 참고 지냈다고 한다.

명진이가 아이들을 괴롭히는 장난의 유형을 나열하면 대체로 이러했다.

- 복도를 지나가다 마주치기만 하면 뒤통수를 툭 치고 지나갔다.
- 옷에 물을 뿌려 젖게 했다.
- 체육시간에 운동장에서 고의로 체육복에 흙먼지 덮어씌우기를 즐겼다
- 점심시간에 축구하자며 동민이, 서민이, 남민이를 한 명씩 데리고 나가 골대로 공을 차 넣는 것이 아니라 아이들의 몸을 맞추는 공격놀이를 했다.
- 필기해 놓은 공책을 찢었다.
- 쉬는 시간에 동민이, 서민이, 남민이 책상 주변에서 친구들과 과격한 장난질을 하며 그 아이들의 책상을 무너트리거나 일부러 몸

을 부딪히는 행위를 하며 괴롭혔다.
- 화장실에서 볼 일을 보고 있을 때 문을 활짝 열어버리고 도망가거나 소변기에 서서 볼 일을 보고 있을 때 뒤에서 바지 벗기고 도망갔다.
- 짓궂은 별명을 붙여 놀려대며 다른 아이들의 웃음거리로 만들었다.

명진이는 이렇게 학년 초부터 세 명의 아이들에게 장난이라는 명분을 내세워 괴롭혀 왔는데 세 아이들은 쉬는 시간이 되면 명진이의 시선을 피해 교무실 앞에서 시간을 보내다가 수업종이 치는 것을 듣고서야 교실로 들어가곤 했단다.

겨울방학이 끝나갈 무렵 동민이 엄마는 우연히 동민이 책상에서 낙서장이라고 적혀 있는 비밀일기장을 발견하고 까무라칠 정도의 놀라움과 분노를 느꼈다고 한다. 그 일기장에는 '살기가 싫다. 서민이, 남민이와 함께 명진이가 없는 세상에 가서 편하게 살고 싶다'라는 글과 일 년 동안 당해왔던 폭력행사가 낙서처럼 즐비하게 적혀있었기 때문이다.

이 일기장이 동민이 엄마로부터 서민이, 남민이 엄마에게 알려지면서 세 엄마들의 분노는 하늘을 찌를 듯 감정이 격해졌고 모든 사람들을 적대시하기에 이르렀다.

담임교사는 사실을 확인하기 위해 급우들에게 세 아이들에 대한 명진이의 행동을 무기명으로 적어내라고 했는데 급우들은 모두 '명진이가 세 아이들에게 장난치는 것은 보았으나 괴롭힌 것은 아니었다'는 내용으로 적어내었다.

담임교사는 엄마들을 불러놓고 "명진이는 학급의 반장이고 모범생입니다. 장난이 좀 심한 것이 흠이지만 아이들을 괴롭힐 정도로 나쁜 아이는 아니었다고 하니 너무 걱정을 안 하셔도 될 것 같습니다. 앞으로 제가 관심을 가지고 지켜보겠습니다"라는 말을 했다가 세 엄마들에게 교사의 자질론 까지 거론되며 호된 항의를 받았고,
　교장 선생님은 '명진이를 다른 학교로 전학을 보내라'는 엄마들의 요구를 받자 전학명분이 약하다는 이유로 거부했다가 교장선생님까지 명진이를 옹호하며 감싸고 돈다며 도교육청에 진정을 당한 터였다.

　급우 전원은 명진이가 세 아이를 괴롭힐 때 보고 즐기면서 방관을 한 폭행의 공범자들로 몰아세웠고, 여러 방송사에 전화를 하여 학교폭력에 대하여 고발성 보도를 요구하였다.

　뿐만 아니라 명진이와 급우 20명을 세 아이에 대한 폭행 피의자로 기재한 고소장을 경찰서에 제출하였다.
　이 사건을 맡은 담당 형사는 피고소인들이 형사처벌을 받지 않는 13세 미만의 촉법소년이라고 설명하며 주가해자인 명진이만 경찰서에 출석시켜서 조사를 하고 나머지 급우들은 학교에서 만나 사실관계를 면밀히 조사한 후 가정법원으로 송치를 하겠다고 했다. 아울러 사건은 절대로 소홀히 다루지 않겠다고 안심을 시켰다 한다.

　그럼에도 불구하고 엄마들은 '왜 20명의 급우들은 용의선상에서 **빠**지느냐, 이것이 편파수사가 아니고 무엇이냐, 경찰서장이 나와서 해명해봐라, 아니면 방송사에 터트리겠다'는 등 거센 항의를 하여 사건이

접수된 지 한 달이 경과되어 가는데도 수사를 진행해 나가지 못하고 있었다.

　수사를 진행하지 못했던 주요 원인은 학교폭력의 피해자인 동민이, 서민이, 남민이의 구체적인 피해자 진술이 확보되어야만 가해자인 명진이 조사가 이루어지는데, 엄마들은 집에서 아이들이 자필로 쓴 피해확인서를 제출해 놓고 그것을 토대로 가해자 조사를 해 달라는 요구였다.

　담당 형사가 사건수사에 협조를 해달라고 엄마들에게 전화를 하면 소리부터 질러 도저히 대화가 되지 않는다며 발령을 받고 막 자리에 앉는 나에게 사건서류를 내밀면서 하소연을 했다.

　나는 세 아이들이 써놓은 피해확인서와 몇 장 붙어있지 않은 사건 서류를 꼼꼼히 읽어보았다.
　잠시 후 엄마들의 마음이 내 마음속에 찡~하게 그대로 전달이 되어 왔다. 동민이, 서민이, 남민이가 내 아들이었다면.. 사랑하는 아들이 학교에서 학년초부터 1년 동안 학교폭력에 시달리다가 결국 폭력없는 세상에서 친구들과 마음 편하게 살고 싶다는 일기를 썼는데, 내가 엄마로서 그것을 읽어 보았다면.. 나 역시도 눈이 뒤집히지 않았을까? 엄마들의 마음은 똑같다. 그 느낌이 여과없이 나에게 전달되어 왔다.

　겨울방학이 일주일 정도 남아 있을 때였다. 개학을 하면 세 아이들은 어쩔 수 없이 보기싫은 명진이와 또 마주쳐야 하는데 아이들의 걱정이 얼마나 클까? 하는 생각을 하니 이 사건은 방학이 끝나기 전에 반드시 해결해주어야 할 특급과제로 선정할 수밖에 없었다.

우선 가해자인 명진이와 그 부모의 성향을 알아보기 위해 경찰서로 출석시켜 상담실에서 조용히 만났다. 명진이 부모는 점잖은 사람들임에 틀림없었다. 자기 아들의 장난질로 인해 다른 아이들이 자살을 생각할 만큼 고통을 받고 있다는 것에 유감을 표시하며 어떻게든 보상을 하고 싶다고 했다. 그러나 엄마들의 극심한 항의 때문에 학교측에서도 중재하는데 실패했다고 했다. 그래서 기왕 고소를 당한 김에 경찰서에서 화해를 시켜주었으면 하고 바랬다.

명진이도 자기 장난질이 과했다는 것을 인정하고 다시는 그러지 않겠다고 다짐을 하며 세 아이들에게 사과를 하려고 했으나 방학 중이라서 만날 수도 없었고, 애들이 사는 집으로 찾아갔으나 엄마들이 현관문을 열고 다짜고자 욕설을 하는 바람에 무서워서 더 이상 찾아갈 수가 없었다고 한다.

그 말을 듣고 나니 전반적인 상황파악이 되었다. 명진이와 명진이 부모로서는 잘못을 인정하고 관계회복을 위해 가까이 다가가려고 했으나 엄마들의 마음에 문이 너무나 굳게 닫혀서 해결의 실마리를 풀 수 없었던 것이다.

나는 세 아이의 엄마들에게 어떻게 접근하면 좋을까하고 세심하게 고민했다. 엄마들에게 첫 마음을 얻지 못하면 나 또한 담임교사나 교장

선생님, 담당형사처럼 무시당하고 항의를 받을 수가 있다. 내가 이것을 해결할 수 있는 마지막 보루인 셈인데 엄마들의 접촉은 마치 성난 사자에게 다가서는 것과 같아서 약간의 긴장과 치밀한 전략이 필요했다.

나는 먼저 항의 정도가 가장 격하다고 하는 동민이 엄마에게 전화를 걸었다.

"동민이 어머니세요? 나는 요번에 여성청소년계장으로 발령받은 서금희 경감입니다. 발령 받자마자 담당형사들이 갖고 있는 사건들을 살펴보니까 동민이, 서민이, 남민이 학교폭력사건이 있군요. 어머니 얼마나 마음이 아프셨어요. 개학이 낼모렌데 아이들의 마음은 또 얼마나 무겁고 고통스럽겠습니까? 어머니 이 사건을 개학하기 전에 빨리 해결해야 해요. 그렇지 않으면 아이들의 받은 상처, 고통은 더 커질 수밖에 없어요. 시간이 없어서 그러니까 오늘이라도 저와 만나요. 시간이 늦었지만 퇴근하지 않고 기다리겠습니다. 오늘 꼭 나오셔야 해요."

나의 전략이었다. 아들의 아픔을, 엄마의 아픔을 통감한다는 것, 퇴근하지 않고 기다리겠다는 것, 반드시 개학 전에 해결해야 한다는 것. 그리고 내가 책임지고 해결해 주겠다는 것. 짧은 전화 대화 내용 속에 모두 함축되어 있었다.

의외로 동민이 엄마의 목소리는 밝았다. 마치 자기들 편에 서 있어주는 사람이 없어 외로운 전쟁을 치르고 있었는데 이웃나라에서 보낸 지원군을 맞이하는 기분처럼 들렸다.

"아~네, 알겠습니다. 혼자 갈까요? 아니면 다른 엄마들하고 같이 갈까요?"

"서로 시간이 맞으시면 다함께 오는 것이 좋겠어요" 했다.

엄마들은 저녁 7시 반, 약속시간에 맞춰 사무실 문을 노크했다. 전략적으로 직원들을 모두 퇴근시켰고 나는 사무실보다 더 아늑한 상담실에서 세 엄마들에게 따뜻한 차를 대접하였다. 명함을 주고 통성명을 하는데 엄마들의 표정이 나를 의지하려는 듯 보였다.

차를 마시면서 엄마들에게 "그동안 얼마나 마음이 아팠어요? 나도 자식을 키우는 입장이라 남의 일 같지 않아서 마음이 많이 아팠어요" 하며 엄마들에게 먼저 말할 기회를 주자, 세 엄마들은 갑자기 목소리가 고조되더니 그동안 아이들이 명진이한테 당했던 일들, 아이들의 안색이 날로 피폐해져 갔다는 일들, 어미로서 그것도 모르고 있었다는 자책, 학교에서 무성의 하게 처리하고 있다는 일들, 담당형사가 말도 안 되는 형사절차를 설명하고 편파수사를 하고 있다는 일들을 흥분을 가라앉히지 못하고 말 폭탄을 쏟아부었다. 엄마들의 말 폭탄은 무려 40분 동안 계속되었고 말없이 듣고 있어보니 엄마들의 이야기는 모두 아이들의 의사가 전혀 반영되지 않은 엄마 자신들의 억울한 감정만 앞세운 것임을 느낄 수 있었다.

엄마들은 아이들이 불쌍하다, 이제 어떻게 해야 하는지 모르겠다면서 동민이 엄마가 먼저 눈물을 흘리자 두 엄마들도 따라서 눈물을 흘리기 시작했다.

나는 엄마들의 두 손을 차례대로 꼬옥 감싸쥐고 눈물이 마를 때까지 온기를 나누어 주었다. 엄마들은 피하지 않았다.

　가슴 속에 억눌려 있던 말들을 다 쏟아낸 엄마들은 마치 연료가 다 소진된 기계처럼 조용해졌다. '우리는 할 말을 다 했으니 이제는 계장님이 말할 차례예요'라고 암시하는 눈빛을 보내며 들을 준비를 하고 있었다. 나는 최대한 침착하고 부드럽게 말을 이어 나갔다.

　"동민이, 서민이, 남민이.. 참 힘들었습니다. 엄마! 아이들이 원하는 것이 무엇이라고 생각하나요?"
　"명진이 학생이 다른 학교로 전학 가기를 바랍니다."
　"전학이라고 하는 것은 학칙에 따라서 엄격히 정해지는 것입니다. 만약 명진이가 전학을 못가면 어떡하지요?"
　"그러면 우리 아이들을 전학시킬 거예요"
　"아이들이 전학보내 달라고 말한 적이 있었나요?"
　엄마들은 아이들의 의사를 자신있게 대변하지 못했다.
　다만 명진이가 전학가길 바라고 안되면 아이들을 전학시키겠다고 하는 것은 엄마들의 뜻일뿐이었다.

　"엄마! 우리 감정은 모두 땅에 내려놓읍시다. 어른들의 감정을 땅에다 내려놓아야만 해결책이 보입니다. 엄마들은 지금 내 아이를 괴롭힌 명진이와 그 부모들에게 분노하고 있어요. 이 분노를 모두 땅에 내려놓아야 합니다. 그리고 아이들의 입장에서 아이들만 생각해야 합니다. 어떤가요? 엄마들의 감정을 모두 땅에 내려놓고 아이들만 생각하겠다고 약속하면 내 나름대로 생각한 해결방안 한 가지를 제시할게요"

잠시 조용하더니 학폭 피해가 두 아이보다 비교적 적었다고 생각하는 남민이 엄마가 먼저 말을 꺼냈다.
"맞아요, 진짜! 지금까지 우리 어른들 감정에만 너무 열이 올라 있었어요."
그러자 이구동성으로 엄마들이 말한다.
"알겠어요, 지금부터 우리 감정을 모두 내려놓고 생각할게요."
나는 엄마들이 내 제안을 받아들일 준비가 되어있다고 생각했기 때문에 부담없이 편하게 말할 수 있었다.

"아이들이 진정 원하는 것은 좋은 친구들이 있는 학교로 되돌아가는 것입니다. 그것은 전학으로 해결될 일이 아닙니다. 명진이가 전학 처리되지 않는다면 어차피 졸업할 때까지 같은 학교에 다닐 수밖에 없어요. 그러니까 아이들을 화해시켜 좋은 친구로 맺어주어야 합니다."

말이 끝나기가 무섭게 동진이 엄마가 날카로운 목소리로 내질렀다.
"그쪽에서 자기들의 잘못을 절대로 인정하지 않고 있는 게 문제에요. 학폭위원회에서 어떤 일이 있었는지 아세요?"

물론 안다. 학교에서 주최한 '학교폭력대책위원회'에 우리 담당 형사가 경찰위원으로 참석했다가 그 분위기를 미리 말해 주어서 잘 알고 있다.
동진이 부모님은 '학폭위'에서 명진이와 그 어머니, 아버지까지 모두 세 아이들이 앉아 있는 쪽으로 무릎을 꿇고 싹싹 빌면서 용서를 구하라고 했는데, 명진이 부모 측에서 그렇게는 절대로 못하겠다며 반발하는 바람에 화해가 성사되지 않았던 일이 있었다고 했다.

나는 낮은 소리로 동진이 어머니를 불렀다.
"엄마! 우리 감정 모두 내려놓기로 했죠? 아이들만 생각하기로 했죠?"
"예~ 죄송해요. 감정 내려 놓을게요."
잠시 조용해졌다.

"동민이, 서민이, 남민이가 진정으로 용서와 사과를 받아야 할 사람은 어른들이 아닌 명진이 자신입니다. 명진이가 진정어린 마음으로 아이들에게 사과와 용서를 구하고 세 아이들은 그것이 받아들여져야 합니다. 그것만이 해결방법이에요. 어른들은 그렇게 되도록 아이들을 도와주어야 해요. 그것 말고는 다른 방법이 없어요. 개학일이 가까워질수록 아이들은 두렵고 더 힘들어져요."

"그러면 어떻게 해야 해요? 방법을 알려 주세요."
"엄마들은 그냥 가만 계시면 됩니다."

"어떻게 가만있어요?"
"엄마들은 이 시간 이후로는 아이들에게 명진이와 관련된 학교폭력, 괴롭힘 이런 것에 대하여 절대로 말을 꺼내서는 안 됩니다. 아이들끼리 해결하도록 놔두세요. 그리고 수 일 내로 명진이가 아이들에게 손으로 쓴 편지를 가지고 갈 거예요. 밀봉하지 않은 상태로 보낼테니 엄마들은 그 편지를 아이들 몰래 읽어보고 내용이 마음에 들면 아이들에게 모른 척 하고 전달만 해 주세요. 그리고 주의할 것은 편지받고 기분이 어땠냐는 등의 말도 절대로 꺼내시면 안 됩니다. 그냥 전달한 것으로 끝내셔야 해요. 판단은 아이들이 해요. 지금까지는 아이들의 머릿속에 어른들의 분노를 주입시켜왔지만 이제는 아이들 스스로 생각하고 결정하고 마음의 문을 열도록 지켜봐 주셔야 합니다."

"명진이가 편지를 쓸까요?"
"예, 쓰게 할 겁니다. 그것도 진심으로 사과와 용서를 구하는 내용의 편지를 요, 그 편지는 제가 내용을 확인한 다음에 보내지게 될 것입니다. 또한 일주일 후면 방학이 끝나는데 아이들을 학교에 보내지 마십시오. 10여일 후면 다시 봄방학이 시작되는데 봄방학 끝나고 5학년으로 바뀌어 학급배정이 새롭게 되면 보내십시오. 학교측에도 그렇게 하도록 중재를 해 두겠습니다. 분명히 말씀드리는데 점점 괜찮아질 거에요. 아이들이 처음에는 마음의 문을 열지 못해도 학년이 바뀌고 새 친구가 생기면 자연히 치유가 될 것이고 명진이 또한 층수가 다른 반으로 배정을 하라고 학교 측에 권유해 놓겠습니다. 명진이와 아이들이 교내에서 마주치더라도 옛날 괴롭힘을 주던 명진이가 아닌 평범하고 좋은 친구로 만들어 놓겠습니다. 저를 믿으세요."

"고소사건은 어떻게 되는데요?"
"이 사건은 정해진 형사절차에 따라 수사를 하고 가정법원으로 송치되면 법원판사가 명진이와 부모를 출석시켜서 소년사건처리체계에 따라 1호부터 10호중 적절한 조치가 이루어질 것인데 큰 벌을 받을 것이라고는 처음부터 기대하지 않는 것이 좋겠습니다. 명진이가 나이어린

촉법소년이기 때문에 그 부모에게 훈계하라는 정도의 1호 처분만 떨어질 것입니다. 그것보다 아이들의 정서에만 신경을 쓰십시오. 억울해도 할 수 없습니다. 법이 그러하니 어쩔 수 있겠습니까?"

나는 엄마들이 단념할 것은 과감히 단념하라는 뜻에서 솔직히 말해주었다.

엄마들은 항의하지 않았다. 내가 설명한 형사절차를 이해하고 받아들였다.

다음날 명진이 엄마에게 전화를 하여 명진이를 데리고 출석하도록 했다.

"명진아! 요번에 이런 일을 겪으면서 어떤 생각이 들었니?"
"먼저.. 내가 너무 심한 장난을 쳐서 애들이 괴로웠다는 것이 마음 아팠고요, 정말 잘못했어요. 애들이 그렇게 힘들어 하는 줄 몰랐어요. 그리고 엄마 아빠께 정말 죄송해요. 나 때문에 다른 엄마들에게 우리 부모님이 욕도 많이 먹고요."

나는 자신의 잘못을 뉘우치고 있는 명진이의 머리를 쓰다듬어 주었다.

"명진이 너, 편지 쓸 줄 알지?"
"예"

"그럼 동민이, 서민이, 남민이에게 편지를 써봐, 컴퓨터로 말고 예쁜 편지지를 사서 손으로 예쁘게 정성스럽게 써봐, 내가 잘못했고 나 때문에 얼마나 힘들었냐고 미안하다고 앞으로는 절대로 장난삼아 괴롭히는 일을 하지 않겠다고 믿어달라고 진심어린 사과의 편지를 써 보는 거야, 할 수 있겠니?"
"예, 할 수 있어요"

"편지는 한 장만 달랑 쓰지 말고 두세 장으로 길게 써야해, 편지를 써서 나한테 가져오면 내가 잘썼나 못썼나 먼저 읽어보고 검사할 거야. 합격점을 받으면 그때 아이들의 집에 찾아가서 우체함에 넣어두고 오면 돼. 알겠니?"
"예."

"만약에 아이들로부터 답장을 받을 수 있으면 굉장히 좋겠지만 아이들이 쉽게 답장을 쓰진 않을 거야. 왜냐하면 그 아이들의 마음이 많이 아프거든, 답장을 못 받았다고 해서 서운해 하지 말고 너는 네 마음의 편지를 써서 보내는 거야. 알겠지?"
"예."

"그리고 한 가지 약속할 게 있어. 아이들과 학교에서 마주치면 모른 척 한다거나 절대로 피해서는 안 돼. 마주치면 여러 말 하지도 말고 그냥 밝은 표정을 지으며 가볍게 손을 들어 '안녕?'하고 평범하게 인사하고 지나가는 거야. 내 말 무슨 말인지 알겠지?"
"예"

명진이는 듬직한 체구에다 얼굴이 토실토실하고 눈매가 선한 얼굴을 가진 아이였다. 어린아이지만 자신의 잘못을 알고 어떻게든 관계회복을 해보려고 노력하는 아이로 보였다. 명진이 어머니도 내 말에 적극 찬성을 하면서 고마움을 표시했다.

며칠 후 고소사건을 처리하기 위해 엄마들을 설득시켜 동민이, 서민이, 남민이를 출석시켜 피해진술을 받았다. 의외로 엄마들의 염려와는 다르게 아이들이 의젓했다. 나는 아이들에게 명진이는 너희들을 괴롭힌 만큼 법원 판사에게 불려가서 응당한 처분을 받을 것이라며 안도시켜 주었다.

그 후 일은 순조롭게 진행되어갔다.
명진이는 내가 기대했던 것 이상으로 예쁜 편지지에 정성스럽게 편지를 써 왔고, 그것은 아이들 엄마 손을 거쳐 세 아이들에게 각각 전달되었다.
예상했던 대로 아이들은 명진이의 편지에 답장을 하진 않았다.
하지만 학년이 바뀐 후 마음의 깊은 상처는 약간씩 치유되어 가는 듯했다. 그것은 학교 담임선생님과 교장선생님을 통해 아이들이 학교생활에 잘 적응하고 있다는 소식을 전해 들음으로써 알 수 있었다.

두 달쯤 지났을 때, 엄마들이 케이크를 사들고 퇴근 무렵에 나를 찾아왔다.
그것은 아이들이 학교생활에 잘 적응하고 있다는 것에 대한 감사의 표시였다.

무엇보다 명진이 부모에게 적정한 기회에 세 엄마들을 따로 만나 명진이 때문에 아이들이 다시 한 번 힘든 일을 겪게 되는 일이 있다면 그 때는 자진해서 전학을 시키겠다는 의사표시를 하라고 코칭했는데, 부모들과의 대화가 잘 이루어진 것 같았다.

이 사례는 학교폭력은 어른들의 관점에서 해결하려고 하면 절대로 해결할 수 없다는 것과 어른들의 감정을 배제하고 순수 아이들의 입장에서 화해와 용서를 통한 성공사례를 시사한 것이다.

이 사례를 계기로 나는 학교폭력으로 접수된 모든 가해자들에게 손편지를 써서 피해자에게 전달하는 시스템을 정착시켰다. 그 편지는 반성문과도 같은 것이며 자신의 범행을 인정하는 자인서와도 같은 것이며 피해자에게 진심으로 사과하는 사과문과도 같은 것이었다.
그리고 내 앞에서 손편지를 쓴 아이들은 다시는 학교폭력을 저지르지 않았다.

편지..
까마득히 먼 옛날 말처럼 들린다.
편지라는 용어와 함께 떠오르는 기억은 황토색 큰 가방을 둘러메고 배달 다녔던 우체부 아저씨, 지금은 흑백영화에서나 볼 수 있는 광경이지만 아저씨들이 배달했던 손편지 속에는 멀리 떨어져 사는 가족 간의 애틋한 사랑이 들어 있고 친구간의 우정이 들어있고 사제간의 존경심도 들어있었다. 평범해 보이는 손편지 속에 말이다. *hee*

열여섯 번째 • 이야기

산을 그리는 리더

2014년 4월

산에서는 절대 하지 말아야 할 거짓말이 있다.
그것은 바로 "다 왔어요, 조금만 가면 돼요."이다.

"정상이 얼마만큼 남았어요?"라는 질문은 그 산을 처음 오르는 사람들이 힘들어 지쳐있을 때 하산하는 사람들과 마주치면서 주로 던지는 질문이다.
질문을 받은 대부분의 사람들은 이렇게 말한다.
"다 왔어요, 조금만 가면 돼요."
그 말 속에는 아직 남아 있을 힘을 펌프질해 주고 싶은 격려의 말이 내포되어 있을 수도 있지만, 그 말을 곧이곧대로 듣는 상대방의 입장에서는 정상이 코앞인 줄 알았던 기대감이 무너져 발걸음이 더 무거워질 수 있다.

얼마 전 북한산 정상에 올랐다가 하산하는 길에 실제로 어떤 가족을 보았다.

초등학교 2학년쯤 되는 아들을 데리고 온가족이 산을 오르고 있었는데 뒤따라가던 아들은 바윗돌 위에 널부러진 채 앞서가는 아빠에게 묻는다.

"아빠, 얼마만큼 더 가야돼요?" 힘들고 투정섞인 말투가 역력하게 들린다.

"다 왔다! 조금만 가면 돼, 빨리 따라와" 하며 아빠는 걸음을 멈추지 않는다.

"히~~잉~~" 아들의 울음섞인 투정이 계속된다.

이 가족은 맛있는 음식을 배낭에 가득 담고 오랜만에 나들이간다는 들뜬 기분으로 집을 나왔을텐데 아들의 투정때문에 서로가 점점 짜증이 날 때가 된 것 같았다.

그 광경을 스쳐지나가면서 본 나는 "아들아 아직 멀었어, 아직 반도 안 왔어, 네 걸음으로 정상까지 가려면 앞으로 두 시간은 더 올라가야 해, 그리고 지금부터는 올라가기 아주 힘든 깔딱고개가 시작되는 지점이란다, 그러니까 천천히 아주 천천히 충분히 쉬면서 쉬엄쉬엄 올라 가야해" 라고 말해 주고 싶었지만 남의 가정사에 끼어드는 것 같아서 애써 모른 척 하고 내려왔다.

10여 년 전부터 나는 '늘뫼사랑'이라는 경찰관 산악회를 구성하여 리더를 맡고 있다. 과거 직장 동호회 열풍이 한참 불었을 때에는 한 달에 한 번씩 관광버스를 대절하여 삼사십 명쯤 되는 회원들을 태우고

1500m이상 되는 '전국 100대 명산' 등반을 십수 회 추진한 적이 있었다. 시간 관계상 사전답사를 하지 못했지만 그 산에 대한 정보를 최대한 수집하여 카페 게시판에 올려놓았고, 회원들은 그 정보를 보고 자신의 체력조건에 맞는지 스스로 진단해 보고 참석여부를 결정했다. 참가한 사람들은 내가 올려놓은 정보를 보고 자기 체력의 완급을 조절했으며 선두, 중간, 후미에는 페이스메이커를 배치해 놓았기 때문에 그 누구도 낙오없는 즐거운 산행이 되도록 추진했었다.

우리는 지인을 따라 산에 갔다가 거품을 물고 힘들게 다녀왔다는 사람들의 얘기를 종종 들어본다. 얘기를 듣다 보면 리더 역할을 했던 사람은 동행인들의 체력이나 등반 실력을 고려하지 않은 채 자기가 올라가면 다 따라 올 수 있는 줄 알고 난이도가 높은 산행코스를 선택했다. 그리고 속도 내어 앞장서서 가 버리니 멋모르고 따라갔던 동행인들은 뒤처지지 않으려고 전력을 다해 따라간 것을 알 수 있었다. 나름 자존심이 있어서 저질체력이라는 말을 듣지 않으려고 안간힘을 다해 따라붙었을 텐데 산행을 자주 하지 않는 사람의 입장에서는 얼마나 힘이 들었겠는가?
산이란 사람들에게 배려를 가르치는 곳이라는 것을 잊지 말아야 한다.

산이 주는 경험으로 우리는 '리더'의 역할을 생각해 볼 수 있다.
진정한 리더는 앞서가지 않고 뒤에서 앞을 조정하는 자이다.

'리더'는 어떤 프로젝트를 추진하려고 할 때 산 전체의 큰 그림을 그려야 하고 그 속에서 팀원들이 해야 할 명과를 세부적으로 부여해주어야 한다. 그리고 중간 중간 어디까지 왔는지, 앞으로 어떤 과제가 남아 있는지, 그 과제를 수행하는데 있어서 넘어야 할 산은 없는지 중간 검토를 통하여 팀원들이 지치지 않고 목표를 향해 나아갈 수 있도록 끊임없는 에너지를 공급해주어야 한다. 또한 개인에게 부여된 명과가 한쪽으로 편중되어 있지 않도록 세심하게 살펴볼 필요도 있다. 이때 주의해야 할 점은 팀원들의 마음을 얻어야 한다는 것이다. 팀원들의 마음을 얻지 못하면 아무리 좋은 프로젝트라고 할지라도 그 과제를 끝냈을 때는 성취감에서 오는 기쁨이 아니라 고생만 했다는 낙담을 들을 수가 있고 더 이상 '리더'를 신뢰할 수 없는 불협화음을 자아낼 수도 있다는 것을 명심하자.

내가 지역 경찰을 관장하는 생활안전과장을 맡고 있을 때, 어떻게 하면 250여명의 지역 경찰이 초긴박한 112업무를 한 치의 실수도 없이 능수능란하게 처리해낼 수 있을까 하고 고민 한 적이 있었다.

도움을 요청하는 112신고내용이 하도 다양하고 천차만별이라 거기에 즉시 대응하고 처리해야 하는 지역 경찰은 그야말로 '만능경찰'이 아니면 해낼 수 없는 업무다. 하지만 지역 경찰을 '만능경찰관'으로 만들기에는 현실적으로 그렇게 많은 시간이 주어져 있지 않다.

지역 경찰은 근무교대 전 약 30분 동안 전前근무팀과의 업무 인수인계 및 지구대장으로부터 업무교양을 받고 현장에 나가는데, 만약 그 시간에 112신고가 떨어지면 교양받을 시간조차 없이 바로 나가야 한다. 순찰차량을 타고 치안현장으로 나가면 112신고처리 및 범인검거, 범죄예방을 위한 순찰활동이나 교통 단속, 방범지도 등 현장에서 할 일이 너무나 많다. 그렇기 때문에 흔들리는 차속에서 짬을 내어 업무지식을 공부한다는 것은 거의 불가능한 일이다.

다만 하루일과 중 순번에 따라 2시간정도 상황근무(내근)가 주어지는데, 이때 짬짬이 지시공문 열람도 하고 통합포털시스템에 접속하여 알고 싶어 하는 사건사례를 검색하여 다른 사람들이 올려놓은 게시물을 통해 공부를 할 수도 있겠지만, 상황근무에는 상황유지라는 기본업무가 있기 때문에 공부에만 전념할 수도 없는 노릇이다.

하지만 국민들은 지역 경찰이 이토록 시간에 쫓기는 근무환경에 처해 있다는 것도 모른 채 언제 어느 때 어떤 사건이 주어지더라도 즉시 처리할 수 있는 상황별 대응지식을 충분히 갖추고 있다고 믿고 있다.

경찰청에서도 수많은 업무메뉴얼을 만들어서 내려보내 주고 있고 경찰 내부망인 통합포털시스템에도 업무에 유익한 자료들을 많이 게시해 놓고 있지만, 지역 경찰이 이것을 적극적으로 활용하지 못하는 이유는 바로 위에서 설명한 바와 같이 시간성의 한계와 접근성의 한계가 있었다.

나는 이런 점을 염두에 두고, 누구든지 상황근무 자리에 앉으면 바로 손에 잡힐 수 있는 위치에 꼭 열람을 해야 할 필수교재를 만들어 주어야겠다는 구상을 하게 되었다. 그리고 먼저 큰 산을 그려 보았다.

그 산의 이름을 〈지역경찰 애매한 112신고처리 100선〉이라고 붙여

보았다. 이것은 112신고 현장에서 처리하기 애매한 내용 100가지를 발췌하여 묶어놓은 업무 매뉴얼의 일종이다.

　가급적 빠른 시일 안에 이 책을 발간하기로 마음먹고 우리 과 전체 직원 열 명을 한 자리에 불러 모아 내가 그린 큰 산의 그림을 소개했다. 그리고 도와달라는 부탁에 앞서 발간하려는 취지를 설명하고 자발적인 동참을 기대했다.

　막연히 아무것도 없는 무無에서 책을 만들자고 요구했다면 직원들의 반응은 시큰둥했을 것이다. 그 이유는 첫째, 책을 만드는 일은 그들이 해야 할 기본업무가 아니고, 둘째, 연구와 노력에 드는 시간적 비용이 크기 때문이고, 셋째 인센티브도 없는 희생을 해야 치러봐야 얻어낼 실익이 없기 때문이다.

　하지만 생활안전과장 직책을 맡은 나로서는 지역경찰 교육의 책임도 있다. 교육을 위해 업무편람을 만드는 일이 강요되는 것이 아니었다 해도 내가 필요하다고 생각한 이상 반드시 만들어야겠다는 사명감이 되어 다가왔다.

　책을 만드는데 있어 직원들의 부담을 최소화 시켜주기 위해 오랜 시간 심혈을 기울여 통합포털 지식관리시스템에서 검증된 게시물 중 지역경찰관들이 현장에서 가장 많이 접하면서도 착오를 일으키기 쉬운 법률과제 수십 개를 엄선하고, 과거 지구대장 역임시절 직원들이 애매하게 생각하며 처리했던 사건이나 오류를 범하기 쉬웠던 사례들을 생각해 내어 첨가시키고, 112신고 중 우리지역에서만 특히 문제되는 사항들을 발췌하여 이 지역실정에 맞는 처리방법을 게시하는 내용으로 100가지를 뽑아보았다.

그리고 열 명의 직원들에게 10개 과제씩 고루 나누어주고 다시 설명하였다. 직원들의 입장에서는 내가 70%이상 초안을 잡아 놓았기 때문에 그들이 부여받는 명과는 그다지 어려운 과제도 아니고 많은 시간이 소요되는 작업도 아니기 때문에 스스로 동참하겠다는 뜻을 모아주었다.

오랜 시간이 걸리지 않아 책은 완성되었다. 직원들은 각자 맡은 과제에 대하여 꼼꼼히 검토하고 새로운 판례의 삽입, 오류의 정정, 타기관과 협업해야 할 과제에 대하여는 당해 기관의 담당부서 뿐만 아니라 담당자명, 전화번호와 처리절차까지 상세하게 기록하여 주었다. 완성 마지막 단계에서 나는 참여했던 직원들과 단체사진을 찍고 이를 책 첫머리에 올렸다.

이렇게 출간된 책은 지역경찰관서 상황근무자 책상위에 항상 펼쳐져 있는 기본 매뉴얼이 되었고, 지구대장이나 파출소장은 조·석회시간에 직원들 교양과제로 활용했으며, 지역 경찰에게는 바쁜 시간을 쪼개어 애써 통합포털시스템이나 각종의 업무편람을 찾아보는 수고스러움도 덜어졌다.

책 출간에 참여했던 직원들도 자신들의 작은 수고가 모여 보다 큰 역할을 할 수 있었던 것에 감동했고, 책이 출간되는 과정도 경험해볼 수 있는 좋은 기회였다며 이는 어떤 인센티브 보다 훨씬 값진 새로운 경험이었다는 것에 모두 흡족해하였다.

- 검문검색 중 벌금수배자를 발견하여 경찰서로 임의동행을 요구한 바, 이를 거부하여 연행하려고 하자 경찰관에게 거칠게 항의하면서 연행을 거부하는 경우 수갑을 채워 강제연행할 수 있는가요?
- 폭행 현장에서 피의자를 임의동행으로 지구대로 데려왔는데, 막상 지구대로 와서는 임의동행에 응한 자가 조사를 받기를 거부할 경우 현행범 체포를 할 수 있을까요?
- 특수절도로 지명수배된 자를 긴급체포 하였는데, 피의자가 자꾸 타인과 전화를 하는 경우 이를 금지하거나 강제로 끊을 수 있을까요?
- 보이스피싱은 피해자의 피해를 회복하는 것이 가장 중요한데, 피해를 최소화할 수 있는 초동조치 요령은 어떻게 되나요?
- 도로를 무단 횡단하는 고등학생(만17세)를 적발하였습니다. 경범죄처벌법에서는 18세미만자에 대하여 통고처분을 할 수 없는데 도로교통법상 통고처분에도 적용이 되는 것인가요? 〈주로 이러한 내용들로 구성되어 있다〉

위 사례는 리더의 역할을 설명하기 위한 한 가지 예시에 불과하다.

내가 재차 강조하고 싶은 것은 리더는 팀원들의 마음을 얻어야 한다는 것이다. 우리는 어떤 프로젝트를 추진함에 있어 산을 먼저 뛰어 올라간 실패한 리더가 되지는 않았는지 생각해 볼 일이다.

내가 생각하는 리더의 역할
- 리더는 큰 산을 그릴 줄 아는 능력을 가져야 한다.
- 리더는 그것을 추진하게 된 배경 혹은 추진할 수밖에 없는 사정에 대하여 설득력 있게 설명할 줄 알아야 하고 공감대를 형성시킬 줄 알아야 한다.
- 리더는 팀원이 하는 일이 기대에 미치지 못했더라도 절대로 질책해서는 안 된다. 그 대신 동기부여를 새롭게 시켜 주거나 더 잘할 수 있는 일을 찾아서 명과를 바꿔주어야 한다.
- 마지막으로 칭찬을 아끼지 말고 마음껏 칭찬해 주어야 한다.

우리는 어떤 형태로든 리더의 자리에 설 수 있다. 리더의 역할과 마인드가 사석이라고 다르고 공석이라고 다를 것도 없다. 지금 나에게 리더의 기회가 왔다고 가정해 보자

팀원들로부터 "아 정말 멋져요"라는 환호를 받을 수 있도록 내가 보아왔던 훌륭한 리더상(象)을 롤-모델로 가슴에 새겨두고 그 분의 리더십을 익혀보는 것은 어떨까. *hee*

열일곱 번째 • 이야기

무전기에서
　　시가 흘러요

2014년 3월

지역 경찰 여러분! 반갑습니다. 생활안전과장입니다.
잠시 순찰을 멈추고 하늘을 보아요.
요 근래에 이렇게 맑고 파란 하늘을 본 적 있나요?
오늘 여러분들의 마음 속에도 파란 하늘이 물들기를 바라면서,
아름다운 시 한 소절 선사합니다.

꽃이 향기로 말하듯
우리도 향기로 말할 수 있었으면 좋겠다
내 한마디의 칭찬이
그 사람의 하루에 기쁨이 될 수 있고
내 한마디의 위로가
그 사람의 가슴에 행복이 될 수 있다면
오늘, 나의 하루도 꽃처럼 향기로울 것이다.

무전기 사용시에는 규칙상 음어만을 사용해야 하고 필요한 교신 외에는 삼가 하도록 되어 있음에도 불구하고, 오전 10시가 되면 나는 무전기를 잡고 감미로운 음악을 들려주며 시를 낭송했다.

현장의 경찰관들은 생전 들어보지도 못한 시낭송이 무전기를 통해 흘러나오자 처음에는 생소하고 이래도 되나싶을 정도로 의아해 했으나 하루하루 지날수록 오전 10시를 기다리는 직원들이 늘어났다. 마치 라디오를 듣는 기분으로 감미로운 음악과 함께 들려오는 시를 감상할 수 있어 하루를 시작하는 아침이 즐겁다고 했고, 시의 구절이 퇴근 때까지 머릿속에 맴돈다고 했다. 그리고 112처리 현장에서 괜한 시비로 경찰관을 힘들게 만드는 사람을 만나도 스트레스를 덜 받는 효과가 있다고도 했다. 이것이 바로 진정 내가 원하는 효과였다.

시낭송을 시작하면서 정말 우스웠던 일이 생각난다. 시를 낭송한 후 "오늘의 시가 어떠셨나요? 순 스물하나, 순 마흔이 대표로 응답해보실까요?" 라고 했더니 순21호가 대답하기를
"순 스물하나 종수독점"이라며 습관적인 문전응답을 하자 40호도 따라서
"순 마흔 종수독점"이라고 해 속으로 얼마나 웃음이 나왔는지 모른다.
무전기로 시를 낭송하는 것이 처음 있는 일이었으니 갑작스런 질문에 그렇게 응답하는 것이 이해못할 일도 아니었다.
그리고도 여러 번 "종수독점" 이라는 응답이 흘러나오다가 듣는 사람들도 이게 아니다 싶은 생각이 들었는지 일주일쯤 지난 어느 날 한 사람이

"과장님, 좋았어요, 오늘 하루 활기차게 시작하겠습니다. 모두 파이팅 하세요."라고 대답한 것을 시작으로 "종수독점"이 사라지게 되었다.

그후부터는
"과장님, 감사합니다. 오늘도 지역주민들과 함께 살갑게 지내겠습니다."
"과장님, 시낭송 잘 들었습니다. 여러분! 오늘 하루도 즐겁게 보내십시오."
응답소리가 활기찼고 굳게 닫힌 감성의 문이 조금씩 열리는 것 같았다.

심지어 무전기를 함께 듣고 있던 교통경찰이나 강력계 형사들도 오늘의 시낭송이 최고였다며 감사하다는 응답과 함께 서로를 격려하는 응답이 흘러나왔다.

시를 낭송한 후에는 짧은 멘트로 업무지시도 겸했다. 시 낭송과 함께 듣게 된 업무지시의 숙지효과는 평상시보다 배가 되었다.

국민들이 경찰에 바라는 치안만족의 수준은 사건처리의 신속과 공정의 범위를 넘어서 '인간적인 경찰'을 원하는 시대에 와 있다. 우리는 현재의 틀 속에서 벗어나 스스로 감성화 되지 않으면 국민들의 욕구를 충족시키지 못해 우리 스스로가 힘들어지고 일에 대한 스트레스를 받으며 결국 행복하지 못한 삶을 살 수도 있다.

이제는 감성을 지닌 경찰만이 살아남을 때다.

그리고 '감성경찰'은 분명 '책임경찰'을 낳을 것이라고 생각한다.

경찰청이나 각시도 지방경찰청에서도 큰 틀을 가지고 감성 있는 경찰관으로 변화시키고자 많은 노력을 하는데, 여기에 일선의 가장 밑바닥에서 스스로 움직이는 미세한 힘들을 간과하지만 않는다면 머지않아 더 빠르게 변화할 수 있을 것이라고 본다.

직원들을 감성화시키는 작업은 내가 파주경찰서 생활안전과장으로 근무하는 2년 동안 지속되었고 이것은 모험과도 같은 일이었으며 나의 작은 몸짓이 경찰조직에 큰 회오리바람을 일으킬 수 있는 '나비효과'를 기대했다.

우리는 12만이라는 거대한 경찰조직이다. 이 많은 사람 가운데는 재능을 가진 사람이 숱하게 많을 수 있다. 나보다 시낭송을 잘하는 사람이 있을 수 있고, 노래를 잘하는 사람, 악기를 잘 다루는 사람, 연기를 잘 하는 사람, 춤을 잘 추는 사람, 사회 진행나 MC를 잘 보는 사람 등 예능적 소질이 있어 감성을 자극하는데 충분한 기량을 발휘할 자원이 충분히 있을 것으로 생각이 된다. 우리 조직은 그런 재능을 가진 사람들을 발굴하여 인력풀을 구성하고 기회가 있을 때 활용해야 한다. 나는 내가 가진 이 자그마한 재능이 필요한 곳이라면 어디든지 마다하지 않고 어느 곳에서나 활용되고 싶은 사람이다.

나는 시낭송 외에도 소속 직원들을 감성화시키기 위해 다각적인 노력을 많이 했는데, 감성을 방해하는 요소는 뭐니 뭐니 해도 마음에 감성이 스며들 여유조차 없는 격무에 시달리는 근무환경이라고 생각했다.

그래서 치안수요가 많아 기피하고 있는 지역 관서 4곳을 선정하고 이곳에서 근무하는 직원은 다음 인사 때 최우선적으로 제1순위 희망지로 보내 주겠다고 약속했다. 그것은 이미 그렇게 해왔어야 했던 일이었으나 복합적인 사정에 의해 혜택을 받지 못했던 일부 직원들도 있었는데 예외 없이 100% 보장을 해주겠다고 하니 직원들은 희망을 가지고 즐겁게 근무함으로써 감성이 스며들 마음을 열어주는 계기가 되었다.

그리고 오랜 관습으로 인한 계급사회의 성격상 상하간 보이지 않는 벽이 형성되어 있는데, 이 벽은 상급자가 먼저 따뜻한 모습을 보여야만 허물 수 있음을 알았다. 그래서 직원들이 출출한 시간대를 골라 야간순시를 하면서 체면 무시하고 눈에 보이는 데로 따끈따끈 갓 구워낸 붕어빵 한 봉지를 사 가지고 들어가서 나눠먹었고, 여름철이면 시원한 아이스크림을 사서 녹기 전에 재빨리 순찰 근무자들을 불러서 함께 나눠먹었으며, 어린아이 키높이만큼 많이 들어있는 빵과자를 사서 매직펜으로 '졸음예방약'이라는 글자를 익살스럽게 새겨넣고 보내주었더니 전체 팀들이 일주일 이상을 먹었다고 한다. '먹으면서 정든다'는 옛말이 틀리지 않구나 하는 생각을 하며 여기에도 시 한수 낭송하는 것도 빠질 수없는 메뉴가 되었다.

나는 승진 임용식이나 퇴임식, 각종 행사 때 시낭송을 자처해서 들려주었고 심지어 당직자 집합 교양 때에도 깜짝 이벤트로 짤막한 시를 선사했고 직원들의 생일 축하파티나 신입 직원들이 내 방을 방문했을 때에도 부지런히 시를 전파하기에 바빴다.

직원들은 까칠해 보였던 나의 소탈한 성격에 매력을 느끼는 것 같았고, 때문에 나의 감성화 작업은 스폰지처럼 거부반응없이 **빠르게** 스며들었던 것으로 생각한다.

그런데 감성화 작업은 나 혼자만 한 것이 아니었다.
그 때 과장으로서 함께 근무했던 이행택 청문감사관께서도 성실히 근무한 직원들을 발굴하여 직접 장려장을 들고 찾아가 전수하고 따뜻함을 나눔으로써 청문과의 벽을 허물었는데 직원들이 참 좋아하며 일명 '발 달린 장려장'이라는 이름도 붙여주었었다.

야간에만 운영되는 '다기능임시목검문소' 현장에도 이색적인 모습이 드러났다. 본서에서 순시나간 간부들의 손에는 근무감독 사항을 관찰하고 근무일지에 싸인할 수 있는 볼펜 한 자루가 아니라, 추위를 이겨낼 수 있는 따끈한 유자차, 꿀차, 대추차 등이 담겨있는 보온물병이었고 야식용 빵이나 통닭까지 등장했다. 직원들은 자신들을 격려하고 성원하는 간부가 있다는 든든한 힘을 믿고 영하 10도를 밑도는 맹추위에도 아랑곳하지 않고 정말로 열심히 근무를 하였다. 이 얼마나 아름답고도 감동스러운 장면이던가?

거기에 '금상첨화' 격으로 지휘관으로 계셨던 조용성 서장께서도 파주경찰서 밴드를 전국 최고로 꼽힐 만큼 소통의 장으로 활성화시켜 놓은 덕분에 아름다운 얘기는 밴드를 타고 500여 명 되는 전직원들에게 속속들이 전파되었다.

'감성경찰'은 마음이 열려야 비로소 느낌으로 만들어지는 것이지 교육으로 만들어지는 것이 아니다. 일선의 작은 움직임은 머지않아 전국 경찰을 바꾸어 놓을 것이다. 이렇게 만들어진 감성경찰은 우리가 접촉하는 선량한 시민들에게는 다정다감한 모습으로, 법적 제지를 당하는 대상자에게는 인권옹호의 모습으로 제 역할을 다하고 국민에게 끝까지 책임을 다하는 책임경찰이 될 것임을 의심치 않는다. *hee*

열여덟 번째 • 이야기

닭장 고치는 경찰관

2015년 12월

집에서 기르는 닭을 도둑맞았다는 신고가 있었다.

신고자는 구순을 앞둔 어르신 부부. 전형적인 촌부 어르신이 사는 집 주변은 도시화가 빠르게 진행되어 새로운 도로가 생겨나고 외지사람들이 이주해 와 군데군데 깨끗한 전원주택을 지어 살고 있었다.

그 곳에서 조금 떨어진 도로가에는 상가 밀집지역이 형성되어 있는데 밤에는 제법 화려한 빛을 발하는 네온사인 간판의 불빛들이 그 곳이 새로 개발된 지역임을 나타냈다. 그리고 그 지역을 지나는 차량 통행량도 많아지고 주민수도 늘어나다 보니 112신고도 적잖게 들어오는 지역으로 변했다.

그럼에도 노부부는 오륙십 년이 훌쩍 넘은 낡은 건물을 그대로 고수하며 살고 있었는데, 울타리를 대신하는 고추며 파, 상추를 심은 텃밭이 노부부의 집 경계를 표시해 주고 있었다. 잘 지어놓은 전원주택으로 들어가는 사람들의 눈에는 동네 초입에 자리 잡고 있는 허름한 이런 집들이 동네 땅값을 올리는데 장애가 된다고 생각했을 법도 하다.

이 동네에는 노부부처럼 반생을 함께 해 온 집들이 아직도 많이 남아 있고 그 집들은 노부부가 이생을 다 하는 날까지 함께 존재할 집들로 보인다. 자녀들은 성장하여 모두 도심지로 떠났기 때문에 손주 같은 아이들은 보이지도 않으며 전원주택으로 들어가는 고급자가용 외에 보이는 것은 허리 굽은 어르신들뿐이다.

이 지역을 담당하는 파출소 경찰관들은 매일 매일 순찰을 돌면서 동네 어르신들의 안위를 확인하는 일을 하루도 거르는 날이 없다. 날이 따뜻해지면 텃밭에 나와 자식 돌보듯 농산물들을 보살피는 할아버지 할머니와 큰 나무 정자아래 넓은 평상에 앉아 계시는 할아버지 할머니들의 안색을 살피고 '오늘은 누가 안보이네요, 어디 아프신 건 아닌지요?' 하며 걱정해 주는 경찰관을 동네 어르신들은 자식만큼 좋아하고 아껴주신다.

또한 경로당에 방문하여 무단횡단하지 마세요, 모르는 전화가 와서 통장 어쩌구 저쩌구 하면 듣지도 말고 그냥 끊어 버리세요, 불조심 하세요, 어두워지면 밝은 옷을 입고 다니시고 웬만하면 차가 다니는 도로에는 나가지 마세요 하며 자전거나 오토바이, 경운기에 야광 반사띠를 직접 붙여주는 경찰관들은 도심지에서는 보기 드문 농촌 지역을 담당하는 경찰관들의 모습이다.

닭을 도둑맞았다고 신고한 어르신의 닭장은 집 뒤뜰 얕은 야산과 이어진 곳에 붙어있었다. 신고한 시간은 밤11시쯤이었고 어르신은 닭 우는 소리가 요란해서 밖으로 나와 보셨다고 했다. 아침에 눈을 뜨면 닭 모이 주는 일부터 하루를 시작하는데 스무 마리쯤 되는 닭이 며칠 전부터 한 마리씩 없어지더란다. 오늘은 도둑놈이 멀리 가지 않았을 것이라며 꼭 잡아달라는 부탁과 함께 신고를 했던 것이다.

현장에 도착한 경찰관이 닭장 주변을 이리저리 살펴보아도 사람이 침입한 흔적은 없어 보인다. 평소 닭장 출입문을 자물쇠로 채우고 있었던 할아버지, 자물쇠도 잠겨 진 상태 그대로이고 열쇠도 원래 걸려있던 못에 그대로 걸려 있다. 경찰관은 랜턴을 들고 닭장 철망을 이리저리 살피다가 "앗 여기요" 하며 할아버지를 불러 구멍이 난 곳에 빛을 비쳐 보여드린다.

"어르신, 여기 보이시죠? 여기 구멍이 나 있는 것을 모르고 계셨군요. 이쪽 야산에서 들고양이 같은 짐승이 내려와 닭을 물고 갔을 거예요"

날씨는 영하 10도를 오르내리며 을씨년스럽게 춥기도 추운 겨울밤이었다. 사람이 닭을 훔쳐간 것은 아닌듯하여 어지간하면 널빤지를 찾아 구멍 주변에 대충 갖다대고 상황을 종료시켰을 법도 한데, 김경사는 시린 손을 호호 불어가며 철사와 펜치를 찾아서 구멍이 난 철망을 원래의 모습보다 더 꼼꼼하게 이어주었다.

그는 노부부가 눈이 어둡기 때문에 날이 밝더라도 닭장을 꼼꼼하게 고치지 못할 것을 짐작했기 때문에 최선을 다한 것이다.

   이 이야기는 함께 출동했던 동료 경찰관이 '닭장 고치는 김 경사'라는 제목으로 작업하는 뒷모습을 사진 찍어 경찰서 밴드에 올려놓았고, 이어서 내가 도농복합지역에서 활동하는 평소의 경찰관 모습을 첨가하여 스토리텔링으로 꾸민 이야기이다.

   김 경사는 진정한 감성경찰이고 책임경찰이다.
   김 경사의 마음 속에는 시가 흐르고 음악이 흐르고 따뜻한 인간미가 흐른다.
   김 경사는 타인에게 행복을 주고 더불어 자신도 행복을 얻는 경찰이다.
   김 경사가 바로 국민이 바라는 경찰이다. *hee*

열아홉 번째 • 이야기

갑질체험

파출소나 지구대에 앉아 있으면 괜히 와서 시비를 하고 말도 안 되는 요구를 하는 사람들이 더러 있다. 이런 사람들을 가리켜 우리는 은밀하게 C급이라고 부른다. 그들은 주로 술을 먹고 와서 행패를 부리는데 경찰관은 이들에게 몇 차례 귀가종용을 하거나 주의경고를 주다가도 안 되면 '관공서주취소란죄'로 형사입건하기도 한다.

지역 경찰관서와는 달리 본서라고 하는 경찰서에서는 술먹고 행패부리는 C급은 찾아볼 수 없다. 다만 자신들이 요구한 민원업무가 자신들에게 유리한 방향으로 나아가지 않을 때 불만을 제기하는 사람들은 더러 있다. 행정절차나 사법절차, 사건수사의 처리과정 및 종결사유를 잘 알아듣도록 설명을 해주어도 이를 무시하고 경찰관을 집요하게 따라다니면서 따지거나 국민신문고 또는 인권위원회에 제소하기도 하고 사이버상에서 불만을 토로하기도 하며 언론이나 방송사 기자들에게 전화하여 제보를 시도하는 등 다양한 방법으로 자신들의 주장을 표출한다.

내가 근무했던 모 지역에는 벌써 10년째 경찰서뿐만 아니라 검찰청사 주변에 플래카드를 걸어놓고 1인 시위를 하는 어머니가 있다. 10년 전 자신의 딸이 고층건물 옥상에서 투신했는데 경찰은 타살 혐의가 없다하여 자살로 종결지었고, 어머니는 딸이 자살할 이유가 전혀 없었다는 이유로 수사를 처음부터 다시 해달라는 요구다. 어머니는 수사를 담당했던 경찰관이 발령을 받아 이동하는 곳마다 집요하게 따라다니며 정문 앞에 플래카드를 걸어놓고 1인 시위를 해왔고 그 경찰관은 얼마 전 정년퇴직을 맞이하여 조직을 떠나면서 "지난 10년 세월은 악몽과도 같은 세월이었다. 오늘은 바로 그 해방을 맞이하는 날이다"라며 짧게 소감을 말하고 떠났다. 그럼에도 불구하고 어머니는 지금도 경찰서 정문 앞에 플래카드를 걸어놓고 화물차에 확성기를 달아 곡소리를 울리며 시위중에 있다.

새로 발령받아 오는 경찰서장마다, 형사과장마다, 청문감사관마다 '이게 무엇이냐'며 처음에는 의아해서 혹여 경찰수사가 잘못된 것은 아니었는가 하는 의혹을 가지고 과거의 기록을 검토해 보면 자살로 종결지은 수사에는 한 점 오점이 없다는 것을 안다.

그럼에도 어머니가 10년 동안 1인 시위를 해 오는 것은 어머니 마음속에는 딸의 영(靈)이 살아있음이다. 그래서 그 딸을 놓아주지를 못함이다. 측은한 생각이 들어 경찰서장을 비롯한 주요 간부들이 어머니를 달래며 '이제는 딸이 편안한 곳으로 갈 수 있도록 놓아주어야 한다'고 해도 어머니는 곡성(哭聲)을 멈추지 않는다. 곡성이 멈추는 날은 어머니가 이 세상을 떠나는 날이 될 것으로 보일 정도로 애절하다.

일흔을 바라보는 어머니는 낮에는 생업에 종사하고 오후에 차를 몰고 와서 어두워질 때까지 어머니의 음성으로 이미 녹음된 곡성을 튼다. 그리고 경찰서 구내식당에서 가끔 저녁식사도 하신다. 지역주민들도 처음에는 곡성에 놀라 112신고가 잦더니 전후사정을 아는지 신고하는 사람도 없다.

어머니는 그렇게 딸의 영혼을 업고 세상을 살아가신다. 참으로 안타까운 일이 아닐 수 없다.

이 사건과는 별개로 어떤 때는 마주치고 싶지 않은 민원인들도 있다. 하지만 한 발짝 떨어져서 민원인의 입장에서도 생각해보자.

요구하는 사항이 안 되는 것을 알면서도 아집으로 몰아세우는 사람들도 물론 있을 수 있겠지만, 때로는 이해를 잘못해서 오해가 생긴 일도 있을 것이다. 그것은 이해를 잘 못하는 사람의 잘못이 아니라 이해를 잘못시킨 공무원에게 책임이 있을 수도 있다.

민원인들은 경찰을 압박할 수 있는 2차 기관을 찾아 해결하려고 할 때까지 경찰을 미워하고 원망하는 마음은 시간이 지날수록 눈덩이처럼 커져갈 것이고, 이와 같은 사례는 경찰서뿐만 아니라 다른 관공서나 서비스업 계통 회사에서도 흔히 일어나는 일이다. 그들은 자신들이 '갑'이라고 믿는다. 틀린 것은 아니다. 민주사회의 주권은 국민에게 있고 서비스업계의 좋은 품질을 제공받아야 할 위치에 있는 사람은 소비자이기 때문에 국민들은, 소비자들은 언제나 갑의 위치에 있다고 인정해주어야한다. 그래야만 다툼없이 '을'의 위치가 정해지지 않겠는가?

갑을(甲乙) 관계가 국민적 관심사로 알려지기 시작한 때는 대한항공의 '땅콩회항'사건이 그 시초였다. 이 사건은 대한항공 회장의 딸이자 대한항공 부사장이었던 조씨가 항공기 내에서 승무원들이 자신에게 땅콩을 제공하는 서비스 태도가 마음에 들지 않는다며 폭언을 하고 사무장을 항공기에서 내리게 하기위해 회항했던 사건으로 이는 한동안 방송 등 언론 매체에 주요 이슈거리로 등장하면서 국민적 질타와 비판을 받았던 갑(甲)질 논쟁의 대표적인 사건이었다.

이 사건을 계기로 머리 좋은 개그맨들이 TV 개그콘서트 일명 '개콘'에 '갑을컴퍼니' 코너를 만들어 사회를 풍자한 유머가 인기를 끌었고 이어서 사회 곳곳에 숨어 있던 갑·을 관계가 대중 앞에 옷을 벗고 나오기 시작했다.
그 후 '갑질'이라는 용어는 국민적 관심을 받는 유행어가 되었고, 메스컴에서 갑질 행위에 대한 보도가 이어지면 그동안 무시당하고 손해를 보아왔던 수많은 '을'들은 마치 자신들의 일인 것처럼 흥분하고 동조하며 메스컴 질타에 대리만족을 느끼면서 속을 후련하게 삭이기도 하였다. 알고 보면 사람은 누구나 다 어떤 상황에서는 '갑'이 되고 어떤 상황에서는 '을'도 되면서도 말이다.

나는 경찰관들이 기피하는 '갑질 민원인'들의 심리를 알아보기 위해 우연한 기회에 갑질체험을 한 적이 있었다. 물론 대한항공 땅콩회항 사건보다 더 오래 전의 일이었다.

어느 날 밤 9시쯤 나는 동네 유명 제과점에서 빵과 우유를 구입했는데, 아침에 일어나 우유를 먹으려고 보니 유통기한이 오늘까지가 아닌가? 그래서 외출하는 길에 오늘 들어온 신선한 우유로 교환해야겠다는 마음으로 우유를 가지고 나가려는데 딸이 영수증을 가져가야 한다고 했다. 나는 영수증을 어디다 두었는지 생각이 나지 않았고 '단순히 교환을 하는 것인데 영수증이 필요한가'라는 생각에 이를 무시하고 우유만 들고 집을 나섰다.

아니나 다를까? 어제 밤 나에게 우유를 판매했던 아르바이트 직원이 내 얼굴을 기억하고 있을 만도한데 영수증을 보여주지 않으면 우유를 교환해 줄 수 없다는 것이다. 참 기가 막혔다. 물론 아르바이트 직원이 나를 기억하지 못했을 수도 있다. 하지만 그곳에서 구입했던 우유는 그 베이커리 고유 브랜드로 포장이 되어 있기 때문에 다른 곳에서는 판매할 수도 없는 제품이었고, 현재 똑같은 포장의 우유가 냉장고에 진열되어 있음에도 영수증 제시를 요구하는 것이 황당하기만 했다.

이때 나는 딸에게 영수증을 찾아 카톡으로 찍어서 보내달라고 하면 간단하게 문제가 해결될 수 있었음에도 불구하고, 이럴 때 어떻게 하면 소비자가, 우리 경찰로 말할 것 같으면 민원인의 감정이 고조될 수 있는지 체험해보고 싶었다.

실제 황당한 기분도 들었기 때문에 나는 영수증없이 막무가내로 우유를 교환해줄 것을 요구했다. 아르바이트 직원은 내가 이해할 수 있는 설명을 하지 못하고 회사의 규칙이 정해놓은 매뉴얼대로 영수증만 요구하고 있는 것이 답답하고 한심했다. 나는 아르바이트 직원의 입장을 충분히 이해하면서도 한발 물러서지 않고 따지는 목소리는 더 커져만 갔다. 알바 역시 지치고 난처한 표정을 지으며 냉장코너 가까이에서 제품을 정리하고 있는 매니저를 힐끗힐끗 쳐다보고 있었는데 이 상황을 매니저가 나서서 해결해주기를 바라는 표정이었다.

나 역시 알바에게 따지고는 있었지만 속마음은 이 점포의 책임자로 보이는 매니저가 나서서 이 상황을 끝내주기를 바라며 목청을 드높이고 있었다.

하지만 매니저는 고객과 실랑이를 하고 싶지 않은 듯 끝까지 나서지 않았다.

얼마의 시간이 지났다. 고객인 나를 화나게 만든 것은 아무 재량권도 없는 알바의 태도가 아니라 상황이 이렇게 소란스러워졌음에도 불구하고 책임자가 나서서 상황을 수습해 주지 않았던 점이라는 것을 깨달았다.

잠시 후 나는 내 감정을 정리하고 스스로 상황을 끝냈다.

나는 알바에게 한 행동을 사과하고 카톡으로 영수증을 전송받아 반품처리 하고 나오면서 제대로 된 갑질체험을 해 본 것에 대하여 만족했다. 그리고 이 상황은 반면교사의 얘깃거리로 만들어 직원들 교양자료로 활용하고 있다.

생각해보자. 우리도 귀찮고 궂은 일이 발생하면 그 매니저와 같이 앞에 나서지 않고 뒤에서 상황이 종료되기만을 기다리는 비겁함을 가지고 있지는 않은가?

한번은 수사과에 경위를 팀장으로 했던 5개 팀 기존 구조를 3개 팀으로 개편하고 팀장을 경감으로 직급 조정하라는 경찰청의 지시가 있을 때 경제2팀장으로 발령받은 적이 있었다. 그때 직원들이 책상배열을 하면서 팀장의 자리를 출입문에서 가장 먼 구석진 곳에 배열하고 있는 것이 보였다. 이유를 물어보니 조사받는 민원인 중에는 조사관에게 불만을 가지고 팀장에게 따지고 드는 사람들이 간혹 있어서 가급적 잘 보이지 않는 곳에 앉으면 좋을 것이라는 공통된 의견이었다.

팀장을 예우하고 배려하려는 직원들의 마음이 참 고마웠다. 하지만 나는 선임 직원에게 '고맙다'는 말을 한 후 그 의사와는 정반대로 출입문 바로 앞에 내 자리를 배열해 달라고 주문했다.
선임 직원은 매우 고달플 텐데 왜 자처해서 그렇게 하는지 이해를 못하겠다는 표정을 지으며 내가 원하는 위치로 배치해 놓았다.

출입문을 열자마자 가장 먼저 보이는 곳에 내 자리가 정해졌고 가급적 나는 아담한 분위기를 연출하려고 최대한 노력했다.
파티션의 높이는 내가 앉아있는 위치에서도 왔다 갔다 하는 사람들의 얼굴이 다 보일 정도로 낮게 세웠고, 파티션 전면에는 누가 보아도 인식할 수 있을 만큼의 크기로 '팀장'이라는 아크릴 명판을 주문해서 붙였다. 한쪽 벽면은 통유리 창으로 되어 있어 사철 해가 뜨고 지는 것이 보였으며 창틀에는 햇볕을 좋아하는 여러해살이 식물을 진열해 놓았더니 사람들의 눈요깃거리도 되었다. 그리고 접대용 원탁 위에는 항상 차(茶)를 마실 수 있는 준비도 마쳤다.

나는 우리 팀으로 배당된 사건의 민원인을 1차면담을 하며 사건을 신속 공정하게 처리 할 것이라는 신뢰감을 갖게 한 뒤 담당자에게 안내했고, 사건이 접수된 시점부터 송치시점까지 하루 종일 KICS에 접속하여 '수사지휘서'를 작성해주며 단 한건이라도 무성의하게 처리하는 일이 없도록 철저한 지도를 했다.

내가 출입문 바로 앞에 앉아 있었어도 민원인이 수사에 불만을 품고 팀장에게 항의하고 따지고 하는 등의 직원들이 우려했던 일은 단 한 번도 발생하지 않았다.

일 년쯤 지나 새로운 서장이 부임해 왔다.
취임식이 끝나고 각 사무실을 시찰하던 중 우리 사무실에 들어와 내 자리를 보고는 이색적인 자리 배치에 놀라는 모습을 보였다.
"아니 왜? 팀장의 책상이 출입문 앞에 있죠? 불편하지 않아요?"
"아닙니다. 출입문 앞에 있으니까 오고가는 민원인들을 다 볼 수 있고 선제적인 조치를 할 수 있어 더 좋습니다" 라고 했더니 적잖게 놀라는 것 같았다.

그런 일이 있고난 후 보름쯤 지났을까? 서장님께서는 각 과의 모든 계·팀장의 자리를 출입문 앞으로 재배치하라는 하명을 하셨다. 많은 계·팀장들이 불만을 드러내면서도 서장님의 하명사항이니 어쩔 수 없이 자리를 옮겨 앉게 되었고 부청문관에게는 하명사항을 제대로 이행하는지 확인하라는 명도 내리셨다. 그러면서도 서장님께서는 자리이동이 나로 인한 것이었음을 표명하진 않으셨다. 그것은 불만을 드러내는 사람들로부터 나를 보호해 주려는 차원이 아니었던가 하는 생각을 했는데, 조직관리력이 합리적이고 누구에게나 친근하며 따뜻했던 손서장님의 존함을 기억한다.

오랜 시간이 지나도 나는 유명 베이커리 매니저의 일을 잊지 못한다. 그 곳에서의 갑질체험은 내가 경찰조직 관리자의 한 사람으로서 책임을 회피하지 않고 소신껏 직무를 수행할 수 있게 했던 값진 교훈이었으니까 말이다. *hee*

봄이에게

박치성

민들레가 어디서든 잘 자랄 수 있는 건
어디로 데려갈지 모르는 바람에
기꺼이 몸을 실을 수 있는
용기를 가졌기 때문이겠지

어디서든 예쁜 민들레를 피어낼 수 있는 건
좋은 땅에 닿을 거라는 희망을 품었고
바람에서의 여행도 즐길 수 있는
긍정을 가졌기 때문일거야

아직 작은 씨앗이기에
그리 조급해하지 않아도 괜찮아
그리 불안해하지 않아도 괜찮아

넌 머지않아 예쁜 꽃이 될 테니까

o6
°육아문제로 고민하고 힘들어하는
　후배들을 격려하는 詩

아이를 키우는 젊은 엄마들에게 90°로 고개 숙여 인사하며 여왕처럼 떠받들어 주세요. 그들은 지존하신 분들이예요.

스무 번째 • 이야기

여성기피현상

여성기피현상은 30년 전이나 30년 후나 달라진 것이 없다.
그 이유를 한마디로 표현한다면「여성과 육아」의 연결고리 때문이다.

알고 보면 우리나라의 경제가 발전하도록 토양을 제공한 것은 자식을 많이 낳아준 이 땅의 어머니들이 일등공신이라고 해도 과언이 아닐진대 어찌하여 극진한 대접을 받아야 할 임신 중인 여성, 출산 후 1년 미만의 여성, 미취학 자녀를 둔 여성이 사회구성원으로서 여성기피현상의 핵심에 앉아 있는지 참 안타까운 일이 아닐 수 없다.

우리나라는 1960년부터 약30년 간 가족계획 사업으로 산아제한정책을 써왔다. 지금은 저출산이 인구의 노쇠화 즉 국력의 약화로 대두되어 정부에서는 다방면으로 제도를 개선하여 출산장려정책을 펴고 있지만, 요즘 젊은이들 사이에는 인생의 무거운 짐을 지지 않고 홀가분하게 살겠다는 싱글족이 늘어나고 있다. 그리고 결혼을 한다 해도 국가가 원하는 만큼의 출산을 하지 않는다는 것도 이 사회의 심각한 문제거리다.

또한 출산을 해도 직장 내에서는 진심어린 축하를 받기도 어렵다. 그것은 출산휴가에 이어 육아휴직으로 얻어지는 업무공백 때문에 여성은 전문직이 아닌 다음에야 기피당하기 일쑤고 인기가 없다.

내가 출산 할 때는 하나만 낳아 잘 기르자는 산아제한정책 분위기가 남아 있었는데 그 시대에 결혼을 한 내 주위사람들 중에도 나처럼 자녀를 한명만 낳은 사람들이 많았다. 우리나라가 산아제한정책을 썼을 때에는 나라경제가 많이 어려웠고 생산이 수요를 따라잡지 못하였기 때문에 부득이하게 내세운 정책이었을 것이다.

그리고 그 시대의 산아제한정책 대국민 홍보 변천사를 보면 그 문구가 참 재미있기도 하다. 이를테면,
"덮어놓고 낳다보면 거지꼴을 못 면 한다" ⇒ "아들 딸 구별 말고 둘만 낳아 잘 기르자"⇒"둘도 많다 하나만 낳아 잘 기르자" ⇒ "잘 키운 딸 하나 열 아들 안 부럽다" 등인데 결과적으로 나는 국가시책에 적극 부응을 한 셈이었다.

자녀가 하나였건 둘이었건 직장을 다니면서 육아를 돌본다는 것은 예나 지금이나 쉬운 일이 절대로 아니다.

내가 출산하였을 때까지만 해도 정부에서는 저출산의 문제를 심각하게 고려하지 않았기 때문에 출산장려정책을 펴지 않았었다. 그렇기 때문에 지금처럼 영아를 받아 줄 어린이집이 없어 유치원에 들어갈 나이인 6세가 되기까지는 어떻게든 부모가 키울 수밖에 없었다. 출산휴가 기간은 90일이 아닌 60일이었으며 배우자의 출산휴가도 주어지지 않았다. 육아휴직급여제도가 처음 도입된 것도 2001년 11월이었으니 자녀출산 후 양육의 책임은 전적으로 당사자에게 있었던 때에 아이를 키웠다.

야간 검문검색이 수도 없이 많았고 서울대, 고대, 연대를 비롯한 대학가에서는 날마다 데모를 하였으며 서울시가지에도 날마다 최류탄 가스로 몸살을 앓았었다. 데모를 하다가 많은 대학생들이 북을 찬양했다는 국가보안법 위반 혐의로 입건되어왔는데 그들은 주로 휘경동이나 남영동 보안 분실에서 며칠씩 조사를 받았다. 여대생들이 검거되어 오면 여경인 우리들은 1박2일씩 순번을 정하여 조사입회에 들어갔으므로 집에 들어가지 못한 날이 숱하게 많았다.

그 뿐만 아니라 내가 근무했던 경찰서는 청와대의 나들목 도로 일부를 관할하고 있었는데 대통령 행·환차시 마다 연도경호 근무를 하기 위해 새벽에 집을 나서는 일도 다반사였다. 또한 국제행사가 잦아서 외빈들이 국내에 들어오면 숙소경호도 일임했기 때문에 집에 못 들어가는 일이 많았고 세종문화회관에서 문화행사를 관람하면 그 행사가 끝날 때 까지 경호근무를 해야 했다.

지금은 여경의 비율이 10%에 육박하지만 그때에는 2~3%도 되지 않는 숫자였으므로 우리 여경들은 자기소속 경찰서에서 근무를 하다가도 이와 같은 비상근무에 불려 다니는 일이 잦았다. 국가적 행사와 중요사안들이 유난히 급증했던 시기였으며 여경들의 수가 부족했기 때문에 힘들었지만 드러내놓고 불평을 하는 사람도 없었다.

여경들은 대부분 지방에 계신 부모님께 아이를 맡겨서 양육했거나 그렇지 못하면 거액을 들여서 집에 아이를 맡아 길러주는 사람을 고용하여 함께 살았다. 나 역시도 아이가 중학생이 될 때 까지는 '아이 키우는 일은 인생의 투자다' 생각하고 내가 버는 돈을 거의 다 털어 넣다 시피하며 아이를 키워냈다.

요즘 직장 내에서 여성기피현상의 피해자들인 젊은 여경들을 생각해본다.
남성뿐만 아니라 여성이 여성을 기피하는 현상, 도대체 누구의 잘못인가?

과거에는 본서에 근무하려면 빽을 쓰고 줄을 서야 하는 때도 있었다. 그때는 지역경찰 업무가 2교대 또는 3교대로 주야간 근무를 했기 때문에 항상 격무에 시달려 왔고, 본서는 주간근무만 하며 공휴일에는 쉬었기 때문에 많은 사람들이 본서근무를 희망했었다.

그런데 세월이 흘러 주야간 교대부서가 4교대 근무로 변환된 다음에는 피로가 누적되지 않아 본서근무를 희망하는 사람이 줄어들었다.

근무수당도 현실화 되어 교대부서는 야간근무수당을 비롯하여 시간외 근무수당 등 본서 보다 더 많은 수당을 받게 되었다. 그런 반면에 본서 내근부서는 주40시간 근무하는 것으로 정해져 있으므로 비교적 수당이 적었고 업무자체만 보더라도 내근부서는 챙길 업무가 많고 힘들다는 이유에서 본서로 들어오려는 희망자가 줄어들었다.

그래서 본서 내근에 공석이 생기면 지역경찰인 교대부서에서 들어올 희망자가 없어 순번에 의한 강제발령 얘기까지 나오고 있는 현실이다.

얼마 전 시도(市道) 간 발령이 있었을 때 본서에서 세 사람이 전출을 가게 되었다. 보직공모를 하며 후임자를 물색하였으나 지역경찰에서 본서로 들어오겠다는 희망자가 없자 나는 내근부서를 항상 희망하고 있는 여경 중에 한사람을 받으라고 권고했다.

그렇게 한 이유는 지역경찰 순찰팀에 소속해 있는 여경들이 야간근무를 하면 아이를 어린이집에 맡기고 데리고 오는 일을 할 수가 없어서 기회가 되면 가급적 빠른 시일 안에 내근부서로 발령해 달라는 인사고충을 여러 명으로 받은 적이 있기 때문이었다. 그런데 해당부서에서 돌아오는 답변은 간결했다.

"여경들을 받을 수는 없습니다. 그 이유는 지금 필요한 보직은 민유총포, 화약업무를 담당해야 할 자리인데, 무거운 총기를 창고까지 들고 왔다갔다 하며 창고의 높은 곳 까지 정리를 해야 하고 때에 따라서는 힘을 가해 총기를 부수는 폐기처분까지 해야 하는데 여경의 힘으로는 감당하기 어렵습니다. 화약업무도 밖에서 처리해야 하는 업무의 성격이기 때문에 적합하지가 않고 또한 우리부서에는 현재 여경이 근무하고 있습니다. 충원을 하려면 여경보다 남경이 더 필요합니다" 했다.

그러면서 남경이 필요한 사유를 한 가지 덧붙여 설명했다.
"거의 매일 야간에 윤락업소를 비롯하여 불법사행성게임장 등 각종의 불법영업 업소 단속을 나가야 하는데 계장 포함 4명이 근무하는 부서이며 여경 한명이 포함되어 있으므로 성비(性比)로 보자면 남경이 한명 더 많아야 원활한 단속업무 추진을 할 수 있습니다"라고 했다.

충분히 이유가 있는 답변이었다.
그리고 다른 부서에서도 각자 납득이 되는 사유를 달아 여경을 기피했다.

지금껏 내가 보아온 여경들은 똑똑하고 능력있다. 성실하다. 상냥하다. 친절하다. 자기가 맡은 일에 대하여 효율적으로 업무를 처리할 수 있는 노하우도 갖고 있으며 남경들과 업무능력 면에 있어서는 절대로 뒤쳐지지 않는 능력자들이다. 그리고 조직의 화합을 이끌어 나가는 분위기 메이커다.

이러한 여경들이 단지 임신했다는 이유, 그리고 퇴근시간을 기다려 재빨리 어린이집에 홀로 남겨진 아이를 데리러 가야하기 때문에 잔무 처리를 할 수 없고 부서내의 일이 밀릴 수밖에 없다는 사유로 여경들을 기피했다.
이것이 과연 누구의 잘못인가?

이것은 여경의 잘못도 아니고, 여경을 기피하는 부서의 잘못도 아니다.

이것은 국가적 대업인 출산장려정책이 출산한 여성과 여성을 받아들이는 부서에 상호 만족감을 주는 정책에 도달하지 못한 이유라고 본다.

가령, 여성들을 채용할 때에는 출산전후사정을 고려하고 보호받아야 할 여성들의 비율을 산정해 그 여성들이 어느 누구의 눈치도 보지 않고 특정의 보직에서 순환제로 돌아가며 근무할 수 있는 여건을 만들어 주면 얼마나 좋을까?

우리 경찰의 예로 들면 검거나 진압보다 예방위주의 「주간전종 여경순찰팀」이라든지 「주간전종 교통순찰팀」이라든지 아니면 특정 내근부서 보직을 여경전종 보직으로 지정해 주는 거 말이다.

어느 중견회사에서 인사권을 쥐고 있는 분이 했던 말이 생각난다.
"같은 조건이면 남성을 채용하지 여성을 채용하지 않습니다. 그 이유는 여성은 임신과 출산을 하는 기간 동안 업무공백이 있어 이를 대신할 사람을 또 채용해야 하기 때문에 회사에 도움이 되지 않습니다" 라고 했다.

여성기피현상은 특정조직만의 문제가 절대로 아니다. 이러한 사회환경 속에서 싱글족 남녀가 점차 늘어나고 출산을 기피하는 부부가 늘어난다고 해도 너희는 왜 결혼을 하지 않느냐? 왜 애를 낳지 않느냐? 라고 탓할 수 있겠는가?

서두(序頭)에서도 말했듯이 30년 전이나 30년이 지난 지금이나 세월이 변해도 여성을 기피하는 현상은 달라진 것이 없다. 출산휴가기간을 늘려준들, 양육보조금을 지원해 준들, 남편에게도 출산휴가나 육아휴직을 보장해 준들, 이런 정책들이 집안에서 육아를 양육하는데 도움은 될지언정 사회의 한 구성원으로서 떳떳하게 근무할 수 있도록 하는 기반에 저해되는 여성기피현상을 전면 해소하지는 못했다.

하지만 후배들이여, 희망은 있다.
정부는 2011년도부터 다양한 유연근무 형태를 제시하고 있는데 이 유연근무제 활용도가 정부업무평가 항목에 포함되면서 우리 경찰청에서도 그 활용도가 높아지고 있는 추세다.
특히 유연근무제의 한 형태로서 주40시간보다 짧은 시간 근무 개념인 「시간제근무」는 출산전후, 육아 양육을 책임지고 있는 여성에게 있어서는 실로 기쁜 제도가 아닐 수 없다.
또한 업무의 연속성이 비교적 적은 교통민원부서에서는 시간제근무자를 정원 외로 인원 보강할 수 있으니 날로 증폭되어 가는 교통민원업무에 어찌 여성을 환영하지 않을 수 있겠는가?
이제 그 돌파구가 생겨나고 있는 것이다.

나는 기쁨을 안고 육아문제로 고민하고 힘들어하는 후배들을 위해 희망의 메시지를 던지며 박치성 시인의 「봄이에게」를 노래한다.

머지않아 눈에 넣어도 아프지 않을 예쁜 꽃들이 활짝 피어나기를 간절히 기도하면서.. *hee*

정동진

정호승

밤을 다하여 우리가 태백을 넘어온 까닭은 무엇인가
밤을 다하여 우리가 새벽에 닿은 까닭은 무엇인가
수평선 너머로 우리가 타고 온 기차를 떠나보내고
우리는 각자 가슴을 맞대고 새벽바다를 바라본다

해가 떠오른다
해는 바다 위로 막 떠오르는 순간에는 바라볼 수 있어도
성큼 떠오르고 나면 눈부셔 바라볼 수가 없다

그렇다
우리가 누가 누구의 해가 될 수 있겠는가
우리는 다만 서로의 햇살이 될 수 있을 뿐
우리는 다만 서로의 파도가 될 수 있을 뿐
누가 누구의 바다가 될 수 있겠는가

바다에 빠진 기차가 다시 일어나 해안선과 나란히 달린다
우리가 지금 다정하게 철길 옆 해변가로 팔짱을 끼고 걷는다 해도
언제까지 함께 팔짱을 끼고 걸을 수 있겠는가

동해를 향해 서 있는 저 소나무를 보라
바다에 한쪽 어깨를 지친 듯이 내어준

저 소나무의 마음을 보라
네가 한때 긴 머리카락을 휘날리며 기대었던
내 어깨처럼 편안하지 않은가

또다시 해변을 따라 길게 뻗어나간 저 철길을 보라
기차가 밤을 다하여 평생을 달려올 수 있었던 것은
서로 평행을 이루었기 때문이 아니겠는가

우리 굳이 하나가 되기 위하여 노력하기 보다
평행을 이루어 우리의 기차를 달리게 해야 한다

기차를 떠나보내고 정동진은 늘 혼자 남는다
우리를 떠나보내고 정동진은 울지 않는다

수평선 너머로 손수건을 흔드는 정동진의 붉은 새벽바다
어여뻐라
너는 어느새 파도에 젖은 햇살이 되어 있구나
오늘은 착한 갈매기 한 마리가 너를 사랑하기를 …

07
° 새해아침을 맞이하며 희망을 담은 신년 詩

잊혀 질 듯 잊혀 지지 않는 관계. 일 년에 한번은 일부러 만나서 일 년치 수다를 늘어놓으며 밥 한번 먹고 헤어져야 하는 관계. 이런 해묵은 관계를 만드는 것은 멀리 있었기 때문이다. 때로는 가장 가까운 사람도 멀리 두고 보아야 소중함이 느껴진다.

스물한 번째 • 이야기

2016년 丙申年 새해아침을 열며

경찰의 길을 걸어온 지 만 30년이 되는 2016년은 나에게 있어 큰 의미가 있는 해다.

30년 전 스물 네 살이었던 나,
그 시절 그 나이대가 여성들의 결혼적령기였으므로 집에서는 혼사 준비를 시작할 때였다. 현모양처 전업주부가 내 삶의 목표는 아니었기에 나는 부모님의 동의없이 오로지 나만이 선택할 수 있는 삶을 살기 위해 공무원이 되는 길을 택했다. 그리고 나는 경찰의 미래를 보았다. 그때 우리나라는 1986년 아시안게임과 1988년 올림픽을 치를 준비를 하고 있었고, 그 이후에는 더 많은 국제행사를 치르면서 선진화 대열에 오를 거라는 대한민국의 미래와 경찰의 미래를 예견한 것이다. 세월이 흐르면서 우리나라는 내가 생각한대로 급성장해갔다.

여자 경찰관이 있다는 얘기를 들어본 적도 없는 내가 경찰관이 된다면 무슨 일을 하게 될지 알 수도 없는 상황에서 나는 무조건 경찰관이 되겠다는 결심을 하고 결국 경찰관이 되었다. 그다지 오랜 시간이 걸리진 않았고 그 후로 참 많은 세월이 흘렀다.

어린나이로 경찰에 투신한 나에게 그 어떤 선배도 이 험난한 길의 안내를 해 준 적이 없었다. 야구연습장에서 동전을 투입하고 무자비하게 튕겨 나오는 야구공을 받아쳐야만 했던 타자打者처럼 맞부딪히는 상황을 그때그때마다 지혜를 다하여 슬기롭게 헤쳐나왔을 뿐이었다.

강산이 세 번 바뀐다는 30년의 기나긴 여정 끝에 나는 어린 소녀가 살고 있었다는 정원에서 작은 옹달샘 하나를 발견했다. 푸른 숲과 맑은 하늘을 담고 있는 고요한 샘, 나는 소녀에게 노크하듯 작은 돌 하나를 살짝 던져본다. 내가 던진 돌에 혹여 소녀의 마음이 상하지는 않았을까 염려하면서 가만 들여다보니 고요가 깨진 샘의 수면 위로 어느새 중년으로 살고 있는 내 모습이 보였다.

소녀는 어려서 마음의 정원에 나무를 키웠고 사철 아름다운 꽃을 피웠으며 파아란 하늘을 담고 그 속에 금붕어를 키웠다. 그 아름다운 정원을 구경하려고 서로 알지 못하는 사람들도 다녀갔으나 그 누구도 소녀가 만들어 놓은 정원을 해치지는 않았다. 사람들은 도리어 소녀의 말벗이 되어 주고 갔다.

소녀의 추억이 되어버린 정원에 홀로 남겨진 중년의 나,

사람들은 각자 소녀가 되고 소년이 되었던 지난 세월이 만들어 놓은 정원에서 살아가고 있다.

푸른 숲이 우거지고 아름다운 꽃과 나비가 날아드는 정원을 가진 사람이 있는가 하면 잡풀이 무성하여 사람들의 발길도 끊어진 삭막하기 이를 데 없는 정원을 가진 사람들도 있다. 그 정원은 소년 소녀가 중년이 되고 노년이 되고 하늘이 더 이상의 생을 허락하지 않을 때까지 존속할 것이다.

어떠한 정원을 가꾸며 살 것인가는 전적으로 개인의 몫이겠지만 가급적이면 모든 사람들이 사랑이 충만한 아름다운 마음의 정원을 가꾸어 살기를 희망하며, 2016년을 맞이하는 새해 아침 신년행사장에서 정호승 시인의 정동진 시를 노래했다.

정동진
밤을 다하여 우리가 태백을 넘어온 까닭은 무엇인가
.
.
.
기차가 밤을 다하여 평생을 달려올 수 있었던 것은
서로 평행을 이루었기 때문이다
우리 굳이 하나 되기 위하여 노력하기 보다는
평행을 이루어 우리의 기차를 달리게 해야 한다.
오늘은 착한 갈매기 한 마리가 너를 사랑하기를…

이 시는 '디어헌터' 영화에 삽입되었던 OST "Cavatina" 곡의 배경음악과 정동진의 풍광을 담은 영상물로 제작하였고 나는 마음을 활짝 열고 사람들의 가슴에 삶의 향기가 될 시를 불어넣어 주며 丙申年 새해아침을 맞았다.

그리고 나의 30년 세월은 무궁화 꽃잎을 바람에 흩날리며 이 세상에 다시 태어날 것이다. 2016년 그 해에.. *hee*

2부

．
．
．

인생 그 2막

그 마음에는

신석정

그 사사로운 일로
정히 닦아온 마음에
얼룩진 그림자를
보내지 말라.

그 마음에는
한 그루 나무를 심어
꽃을 피게 할 일이요
한 마리 학으로 하여
노래를 부르게 할 일이다.

대 숲에 자취 없이
바람이 쉬어가고
구름도 흔적 없이
하늘을 지나듯

어둡고 흐린 날에도
흔들리지 않도록 받들어

그 마음에는
한 마리 작은 나비도
너그럽게 쉬어가게 하라.

08
°사람들의 마음에 평온을 기원하는 詩

마음의 평온은 일시적 해소로 얻어지는 것이 아니라 오랜 시간 비움으로 닦아지는 것입니다. 그러니까 현대인의 뇌에 휴식을 주세요처럼 멍 때리기 대회로는 얻을 수 없는 것이지요.

스물두 번째 • 이야기

고운삶

"참 고우세요"

젊어서는 '예쁘다'라는 말을 들어본 적이 별로 없는데, 나이 50줄에 들어서니 '곱다'라는 말을 자주 듣게 된다.

'곱다'

사전적 의미로는 모양, 생김새, 행동거지 따위가 산뜻하고 아름답다. 색깔이 밝고 산뜻하여 보기 좋다. 소리가 맑고 부드럽다. 만져보는 느낌이 거칠지 아니하고 보드랍다. 가루나 알갱이 따위가 아주 잘다. 상냥하고 순하다. 편안하고 순탄하다. 그대로 온전하다. 흔적 없이 깔끔하다 등의 의미로 쓰이는데,

사람들에게 '곱다'라고 표현하는 것은 흔히 외모를 두고 '아름답다' '예쁘다'하는 것과는 달리 근심걱정 없이 내면의 세상이 평화로울 때

자연스럽게 나타나는 형상이므로 이는 어떤 명의(名醫)라도 성형수술로서 고운 사람을 만들어 낼 수는 없다고 본다.

이런 고귀한 언어를 내 나이 50줄에 들어서서 듣다 보니 이거 참 인사치레로 하는 말은 아닐까 하는 의구심도 들었다. 하지만 내가 지향하는 삶의 가치관이 '고운 삶'이다 보니 내가 원하는 삶의 모습이 실천을 통해 나타나고 있는 것을 사람들이 알아차린 게 아닐까하는 생각이 들어 기쁘기도 했다.

내가 40대 중반쯤 되었을 때 진심을 담아 '곱다'라는 말을 건넨 적이 있었는데, 그것은 지구대장 시절 관내에 있는 치매노인 보호시설을 방문하여 치매에 걸린 어르신들께 한 말이었다. 그 시설을 방문한 목적은 정신을 반쯤 잃으신 어르신들이 혹여 시설을 빠져나가 교통사고를 당하거나 길을 잃지 않을까 염려하여 시설주에게 관리 당부를 하려고 찾아갔던 때였다.

그곳은 치매에 걸린 할머니들을 스무 명쯤 모시고 있는 시설이었는데, 현관문을 열고 들어선 순간 나는 유치원을 잘못 찾아온 것은 아니었나 하는 착각을 잠시 했다. 다가가서 할머니들을 찬찬히 들여다보니 할머니들은 모두 핑크색 상하의를 착복하고 쇼파에 나란히 앉아 계셨는데 그 모습이 유치원생들이 원복을 입고 있는 것처럼 밝고 예뻐 보였다.

할머니들의 얼굴색은 모두 화사하고 하나같이 해 맑으셨다. 저 연세

정도면 세상풍파를 겪어진 인고의 흔적이 있을 만도 한데 사람들과 그저 눈빛만 마주쳐도 행복해 보이는 평온한 얼굴을 하고 계셨다. 나는 놀랍고 감탄스러운 마음에 몸을 낮추고 어르신들의 두 손을 꼭 잡아드리며 말했다. "참~ 고우세요."

돌아 나오면서 시설주에게 "어르신들의 표정이 참 고우신 것을 보니 관리를 잘 하고 계신 것 같습니다"라고 했더니 시설주가 하는 말이 놀랍다. "치매를 앓는 어르신들의 대부분이 저런 표정으로 변해갑니다. 아무런 걱정이 없잖아요. 스트레스 받을 일이 없고요."
나는 그 말을 듣고 '곱다'라는 것의 원천이 어디에서 오는 것인지 새삼 느끼게 되었다.

한번은 어느 병원에서 건강검진을 했는데 서비스로 스트레스 검사를 해 준 때가 있었다. 아무 생각 없이 검사를 받고 결과지를 받아보니 스트레스 수치가 1이 아닌가. 그래서 의사에게 전화를 걸어 물어보니 "보통의 사람은 4~5정도에 머물고 심한 경우에는 7이상도 가는데 1이 나왔으면 정신건강이 아주 양호한 것으로 보입니다"라고 했다.

호기심에 그 다음해부터는 매년 건강검진 때마다 부가적으로 스트레스 검사를 받고 있는데 지금까지도 그 수치는 변함없이 1을 유지하고 있다.
그것을 보고 우리 남편이 우스갯소리로 하는 말, "0이 아니라서 참 다행이야, 0은 영구처럼 아무생각 없이 사는 거잖아"라고 해서 한바탕 웃음보가 터진 적이 있었다. 스트레스 수치는 걱정이 없고 마음이 평

인생 그 2막 | 287

화로울 때 낮게 나온다고 생각했다.

내가 지향하는 '고운 삶'의 실천마인드는 작은 것에도 만족할 줄 아는 욕심 없는 마음과 '칭찬·양보·배려'를 두고 있는데 이것은 나의 스트레스 관리와도 밀접한 연관이 있다고 본다.

'칭찬·양보·배려', 이 세 가지는 타인을 상대로 '내가 주는 것'이지만 이것은 회귀본능이 있어서 반드시 나에게 돌아올 것으로 믿는다. 그렇다고 돌아올 것을 기대하고 남을 칭찬하고 양보하고 배려하는 것은 아니지만 이 세 가지를 실천할 때의 기쁨은 온전히 나의 것이고 돌아왔을 때의 기쁨 또한 온전히 나의 것이 된다. 이것은 거짓 없이 부메랑처럼 돌아와 나와 내 주위의 사람들을 함께 행복하게 하고 삶의 질을 높이는 원천이 되었다.

언젠가 한 어르신께 저녁식사를 대접한 적이 있었는데 사실은 내가 도움을 받았던 것에 대한 답례로 식사를 대접했던 것이다. 그런데 그 어르신께서는 정작 나를 도와주었다는 것 자체를 잊고 계셨다고 했다. 나는 그날 그 어르신께 큰 것을 배웠다.

"남에게 준 것을 기억하지 않습니다. 물질이든 아니든 주었으면 준 것으로 끝내야지 그것을 기억하면 기억하는 그 순간부터 서운함과 미움이라는 싹이 자라게 됩니다. 내가 무엇을 어떻게 잘해 주었는지 모르겠지만 오늘 나에게 이렇게 식사를 대접해 주시는 것은 너무 감사한 일이고 잊지 않고 꼭 답례 하겠습니다" 라고 했다.

큰 깨우침을 얻었다.

우리는 차 한 잔 사고도 기억한다. 밥 한 번 사고도 기억한다. 술 한 잔 사고도 그것을 기억한다. 한 번 양보한 것도 기억하고, 한 번 배려한 것도 기억한다. 그것을 기억하는 동안 우리는 그것이 나에게 돌아오기를 무의식중에 기대를 한다. 그 기대가 무너지는 순간 서운함과 미움이 생기는 것이 맞다.

준 것은 준 것으로 끝내고 그것을 즉시 잊어버려야 한다는 것에서 다음의 행복이 찾아온다는 어르신의 말씀을 마음속에 곱게 새겼다.

내가 시낭송가로 활동하기 위하여 도약을 준비하던 때 나의 스승이신 목진희 선생님께서 낭송해주셨던 신석정 시인의 〈그 마음에는〉, 이 시를 나는 무척 좋아한다. 이 시에는 고요와 평온을 담아 둔 그 마음에 사사로운 일을 담아 두지 말라 한다. 그 마음에는 작은 나비 한 마리도 너그럽게 쉬어가게 하라 한다.

보잘것없는 일이 내 마음에 찾아와 마음속의 고요를 흔들려고 할 때 나는 기도문처럼 이 시를 낭송하는데 마음의 고요를 전파하기 위해서 사람들에게 제일 많이 낭송해 주는 시이기도 하다.

세상사는 일 모든 것이 쉽지 않고, 사람 마음가짐이 시쳇말처럼 그리 쉽게 이루어지는 일도 아니지만, 그래도 우리는 저마다의 마음에 '고운 삶'을 살기 위한 신조 한 가지씩 정해두고 살아야 하지 않을까 싶다. *hee*

달이 떴다고 전화를 주시다니요

김용택

달이 떴다고 전화를 주시다니요
이 밤 너무 신나고 근사해요
내 마음에도 생전 처음 보는
환한 달이 떠오르고
산 아래 작은 마을이 그려집니다
간절한 이 그리움들을,
사무쳐 오는 이 연정들을 달빛에 실어
당신께 보냅니다

세상에
강변에 달이 곱다고
전화를 다 주시다니요
흐르는 물 어디쯤 눈부시게 부서지는 소리
문득 들려옵니다.

09
°오래된 인연이 소중하다고 느껴질 때
생각나는 詩

너무 많은 것을 기억하고 살 순 없지만 좋은 사람, 좋았던 일들은 꼭꼭 기억해요.
나도 누군가에게 있어 소리 없이 잊혀진다면.. 이건 너무 슬프잖아요.

스물세 번째 • 이야기

추억모음

　서울 나들이를 잘 하는 편은 아니지만 가끔 지하철을 탈 때면 시선둘 때가 마땅치않아 나 역시 다른 사람들처럼 스마트폰에 시선을 떨어뜨리고 만지작거린다. 스마트폰을 한참 들여다보고 있으면 눈이 침침해 온다. 잠시 눈을 감고 있다가 핸드백 속에서 책을 꺼내 읽는다. 그러고보니 내가 타고 있는 칸에서 책을 읽고 있는 사람이 나 말고 두 사람 더 있다. 책 읽는 사람들이 왠지 더 교양있어 보였다.

　디지털시대를 살아가는 젊은 세대에게는 스마트폰이 손 안에 작은 세상이라 하여 그 속에서 친구들을 만나 많은 대화를 하며 정보를 얻기도 하고 주기도 하고 지식을 터득하기에도 익숙하지만, 아나로그 시대를 살아왔던 우리 교복세대들은 어디 그러한가. 가끔 새로운 앱을 깔거나 기기속의 기능을 되살려 적용시키려면 자잘한 글씨는 눈에 잘 보이지도 않고 새로운 문구를 이해하는 것조차 느려지고 귀찮아서 딸에게 해 달라고 부탁을 하면 타박부터 먼저 한다.
"엄마! 이런 것도 못하면 앞으로 어떻게 살아가려고 그러세요?"
헛웃음이 나오지만 틀린 말도 아니다.

디지털세상이 편리하고 신속하고 스마트하다는 것은 다 알지만 그래서 뒤처지지 않고 맞춰 살아가려면 절실히 배워야 할 필요성도 느끼지만, 그래도 우리네 아날로그 정서에는 그런 것 보다 중요한 결코 잊을 수 없는 아득한 옛 그리움과 추억들이 가슴에 남아 있다. 이것은 아무리 디지털로 전환시키려고 해도 할 수가 없는 것이다.

기뻤던 기억보다 그립거나 가슴 아리는 기억이 더 오래 머물러 있는 법, 문득 쓸쓸함이 묻어있는 추억 몇 가지가 떠오른다.

- 내 어릴 적, 신작로 작은 초가집에 살았던 내 친구 바보 영철이 형제가 있었다. 할머니는 구포시장에서 생선을 팔고 밤늦게 들어오는데 할머니가 새벽시장 나가면서 차려놓은 아침상을 점심까지 또 저녁까지 먹어야 했던 그들의 가난, 먼지 나는 신작로, 대문도 없는 집 대청마루에서 동그란 양은밥상 펼쳐놓고 저녁밥을 먹고 있는 형제, 그 곳을 지나가다가 무심코 들여다 본 밥상을 보고 나는 바보 영철이 형제가 너무 불쌍해서 그 위에다 닭똥 같은 눈물을 두둑두둑 흘렸었다. 그 해 가을 소풍을 갔던 영철이는 영영 집을 찾아오지 못했었지...

- 어머니가 바느질 통에 모아둔 단추, 어머니는 생활의 달인이셨다.

어릴 때부터 어머니는 우리들의 헌옷을 버릴 때면 단추를 떼어서 따로 모아두셨고 단추가 떨어진 옷에 비슷한 색깔의 단추를 골라 달아주셨다. 단추는 옷을 여미는 역할을 넘어선 어머니의 추억모음이었다. 단추를 보면 그 옷을 입고 살았던 때의 추억이 파노라마처럼 스쳐지나간다고 하셨다. 세월이 흘러 경제가 좋아지면서 헌옷을 버릴 때 단추를 따로 떼어 놓아야 할 이유가 없어졌지만 어머니는 그 습관을 버리지 못하고 여전히 단추를 떼놓으신다.

어느 날엔가 어머니를 모시고 부산 집으로 내려간 적이 있었다. 그 집은 내가 어릴 때부터 성장해 왔던 집이고 아버지와 어머니, 그리고 우리 다섯 남매의 손때가 묻어있는 집이다. 그리고 어머니를 너무 고생시켜서 미안하다며 아버지가 돌아가시기 전에 어머니 앞으로 남겨놓으신 집이지만 어머니는 그 집을 처분하시지 못하시면서 16년째 나와 함께 일산에서 살고 계신다. 오랜만에 나는 부산에 내려가서 집안 정리를 하다가 바느질 함 속에서 이제는 더 이상 필요가 없어진 단추뭉치를 보고 깊은 생각없이 쓰레기통에 버리고 올라왔다.

그 후 얼마 지나지 않아 나의 경솔한 행동에 얼마나 후회했는지 모른다. 어머니가 결코 단추를 찾을 일은 없다지만 그래도 부산 집과 바느질함 속에는 어머니가 모아놓은 추억이 있었기 때문이다.

나라 전체가 다 가난했던 시대와 달리 지금은 국민경제가 예전과 비교할 수 없을 정도로 나아졌고 물질적으로도 풍요롭기 때문에 추억하는 소재도 국민 전체가 없이 살았던 시대의 추억과 질적으로도 다르다.

그래서 우리 기성세대가 그리워하고 마음속으로 추억하는 것을 요즘 젊고 어린 세대들이 들으면 공감하지도 못하거니와 오히려 궁상맞다고 생각할 수 있기 때문에 우리 시절의 추억은 우리들 마음속에만 그대로 간직해 두어야 한다.

지금 내 스마트폰에 저장된 전화번호와 이름이 어느새 천 명이 넘었다.

지하철 속에서 스마트폰을 내려다보다 연락처에 입력된 사람들의 이름을 하나씩 하나씩 읽어본다.

어떤 친구는 아직까지 016으로 입력된 채 남아있기도 하다. 오랫동안 서로 연락을 하지 않고 지내왔다는 증거이기도 하다. 전화번호를 바꾸어도 몇 번을 바꾸었을 것이고 그 번호로 전화를 해도 받는 사람이 없을 터인데 그럼에도 불구하고 그것을 삭제시키지 못하고 있는 까닭은 그 사람의 이름 석 자라도 기억하고 싶은 추억이 있기 때문이다.

스마트폰에 저장된 천여 명의 이름을 읽어 내려가며 스마트폰은 단지 전화를 걸기 위한 수단을 넘어선 어머니가 모아두셨던 단추통처럼 한 사람 한 사람에 대한 각각의 추억이 있는 추억모음이라는 생각을 했다.

스마트폰의 이름을 열람하다가 문득 멈춰지는 곳에서 문자 한 통 보내본다.

"요즘 어떻게 지내시는지요? 지하철을 탔다가 진노랑색 양장이 잘 어울리는 어떤 사람을 보고 문득 생각이 나서 안부 여쭤봅니다. 잘 지내시지요? 생활에 여유를 가지면서 늘 건강한 삶을 유지하시기를 기원합니다."

그랬더니 이렇게 문자 답이 왔다.
"제가 좋아하는 색깔을 기억하시고 문자를 다 주시다니요. 그 동안 잘 지내셨지요?" 우리는 몇 통의 문자를 더 주고받으며 서로의 안부를 전했다.

세상 사는 것은 어찌 보면 참으로 단순하다는 생각도 드는데 사람들은 왜 그렇게 관계 맺기를 주저할까? 아래위층 이웃 간에 인사도 없이.. 매일 매일 엘리베이터 안에서 마주치기도 하는데 모르는 사람처럼 살아가는 이유. 혼자서도 잘 살아갈 수 있도록 길들여지는 스마트폰의 부작용 때문은 아닐까?도 생각해 본다.

오늘 당직근무 중 112신고 통합시스템 화면에 이런 내용이 떴다.
"윗집에서 먼지를 털어서 먼지 털지 말라고 소리를 질렀더니, 그 집 남자가 내려와서 현관문을 발로차고 행패를 부리고 있다. 무서우니까 경찰이 와서 해결해 달라"는 신고내용을 보고 허탈했다.
그리고 생각했다. 윗집에서 먼지를 털면 먼지 터는 동안 문을 살짝 닫아두면 안될까? 하고... 아주 단순한 것인데.. 정말 단순한 것인데 말이다.

지금 스마트폰을 보고 있다면 오랫동안 잊고 살았던 사람에게 한 통의 안부문자를 보내보자. 추억의 샘에서 행복이 피워 오를테니까. *hee*

완행열차

허영자

급행열차 놓친 것은 잘된 일이다.
조그만 간이역 늙은 역무원
바람에 흔들리는 노란 들국화
애틋이 숨어 있는 쓸쓸한 아름다움
하마터면 나 모를 뻔했지.

완행열차 탄 것은 잘된 일이다
서러운 종착역 어둠에 젖어
거기 항상 기다리고 있거니
천천히 아주 천천히
누비듯이 혹은 홈질하듯이
서두름 없는 인생의 기쁨
하마터면 나 모를 뻔했지.

010
°내 마음에 힐링이 필요할 때
도심을 떠나보며 읊는 詩

빠르게, 더 빠르게, 현대 과학은 우리 몸을 더 빠른 것에 적응시키려고 해요.
완행열차 운행은 아주 오래전에 중단되었다지만, 내 마음은 아직도 시골마을 작은 간이역에 머물러 있답니다.

스물넷 번째 • 이야기

완행열차를 타고 떠나자

　요즈음은 스마트폰의 '밴드'가 활성화 되어 있어서 누구든지 1개 이상의 밴드를 가지고 있는 사람들이 많다. 나 역시도 현재 20개 이상의 밴드에 가입이 되어 있는데, 이는 사적모임의 밴드도 있고 업무상의 소통을 위하여 의무적으로 가입해야 하는 경우도 포함되어 있다.

　개발업체는 다르지만, 밴드의 모태는 인터넷상의 '카페'라고 볼 수 있다.
　그 중에서도 가장 으뜸 사이트는 회원 수를 가장 많이 보유하고 있었던 '다음카페'였다. 카페를 개설한 사람을 운영자 혹은 방장이라고 불렀는데 그 권한 또한 막강했었다. 카페 개설의 목적과 취지에 맞지 않는 글을 게시하는 회원이 있거나 회원간 불협화음을 조장하는 회원이 발견되면 강제퇴출을 시킬 수도 있었으니 말이다.
　그만큼 운영자 혹은 방장의 역할은 카페의 분위기를 좌지우지 하는 중책이었고, 회원들은 운영자 혹은 방장을 깍듯이 우대했다.

　나 역시도 카페를 몇 개 개설하여 운영자 역할을 했었다. 그러나 지금은 카페보다 접근성이 편리한 스마트폰의 '밴드'가 더욱 활성화 되었으므로 카페는 그야말로 방문객의 발길이 끊긴 폐가로 변해 버렸다.
　카페에서는 실명 대신 닉네임을 주로 상용하는데 이름을 부르는 것보다 닉네임을 부르는 것에 사람들은 친근감을 더 느껴서인지 너도 나도 부르기 좋고 듣기 좋으며 깊은 의미가 담겨 있는 닉네임을 지어 지금도 사이버상에서는 많이 사용되고 있다.

　나 역시도 카페 개설당시에 일주일동안 고심한 끝에 진짜로 마음에 쏙 드는 닉네임을 정해 올렸다. 그 이름이 바로 '완행열차' 였다.
　'완행열차'는 나의 닉네임이자 '완행'은 나의 인생철학이 들어 있는 아호가 되었다. 나의 성씨 '徐'자 는 한자풀이로 '천천히' 라는 의미를 담고 있어 내 이름과도 딱 들어맞았다.

　뿐만 아니라 학창시절에는 화구(畵具)를 챙겨 어깨에 메고 미술부 친구들과 야외스케치를 많이 다녔었는데 그때 이용했던 교통수단이 주로 완행열차였다. 완행열차에는 다양한 사람들이 타고 내리며 사람냄새 풍기는 인간세상이었지. 급할 것도 바쁠 것도 없는 소박한 인심을 가진 사람들의 동네였고, 얼룩덜룩 교련복에 빨강 마후라를 매고 통키타를 연신 퉁겨대는 소음에도 다함께 즐거워했던 완행열차, 젖 먹이던 시골아낙이 젖가슴을 반쯤 드러내놓고 잠들어 있어도 아낙의 고단했던 삶을 이해하며 서로 모른 척했던 완행열차, 덜커덩 덜커덩 천천히 울리는 진동이 내 몸과 합체될 즈음 겁도 없이 출입문 철난간을 잡고 온몸을 열차 밖으로 내보이기도 했었지. 아, 그때 머리카락 휘날리며 맞았던 훈훈한 바람이여, 돌아오는 길에는 어느 새 붉은 저녁노을이 지고 있었다.

지금은 운행이 중단된 완행열차를 추억하면서 나의 아호 '완행'은 완전한 행복을 추구하는 의미의 약자로 만들어졌다.
그리고 나의 닉네임 '완행열차'는 천천히, 세상 볼거리를 다 구경하고, 생각하고, 느끼면서, 완전한 행복이 있는 곳으로 운행하는 나의 열차다. 인생은 완행열차와 같은 것, 나는 사람들에게 행복이 있는 곳으로 안내해 주는 완행열차의 차장이 되고 싶다.

완행열차의 종착역에는 건강미가 흐르고, 감성이 흐르고, 음악과 노래와 춤과 흥겨움이 흐르고, 미움도 슬픔도 괴로움도 위로를 받을 수 있는 곳이다. 그곳은 진정한 사람 냄새를 풍기는 사람들만 모여드는 곳. 자 함께 떠나자, 덜커덩 덜커덩 완행열차를 타고 콧노래를 부르며 함께 가보자. *hee*

가을저녁의 시

김춘수

누가 죽어 가나 보다
차마 다 감을 수 없는 눈 반만 뜬 채
이 저녁
누가 죽어 가나 보다

살을 저미는 이 세상 외로움 속에서
물같이 흘러간 그 나날 속에서
오직 한 사람의 이름을 부르면서
애터지게 부르면서 살아온
그 누가 죽어 가나 보다

풀과 나무 그리고 산과 언덕
온 누리 위에 스며 번진
가을의 저 슬픈 눈을 보아라

정녕코 오늘 저녁은
비길 수 없이 정한 목숨이 하나
어디로 물같이 흘러가 버리는가 보다

011

°가을 저녁, 촛불 밑에서 읽어 보는 詩

녹엽이 바스락대며 말라가는 계절 가을은 정녕 죽음으로 가는 길목인가? 그것은 오해다. 동장군의 기세에 대항하지 않는 가을은 가장 낮은 곳에서 다음에 태어날 새싹을 잉태중이다.

스물다섯 번째 • 이야기

나의 버킷 리스트

버킷 리스트에서 'Bucket'은 양동이를 뜻하는데 이는 높은 곳에 밧줄을 매단 뒤 양동이 위에 올라가 목을 밧줄에 걸고 나서 양동이를 걷어차는 식으로 시도된 자살방법을 일컫는 'kick the bucket'에서 따온 말이고 버킷 리스트는 죽기 전에 꼭 해보고 싶은 일을 적은 목록을 말한다.

버킷 리스트가 널리 쓰이게 된 것은 2007년 개봉한 잭 니콜슨과 모건 프리먼 주연의 할리우드 영화 〈버킷 리스트〉 이후로 기억된다.

이 영화에서 자동차 수리공인 카터(모건 프리먼)와 억만장자이자 병원계의 큰손인 에드워드(잭 니콜슨)는 폐암선고를 받고 병원 중환자실에서 만난다. 에드워드는 카터가 이미 반은 죽은 것 같다며 방을 함께 쓰기를 꺼려했지만 각자 치료를 받으면서 점차 친구가 되어간다.

카터는 '죽기 전에 해야 할 리스트〈버킷 리스트〉'를 적기 시작하는데 어느 날 의사로부터 그가 앞으로 살 수 있는 날이 일 년도 남지 않았다는 통보를 받고 그 리스트를 버린다. 다음날 에드워드는 그 리스트를 발견하고 모든 비용을 자신이 지원해 줄 테니 모든 항목들을 실현시켜 보자고 설득한다. 그리고 각자의 소망 리스트를 적고 죽기 전 실행에 옮기기 위해 세계여행의 길에 오른다.

그들은 같이 스카이다이빙을 하고, 북극 위를 비행하기도 하고, 중국의 만리장성에서 오토바이를 타기도 하고, 아프리카의 사파리에서 모험을 즐기기도 하는데, 이 여행은 카터 자신이 아내를 지극히 사랑하고 있음을 깨닫고 집으로 돌아감으로서 끝이 난다. 그리고 그는 가족들의 품에서 생을 마감한다.

에드워드는 카터의 장례식장에서 "나는 카터와 낯선 사람으로 만났지만 카터와의 마지막 세 달은 나의 인생 최고의 시간들이었다"며 추도연설을 하고, 자신의 버킷 리스트에서 "낯선 사람을 도와주기" 항목을 지운다.

에필로그에서 에드워드는 81세까지 살았다는 것을 보여준다. 그리고 그의 비서 토머스는 그의 유골함을 히말라야 산맥으로 가져간다. 토머스가 Chock full o'Nuts 커피 캔을 또 다른 캔 옆에 놓고 에드워드의 버킷리스트 마지막 항목인 "정말 장엄한 것을 목격하기"를 지우고 그 리스트를 두 캔 사이에 끼워 넣는다. 토머스의 나레이션은 두 캔이 그들의 유해遺骸를 담고 있고 에드워드는 이것을 아주 좋아할 것이라고 말한다. 왜냐하면 "그는 법을 위반하고 산꼭대기에 묻혔기 때문이다" 영화는 이렇게 끝이 났다.

어느 책에선가 봤던 서양 시 한 소절이 생각난다.

길을 가면서
길가에 핀 장미꽃 향기를 맡아보라
우리는 얼마나 많은 아름다움을 놓치며 살고 있는가? 라는..

버킷 리스트 영화를 보고 난 후 나도 내 생애에 이루어야 할 버킷리스트를 작성한 후 이루어지는 것들에 대하여 줄을 그어 나갔더니 삶의 의미가 솔솔하고 내 삶이 더욱 알차게 영글어가는 느낌이 들었다.

나의 버킷 리스트

첫 째 : 명사회자로 이름나 보기
둘 째 : 수술 안하고 척추건강 지키기
셋 째 : 북한산 인수봉에 올라보기
넷 째 : 시낭송가로서 활동하기
다섯째 : 사람들 앞에서 멋지게 피아노 연주해 보기
여섯째 : 자서전 출간하기
일곱째 : 「함께 나눔 공동체 운영하기」
여덟째 : 독서여행 클럽 만들기
아홉째 : 제주도에서 한 달 살아보기
열번째 : 남편보다 더 오래 살기. *hee*

스물여섯 번째 • 이야기

名사회자로 이름나 보기

나에게도 무대울렁증이 있었다고 하면 웃자고 하는 소린 줄 안다. 하지만 대다수의 사람들이 선천적으로 무대울렁증을 가지고 있다고 한다. 다만 정도의 차이가 있고 무대경험 횟수의 차이가 있고 극복하려는 의지의 차이가 있을 뿐 누구든지 대중의 시선을 한 몸에 받으면 긴장하고 떨릴 것이다.

수년전에 '스타강사 김미경'이 고양시 아람누리에 초청강연을 왔을 때, 내가 사회를 보면서 1부 행사를 진행하고 2부 행사에 그녀를 소개하고 강의를 듣는 행사가 있었는데, 그때 스타강사 김미경이 "나도 무대에 서면 떨려요. 다만 떨리지 않을 만큼 충분한 연습을 하고 와서 안 떠는 것이지"라고 했던 말이 기억난다. 남들은 우스갯소린 줄 알고 여기저기서 웃음이 터져 나왔지만 스타강사는 유머를 한 것이 아니었다. 그것은 내가 충분히 공감할 수 있는 말이었다.

나는 교육기관에서의 강의경력을 비롯하여 경찰청에서 기획한 초심강의 대장정, 그 외에도 크고 작은 행사의 사회진행을 많이 맡아왔었다. 경상도 사투리 억양이 간간히 섞여 나와 세련미가 좀 떨어진다고 생각하는데도 사람들은 내가 가진 특유의 말투에 더 정겨움을 갖는다고 말하는 사람도 있었다.

2012년도 가을, 경기지방경찰청 제2청사 개청식 때 사회진행을 맡은 것을 끝으로 나는 더 이상 무대에 설 일이 없어졌다. 그것은 내가 과장으로 승진을 한 이후 과장급이 사회를 봐야할 대형 행사가 존재하지 않았던 이유도 있다.

2016년도 봄, 경기2청이 다시 경기북부지방경찰청으로 독립될 시기에 개청준비를 하는 실무진에서 다시 사회진행 제의가 들어왔으나 유능한 후배들을 찾아보면 얼마든지 있을 것이니 발굴해 보라며 겸손한 마음으로 거절했다.

따라서 2012년 경기2청 개청식 행사는 나의 은퇴무대나 다름이 없었는데 내 마음속에는 늘 자랑처럼 자존감을 지켜주며 추억거리로 남게 되었다.

그날은 노란 은행잎이 가을바람을 타고 하늘하늘 떨어지는 잔디광장에 야외무대가 설치되었고, 천보산의 알록달록한 단풍은 마치 열두 폭 병풍을 쳐놓은 듯 아름답게 물들어 있었다. 하늘은 500여명이 앉아 있는 머리 위에 푸른 바다를 펼쳐놓은 듯 청명하였고 빨간 카펫 위에서 있는 나는 마치 열린음악회 사회를 맡고 있는 듯 우쭐하였다. 나의 목소리는 대형 엠프를 타고 사방 천지에 카랑카랑하게 울려 퍼졌고 1부 식전행사에 이어 2부, 3부, 오찬연회인 4부 행사장까지 나는 VIP단과 내빈들을 인솔하며 차질 없이 행사장소를 옮겨 다녔다. 그날의 나는 마리오네트 인형을 조정하는 조정사가 되어 있는 듯 했다.

그날 행사에 참석했던 사람들은 많은 시간이 흘렀음에도 그날의 나를 기억하는 사람이 많았다. 외부에서 초청된 사회자인 줄 알았다고 했다. 듣고 싶었던 최고의 극찬이었던 순간, 이로서 나는 나의 버킷리스트 첫 번째 과제인「명사회자 되어보기」의 꿈을 이루고 가운데 줄을 그었다.

내가 여기까지 오는 데는 남다른 노력이 숨어 있었다. 그것은 나 역시도 남들과 같이 무대울렁증을 안고 있었으니까 말이다. 무대울렁증이 있으면 보통의 사람들은 대중 앞에서 말하기를 회피하는 경향을 보이는데 나는 그것을 극복하려고 정면 돌파하며 노력했었다. 그래서 대중 앞에서 말을 잘 하려면 어떤 보직을 맡아야 할까? 곰곰이 생각해 보니 각종 행사와 의전을 도맡아 기획하고 진행하는 경무계장 보직이 최상이라는 생각이 떠올랐다.

그래서 경무계장 보직을 갖는 것에 1차 목표는 두었으나 사실은 앞에 큰 벽이 서 있었다. 당시 경무계장을 비롯한 정보계장, 부청문관 등 3대 보직은 경찰서장을 보좌하는 주요보직이었고 수고하는 만큼 대체로 승진율도 높은 보상의 기회가 있는 자리였다.

승진에 뜻을 품고 있는 남경들 사이에서는 서로 맡겠다고 경쟁을 펼치는 보직인데 그런 보직에 경기청 역사에도 없었던 여경이 해 보겠다고 「보직공모서」를 냈으니 서장님께서는 얼마나 당혹스러우셨을까 싶다. 그때가 2003년도였다.

생각컨대, 서장님께서는 남경을 뽑기도 여경을 뽑기도 난처한 상황이었을 것이라고 미루어 짐작해 본다. 하지만 서장님께서는 슬기를 발휘하셨다. 보직공모서를 낸 5명의 명단을 경무계 직원들한테 내어주며 "이 사람들은 모두 충분한 자질과 역량을 갖춘 사람들이다. 누가 경무계장을 해도 나는 상관없으니 당신들과 코드가 맞다고 생각되는 계장을 당신들 손으로 직접 뽑아 보아라."고 하셨다. 하지만 서장님은 남경이 뽑히기를 기대했을지도 모를 일이었다.

경무계 직원들 중에는 과거에 나와 같은 부서에서 함께 근무했던 직원도 있었고, 입소문을 통해 나의 업무스타일이나 성격을 잘 아는 사람들도 있었으므로 다행히 나는 100%의 찬성으로 경기경찰 최초의 여성경무계장이 되었다. 나는 지혜와 능력을 발휘하여 경무계장 보직을 손색없이 해냈으므로 나의 첫 경험은 이후 많은 여경후배들에게도 경무계장 보직을 받을 수 있는 물꼬를 터준 셈이 되었다.

나는 경무계장 보직을 받아 보겠다고 목표를 세운 즉시 종로에서 가장 전통 있는 스피치 학원에 등록하고 거액을 들여 개인레슨을 받는 등 무대울렁증을 극복하기 위한 투자를 아끼지 않았다. 경무계장 보직을 받은 후 업무를 추진하는 과정에서의 실전훈련에도 최선을 다하였다. 인사, 기획, 홍보, 성과, 의전, 복지 및 경찰서의 크고 작은 일들을 장악하고 총괄하는 경무계장 업무를 손색없이 해내고 2년 만에 나는 그 자리에서 경감으로 승진하는 영예를 안았다. 그러다보니 나도 모르게 무대울렁증도 극복되었고 명사회자가 되기 위한 실전훈련을 통해 스스로 만족할 만큼 성장해 있었던 것이다.

경감으로 승진한 후 한번은 중앙공무원연수원 교육과정 중 40시간 스피치과정이 있어 등록을 하였는데, 가서 보니 여러 정부기관의 서기관 혹은 사무관급 위주로 등록이 되어 있었고 경찰청 소속으로는 오로지 나 혼자 등록이 되어 있었다. 나는 경찰의 대표성을 가지고 자신 있게 교육에 임한 결과 나는 그 과정에서 스피치를 제일 잘 하는 사람으로 뽑혔고, 수료식 날 개최된 모의토론회에서 토론회의 핵심인 진행자 역할을 맡음으로서 경찰의 위상을 높여주었다.

세월이 흐르면서 나는 후배들과 대화를 할 기회가 있을 때 마다 나의 경험담을 들려주었다. "꿈을 이루려면 구체적인 목표를 설정하고 꿈이 이루어질 수 있도록 적극 실천하세요. 길이 막혔다고 생각하는 순간부터 길은 눈에 보이지 않습니다. 하지만 어딘가에 길이 있다고 믿으십시오. 믿음이 크면 클수록 그 길은 반드시 보이게 되어 있으니 꿈을 향해 앞으로 한 걸음 한 걸음 전진하세요" 라며 용기를 심어주는 인생의 선배가 점차 되어가고 있다. *hee*

스물일곱 번째 • 이야기

허리디스크

나는 퇴행성 허리디스크(정확한 병명: 퇴행성추간판탈출증) 환자였다.

40대 초반 젊은 나이에 왜? 척추퇴행이 왔는지 이해할 수가 없다. 허리디스크 판정을 받기 전 나는 수년간 마라토너로서 매일 뛰어다녔는데 그것이 척추에 충격을 준 원인이었는가 싶기도 하지만 그것 말고는 다른 이유를 찾아볼 수가 없었다.

내가 운동으로 생활마라톤을 즐길 때 매일 새벽 5시만 되면 일찍 기상하여 일산 호수공원을 한 바퀴(5km)를 달리고 난 후 집에 가서 샤워를 하고 출근하였다. 그리고 주말에는 두 바퀴(10km)를 달리며 체력을 단련하고 마라톤 대회가 열리는 봄, 가을에는 하프코스(21.095km)로 참가해 꾸준히 달려왔다.

달리는 기분, 그것은 달리는 사람만이 안다. 달릴 때 쿵쾅거리는 심장박동소리, 이마와 등줄기를 타고 흘러내리는 땀의 그 개운함, 달리고 난 후 뻐근한 근육통까지 마라톤은 온몸으로 즐기는 희열이다. 삶에 열정을 불어 넣어주는 원동력이다. 그래서 달리고 또 달렸다.

퇴행성 디스크 판정을 받은 후에는 더 이상 달릴 수가 없었다. 허리디스크에는 마라톤이 제일 악영향을 미친다고 의사 선생님께서 말씀하셨기 때문이다. 마라톤으로 인해 신체가 느끼는 희열, 삶에 열정을 불어 넣어주는 원동력이 하루아침에 상실되었으므로 나는 열정상실로 곧 죽을 것만 같았다.

척추 전문병원인 '우리들병원'을 찾아가 MRI를 촬영한 후 의사선생님께서 하신 말씀은 "배를 열어 장기를 꺼내고 퇴행된 디스크를 싹싹 긁어낸 후 미국에서 수입한 인공디스크를 삽입하고 다시 장기를 넣고 배를 닫은 후, 이어 등 뒤에서 20cm길이로 절개를 한 후 철심을 3개 심어야 안전합니다" 라고 했다.
놀란 마음에 다른 척추전문병원도 찾았다. 그곳 의사 선생님도 똑같은 수술제의를 하셨다.

수술명이 뭐라고 하던데 전문용어라서 잊어버렸고 아무튼 아주 무시무시한 수술요법을 권했었다. 나는 그 수술을 받고 나면 돌이킬 수 없는 장애가 발생할 것만 같아 수술을 해야 할지 말아야 할지 상당한 고민에 빠졌다. 그러던 중 서울대병원의 이춘성 박사님이 쓰신 〈허리디스크이야기〉 라는 책을 지인으로부터 아주 어렵게 구했다며 선물을 받았는데 그때 절판되어 지금도 시중판매가 되지않는 소중한 책이다. 그 책을 정독하고서야 척추를 둘러 싼 인체에 대한 이론이 정립 되었고 내 몸에 칼을 대지 않고서도 치유될 수 있는 방법을 알게 되었다.

그래서 결심했다. 시간이 걸리더라도 1년만 아파보자. 1년 동안만 고통을 참아보자. 수술을 하더라도 1년 후에 하자. 이춘성 박사님이 수술하지 않고도 치유할 수 있는 방법이 있다고 했으니 나는 1년을 마지노선으로 정해놓고 하루하루 극심한 고통을 참아가며 자연치유요법을 실천해 나갔다.

- 그때 터득해 놓은 것이 내 몸에 맞는 40분짜리 요가형 스트레칭을 개발하여 지금도 하고 있는데 벌써 10년째다.
- 좋아하던 마라톤을 미련 없이 버리고 산을 택해 꾸준한 등산을 하였다. 사실 마라톤을 포기하는 데는 상당한 미련이 작용했었다.
- 우리나라 의학계에서는 밥그릇 싸움을 하는지 의료행위로 인정을 해 주지 않는 '카이로프라틱' 선생님을 만나 1년 동안 관리를 받아왔는데 큰 효과가 있었다.
- 다음은 매일매일 헬스장에 나가서 허리근력, 복근운동에 주력했다.
- 그리고 허리가 끊어질 듯이 아플 때마다 염증치료제인 소염진통제를 복용함으로서 척추주변에서 발생하는 염증치료에도 신경을 썼다. 우리동네 '필정형외과' 선생님이 처방해 주는 약의 효과가 제일 좋아서 지금도 상비약으로 두고 필요시 가끔 사용하고 있다.
- 마지막으로 했던 것이 주사요법이었다. 스테로이드제는 아니라

고 하는데 무슨 주사인지 손가락길이의 대바늘을 척추 가운데에 찔러 약물을 주입시켰다. 얼마나 아팠는지 모른다. 이것을 5개월 단위로 두 번 맞았는데 사람들이 '뼈 주사'라고 부르는 주사였다. 결과적으로 효과가 있었다.
- 매일 매일 병상기록을 작성하며 관찰했다.

그렇게 고통을 참고 참으며 자연치유를 향해 노력하고 있던 8개월째 되는 날, 결국 나는 그 고통에 지쳐 수술을 결심하게 된다. 정강이 아래에서 피부 마비증상이 오기 시작했고 고통은 날이 갈수록 더 심해졌다. 이런 식이면 앞으로도 호전될 것이라는 희망은 보이지 않았기 때문이다.

병원에 전화해서 수술일자를 예약해 놓고 기다렸다. 수술은 한 달 후로 잡혔지만 하루라도 빨리 수술을 해서 이 고통에서 해방되고 싶었다.

그런데 기적이 일어나기 시작했다. 그것은 수술 날짜가 일주일 앞으로 다가오자 통증이 완화되는 아주 미세한 느낌으로 그동안 자연치유를 위해 혼신의 힘을 기울여 노력했던 결과가 나타나기 시작한 것이다. 어제와 오늘이 다르고 오늘과 내일이 다른 통증완화증세가 조금씩 조금씩 느껴지고 있었다.

꼭 1년 만에 허리디스크 증세가 99.9% 완화되었다. 하지만 퇴행성 디스크 인자는 그대로 보유하고 있기 때문에 자세가 나쁘다든지 운동을 게을리 한다든지 하면 언제든지 재발할 수 있으므로 헬스와 등산,

요가형 스트레칭은 10년째 생활습관처럼 꾸준히 하고 있다.

 퇴행성 디스크 인자를 보유하고 있음에도 수술을 하지 않고 극복 해 온 10년 세월, 나는 내 척추를 보호하고 관리할 수 있는 노하우를 터득하였으므로 노년까지도 지금의 척추건강을 지킬 수 있으리라 자신하며 나의 버킷 리스트 두 번째 '수술안하고 척추건강 지키기'에 줄을 그었다.

 혹 척추디스크로 고생하고 있는 지인이 계시다면 아무리 좋은 수술이 개발되었다고 할지라도 자연치유만큼 더 좋은 것은 없으니 수술은 최후의 수단이라고 조언해주고 싶다. *hee*

스물여덟 번째 • 이야기

인수봉과 맥가이버

　척추 질환을 치료하기 위해 마라톤을 버리고 산을 택했다. 의사선생님께서는 척추에 무리를 주지 않는 운동은 유일하게 발뒤꿈치가 땅에 닿지 않는 수영이라고 하면서 수영은 척추건강에 아주 좋은 운동이라며 권장했었다. 나는 10살 때 장맛비로 불어난 개천에서 물장구치며 놀다가 아주 깊은 웅덩이로 빨려 들어가 익사할 뻔한 일을 당한 후 물에 대한 공포감을 갖고 성장했다. 내가 수영에만 자신이 있었어도 철인3종 경기에 도전했을 것이지만 디스크 판정 후 마라톤과 수영을 못하니까 등산을 선택할 수밖에 없었다.

　나는 허리디스크의 고통을 감내하며 이를 치유하기 위해 근무를 하지 않는 주말에는 북한산 산성입구에서 출발하여 백운대 정상을 밟고 성곽을 따라 대남문까지 갔다가 7시간 만에 원점으로 돌아오는 등산을 반복했다. 남들은 네댓 시간이면 끝낼 수 있는 거리를 나는 허리 디스크 증상으로 인한 보행 장애 때문에 천천히 늘 혼자 산행을 하였다. 1년 가까이 그렇게 하다 보니 허리디스크 중세도 점차 완화되기 시작하였고 동시에 백운대 정상 바로 맞은편에 거대한 바위 인수봉도 눈에 들어오기 시작했다.

하늘로 용솟음치고 있는 인수봉, 흙 한줌 없고 풀 한포기 자랄 수 없는 거대 바위산 군데군데에 개미처럼 달라 붙어있는 락클라이머들이 보였다. 급경사 진 바위에 사람들이 붙어 있는 것이 너무 신기하여 어느 날은 망원경을 가지고 가서 두 세 시간씩 그들을 관찰했다. 멋있었다. 푸른 창공아래 위엄을 자랑하는 거대 바위산 인수봉을 도전하는 락클라이머들, 그 사이에 알록달록한 옷차림을 한 여성들도 눈에 보인다. 천 길 낭떠러지의 공포감도 안 느껴지는지 오로지 한줄 자일에만 자신의 몸을 맡기고 자연에 도전하는 정신이 참으로 아름답고 매력적으로 보였다.

이 허리가 완전 치유되는 날 나도 저 인수봉 정상에 올라가서 두 손 들고 만세를 불러 보았으면 하는 바램이 생겼다. 그 바램은 수술하지 않고 자연치유로 척추건강을 꼭 지켜내자는 굳은 의지의 표시였고 그건 간절한 소망이었다.

과거 마라톤을 버릴 수 없었던 것처럼 산과 집과 직장은 평행선상에 놓이게 되었고 산을 버리고는 살 수 없을 정도로 산에 대한 매력에 푹 빠져 살게 된지 4년쯤 지났을 때 나를 인수봉으로 안내해 줄 귀인을 만나게 된다.

바로 '맥가이버'라고 불리는 김종구씨였다.

원효봉 릿지 구간에서 우연히 만난 맥가이버.. 그는 내 인생 제2막이 지향하는 삶의 가치를 높여주는 세 명의 귀인 중 첫 번째 사람이다.

맥가이버는 릿지암벽 동호회 선등대장을 맡고 있었는데 그의 선등 실력은 예술에 가까웠고 회원들을 이끄는 리더십은 나무랄 데가 없었다. 락클라이밍은 멤버 상호간에 손발이 척척 맞지 않으면 목숨을 잃을 수도 있는 위험한 스포츠이다. 배낭에 술을 소지한 사람은 동호회에 가입할 수도 없었고 대장이 정해준 순번대로 움직여야 하고 장비 착용부터 해체까지 대장의 명령을 받지 않고는 개인행동을 할 수가 없었다. 그리고 나의 안전이 타인의 안전이고 타인의 안전이 나의 안전이듯이 멤버 상호간에 서로 안전을 확인해 주는 습관들이기, 무게가 많이 나가는 장비는 상호 번갈아 가면서 휴대하고 이동하는 양보와 배려심 기르기 등 맥가이버 대장의 카리스마있는 지도력은 락클라이밍을 처음 배워보려는 초보자인 나에게 있어 믿고 의지하기에 충분했다.

전문 락클라이머가 되려면 정상적으로 등산학교를 수료하고 충분한 훈련을 거쳐야만 될 수 있다. 제대로 발을 딛는데만도 1년이라는 긴 시간이 필요한데 다행히 맥가이버 대장이 나를 멤버로 받아주어서 나는 등산학교를 다니지 않고도 그를 따라다니며 속성으로 기술을 배울 수 있었다.

맥대장을 따라 처음으로 도봉산 자락에 있는 오봉 릿지를 하게 된

날, 등반 중간에 안개비가 내려서 바위가 매우 미끌거렸다. 바위봉 5개 구간을 올라갔다가 하강하기를 반복, 이 구간은 겨울이 지나고 새 봄이 찾아와 본격적인 암벽의 시즌을 맞게 되었을 때 몸풀기식으로 다녀가는 등반연습의 종합세트와도 같은 구간이라고 했다. 나는 긴장된 온몸을 덜덜 떨어가며 바위 다섯 봉을 지나 마지막 60미터 하강까지 무사히 마쳤다. 그 다음날부터 찾아오는 온몸의 근육통과 몸살기운으로 며칠 동안 심하게 앓았던 기억이 난다.

그 후 얼마 머지 않아 드디어 인수봉 등반에 성공했다. 인수봉에서 첫 머리를 올리던 날, 그 감격이야 말로 이루 말할 수 없었다. 저 반대편 백운대 정상에서 인수봉 정상에 서 있는 나를 신기한 듯 바라보고 있는 사람들, 나도 한때 저 사람들 사이에 끼어 망원경으로 이쪽 인수봉 사람들을 바라보았었지.

할 수 없을 것이라는 불가능에 가까운 인수봉 암벽에 도전하여 성공을 거둔 경험은, 훗날 중년을 향해 걸어가는 내 삶이 중도에서 멈추지 않고 새로운 것을 발견하고 도전하는 열정의 뿌리를 내려 주었고, 그 열정으로 나는 나의 버킷리스트 3번째인 '북한산 인수봉에 올라보기'에 줄을 그었다.

척추 디스크를 수술 아닌 자연치유로 이겨내고 마라토너에서 암벽등반으로 변신하게 해 준 내 삶의 은인 맥 대장과의 인연은 1년 남짓, 그 후 나는 새로 연을 맺은 원영, 성진대장 멤버로 들어가 국내에서 이름난 클라이밍 코스를 찾아다니며 정복중이다. 그 세월이 올 들어 9년째... *hee*

스물아홉 번째 • 이야기

삶의 향기가 된 詩

어릴 때부터 시를 좋아했었다. 유명한 시인들의 명시를 담은 시집을 만들어 줄줄 외우고 다녔으나 누구에게 시를 들려줄 생각은 하지 못했었다. 그런데 어느 워크샵 자리에서 한 참석자가 자신의 애송시라고 소개하면서 도종환 시인의 "흔들리며 피는 꽃"을 열심히 낭송했는데 안타깝게도 나를 포함해 함께 있는 사람들에게 깊은 감동을 주진 못했다. 그럼에도 불구하고 자신만은 그 시에 흠뻑 심취하여 낭송하였던 용기에 많은 박수갈채를 보냈던 기억이 난다.

시를 노래에 비유하자면 시인은 작곡가이자 작사자이고 시낭송가는 가수라고 볼 수 있다. 가수들은 누구든지 노래를 잘 부른다. 선천적으로 좋은 목청을 타고 나기도하겠지만 그것으로 다 가수가 되는 것은 아닐 것이다. 어떤 이는 목에서 쉰 소리가 나와서 가수의 기질이 없다고 생각하는데도 트레이닝을 잘 받아서 그런지 개성 있는 목소리를 소유한 가수로 데뷔하고 음반을 내는 것을 보면 신기하기도 하다.

　나의 경험으로 본다면, 나는 좋은 성대를 가지고 태어나지 못했다. 그래서 노래를 잘 부르지 못하고 남 앞에서 노래 부르는 것을 즐겨하지도 않는다. 어쩔 수 없는 상황에서 노래방에 가게 되었을 때 두곡 연속으로 노래를 부르면 금방 목소리가 갈라지고 쉰소리를 하게 되니 말이다.

　그런데 목소리에 자신이 없던 내가 시낭송을 잘 할 수 있는 음성을 가지고 있다는 때늦은 발견은 경이로운 일이었다.

　먼저, 내가 시낭송에 매혹을 느낀 계기가 있었다.
2012년 가을, 경기2청 개청식 행사 때 시낭송가 목진희 선생님이 초청되었는데 그때 선생님의 축시로 김옥림 시인의 〈희망을 주는 사람〉 시낭송을 듣게 되었다. 지금까지 들어보았던 그 유명한 성우들이 발표한 시낭송 음반도 내 가슴을 파고들지 못했는데 선생님의 음성은 날개를 달고 향기가 되어 내 가슴에 날아들었다. 처음 들어보는 매혹의 목소리...
"아! 시에도 노래처럼 음표가 달려 있었구나"
그때부터 나는 시낭송의 매력에 푹 빠져버렸다.

　그 후 나는 유명한 성우 〈오미희의 노래하는 시〉 음반을 서점에서 구입하여 한 100번 정도 반복 청취했을까? 청취하면서 발음, 감정이입, 호흡, 쉼, 배경음악과의 조화... 여러 가지를 분석했다. 그리고 따라했다. 제대로 될 리가 없었다. 녹음을 하여 들어보니 경상도 억양이 간간히 섞여 있어서 세련되지 못하게 들렸다. 특히 우리 남편은 사투리 억양이 시낭송의 격을 살리지 못하니까 그만 두는 것이 좋겠다는 말도 했다. 그래도 나는 남편의 말을 채찍으로 삼아 계속하였다.

홀로 그렇게 연습한지 1년이 지나 내가 처음으로 대중 앞에서 시를 낭송하게 된 날이 있었다. 그것은 내가 과장으로 승진하여 파주경찰서에 부임했을 때다. 때마침 직장훈련이 있는 날이라 대강당에는 250여명의 직원들이 모여 있었고 나는 부임 인사를 어떤 멘트로 할까 잠시 고민했었다.

"안녕하십니까? 새로 부임한 생활안전과장입니다. 여러분들과 함께 근무하는 동안 파주경찰서를 빛낼 수 있도록 열심히 하겠습니다. 잘 부탁합니다."

보통 이런 멘트에 살을 좀 더 붙여서 인사를 하곤 하지만 나는 그렇게 단순한 인사로 갈음하고 싶진 않았다.

그래서 전날 당직근무를 하면서 밤새 외워두었던 시를 낭송하기로 마음먹고 무대 위로 올라가 맞은 편에 보이는 방송실 직원에게 잔잔한 배경음악이 있다면 틀어줄 수 있겠느냐고 사전 예고없이 주문했다.

그때 방송실에서는 〈떠난 날을 위한 엘레지〉라는 곡의 경음악을 보내주었고, 나는 그 음악에 맞추어 구한말 언더우드 선교사가 지은 '기도의 낙서장' 중에 있는 〈나는 행복한 사람입니다〉라는 시 한편을 낭송했다. 반응이 괜찮았고 나 또한 매우 만족했다.

이 일이 계기가 되어 나는 기회가 있을 때마다 직원들에게 시낭송을 해 주었고 직원들도 매우 좋아하며 함께 동화되어 갔다.

가수 이용의 〈시월의 마지막 밤〉이라는 노래가 생각나는 그해 10월 31일.

2년 전 경기2청 개청식 행사장에서 서로 바빠 통성명조차 하지 못하고 헤어졌던 목진희 선생님으로부터 지인을 통해 연락이 왔다. 선생님 댁에서 개최하는 '시문학의 밤'에 참석해 달라는 초청이었다. 그 날이 내 인생 2막, 삶의 가치를 높여주는 세 명의 귀인 중 두 번째인 목진희 선생님과의 인연이 시작된 날이다.

그날 밤 행사장에서 나는 김옥림 시인의 〈나도 누군가에게 소중한 만남이고 싶다〉라는 시를 낭송하였고, 선생님께서는 잘한다는 극찬을 해 주셨다. 그리고 시낭송가의 기질을 가지고 있으니 시낭송대회에 출전하여 시낭송가 인증을 받고 프로로서의 활동을 할 것을 권유받았다. 나는 선생님께서 과찬을 하는 것 같다며 겸손하게 거절하였다가 몇 차례 더 제의를 받고 출전을 결심하였다.

길지 않은 기간 선생님으로부터 트레이닝을 받고 한 달 후인 그해 12월,

원로시인 황금찬 선생님과 한국시낭송가협회에서 주최하는 '전국 성인시낭송대회'에 출전하여 영광스럽게도 은상을 획득하고 '시낭송가 인증서'를 받게 되었다.

시낭송가 인증을 받은 후 제일 먼저 했던 일은 내가 제일 좋아하는 김옥림 시인의 〈그 마음에는〉 이라는 시 한편을 뒷면에 새겨 넣은 명함을 제작한 것이었다. 그리고 그 첫 장을 내 인생 2막을 준비하는데 도움을 주신 두 번째 귀인 목진희 선생님께 드렸는데 선생님께서는 자신의 일처럼 매우 기뻐해 주셨다.

남은 명함은 평소처럼 사용하였는데 내 명함을 받은 사람들의 첫 마디가 "어머! 시낭송가세요?" 하며 좋은 반응을 보였다. 그러면 나는 때에 따라 뒷면의 시를 즉석에서 낭송해 주곤 하는데 사람들은 경찰관이라는 이미지가 어딘가 경직되고 부드럽지 못할 것이라고 생각했던 선입견을 버리고 시 낭송 후 나와의 대화는 매우 순조롭게 이어지는 효과가 있었다.

명함을 받은 사람들의 입소문을 통해 나는 시낭송해주는 경찰관으로 점점 유명해져 갔다. 시를 낭송하는 경찰관이 특별했는지 중앙일보 전익진 기자분이 나를 취재하여 2015년 1월29일 중앙일보 인물면에 보도하였고, 동시에 중앙일보 인터넷 기사에도 시낭송하는 동영상이 올려져 많은 조회수를 기록했다.

어떤 사람은 이 동영상을 복사해서 자신의 블로그에 올리기도 했고 또 어떤 사람은 지하철 출근길에서 신문을 읽고 많은 감동을 받았다며 자신이 쓴 책들을 싸서 내 사무실에 택배로 보내기도 했다. 또 어떤 사람은 자신이 낸 시집을 수 권 보내와서 자신의 시를 노래해 주기를 바랬다.

그해 겨울에는 EBS 라디오 출연요청이 들어와,

2015년 12월 1일 오전10시「시 콘서트, 윤덕원입니다」의 2부 방송인「시를 사랑하는 그녀를 만나다」에 출연해 진행자인 윤덕원 DJ와 60분간 토크하며 시를 낭송했다.

이로서 나는 내 꿈의 하나를 또 이루었고, 나의 버킷 리스트 4번째 항목인 '시낭송가로 활동하기'를 지우게 되는 순간을 맞으며 시낭송은 내 삶의 일부가 되어 갔다.

시는 아름다운 언어의 표현이다. 그리고 삶의 향기다. 꽃이 향기로 말하듯 세상 사람들도 향기로 말할 수 있다면 얼마나 좋을까? 생각하며 오늘도 나는 누군가의 가슴에 촉촉한 단비가 될 한편의 시를 낭송할 준비를 한다. *hee*

서른 번째 • 이야기

쉰 두 살에 배운 피아노

스무 살 때, 내가 손글씨를 써서 만들어 놓은 시집이 한 권 있었다.
그 속에는 어디서 인용했는지 모를 출처불명의 아름다운 시가 있다.

나는 골목을 지날 때 발을 멈추고
한참이나 서 있게 하는
피아노 소리를 좋아한다.

코오피 끓이는 냄새, 짙은 라일락 냄새
국화, 수선화, 소나무의 향기를 좋아한다.

여러 사람을 좋아하며
아무도 미워하지 아니하며
몇몇 사람을 끔찍히 사랑하며 살고 싶다.

나는 이 시를 오랜 세월동안 가슴에 담고 살아왔다. 마치 내가 평생을 두고 이루어내야 하는 기도문처럼 말이다.

피아노.
지금은 아파트 생활을 주로 하기 때문에 피아노 소리는 층간소음으로 이웃 간에 마찰을 빚기도 하지만 피아노를 가진 집이 흔치 않았던 어린 시절에 누구나 한번쯤은 피아노 소리가 흘러나오는 집 담벼락에 귀를 기울이고 들었던 기억이 있을 것이다.

중학교 1학년 때 같은 반에 예쁜 여자아이가 있었다. 들리는 소문에 아버지가 의사였다니 꽤 잘사는 집 아이였나 보다.

국민학교를 졸업하고 중학교가 배정 되면 엄마 손을 잡고 학교 근처에 있는 교복 맞춤집에 가서 교복을 맞추었다. 그때는 스마트 교복과 엘리트 교복 딱 두 가지 브랜드만 있었는데 엘리트 교복은 스마트 교복에 비해 질감이 약간 따뜻하게 느껴진다며 우리 엄마는 엘리트 교복만을 선호하셨다. 그리고 1학년 때 맞추는 교복은 3학년까지 입을 것을 생각해서 미리 크게 맞추는데 나 역시도 몸에 맞지 않는 헐렁한 교복을 입고 입학식에 갔었다.

그런데 그 아이는 부잣집 딸이라서 그런지 1학년임에도 불구하고 3학년 선배들처럼 몸에 딱 맞는 예쁜 교복을 입고 다녔다. 그리고 수업이 끝나면 뒤도 돌아보지 않고 나갔는데 정문 밖에는 언제나 검정색 고급승용차가 대기하고 있다가 아이를 태워갔다.

학급 누구와도 친한 친구가 없었고 대화도 없었으며 쉬는 시간에 화장실 다녀오는 일 외에는 책만 읽고 있는 아이였다. 유난히 눈동자가 새까맣고 속눈썹이 길어 보이는 아이였다. 친구 누구와도 친한 사람이 없었으니 그 아이의 사생활은 베일에 쌓여있었고 학생들은 급기야 그 아이에 대한 무성한 소문들을 만들어 내기 시작했다. 교복치마 속에서 매 맞은 피멍혼적을 보았다거나 그 아이의 아버지는 폭력을 행사하는 사람이고 엄마는 계모다. 혹은 그 아이는 백혈병에 걸려 얼굴이 창백하고 그래서 학교 끝나면 승용차에 태워져 병원으로 직행한다는 등 근거없는 소문들이었다.

그 아이의 집은 우리 집에서 교회 가는 길목 중간쯤에 있었다. 그 아이 방은 사람들이 지나다니는 길가 쪽에 있었는데 창문 틈으로는 언제나 맑은음 피아노소리가 흘러나왔다. 나는 그곳을 지날 때 마다 걸음을 멈추고 전봇대에 기대어 피아노소리를 훔쳐 듣곤 했다.
어느 날 피아노소리가 멈추더니 창문 안쪽에서 그 아이의 얼굴이 불쑥 올라왔다. 나는 반가움과 어색함이 교차되어 잠시 머뭇거리다가 "안녕? 황미경, 너... 피아노 잘 친다." 라고 말을 붙이며 인사했더니 그 아이는 약간의 미소를 보이다가 아무 말없이 사라졌다. 그해 여름방학이 끝나고 학교에 갔을 때 그 아이는 이미 서울로 전학을 간 후였다.

그 시절 한때 그 아이의 집 담벼락은 내 마음의 쉼터였었다.
그러나 피아노 소리가 멈춘 후의 그 공허함이란 말로 표현 할 수 없을만큼 고독하고 쓸쓸하였다. 해가 거듭될수록 담벼락 밑 피아노 소리에 대한 갈증은 더해만 갔고 중년이 가까워진 긴 세월에도 결코 잊지 못하는 그리움의 소리가 되었다.

그런데 내 나이 쉰 살이 되었을 때,
내 인생 2막이 지향하는 삶, 세 번째 귀인인 정기석 선배님을 만나게 되는 행운을 얻는다.

선배님께서는 예순 살에 정년퇴임을 맞으셨다.
재직기간 중 내가 알고 있던 선배님은 평범한 경찰관이셨다. 검도가 9단이라 경찰의 반은 검도사범으로 경찰관에게 무도훈련을 지도하셨고, 경찰의 반은 형사계장으로 강력범 수사를 지휘하셨던 분이다. 남달리 불심(佛心)이 깊어서인지 성품은 온화하고 차분하시며 감정의 기복이 없으신 분으로 기억한다.

선배님과 같은 부서에 근무하지는 않았지만 우연히 복도를 지나가다 마주치면 삶에 대한 잔잔한 대화로 지혜를 가르쳐 주셨던 선배님, 언젠가 기동대 복무를 마치고 1년 후 복귀했을 때 선배님은 이미 퇴직하고 안계셨다. 해마다 많은 선배님들이 경찰조직을 떠나가듯 그 선배님 역시 떠나간 선배님들 중 한분이셨고 내 기억 속에서 점차 잊혀져갔다.

그리고 3년이 지났을 무렵, 잊고 살았던 선배님이 내 사무실 문을 열고 들어오셨다. 갑작스런 방문에 나는 너무 놀랍고 반가웠지만 그동안 안부전화 한 번 여쭙지 못했던 송구스러움앞섰다.

보통 퇴직하고 이삼년 지나면 옛 모습을 찾기 힘들 정도로 팍삭 늙는다는데, 선배님은 퇴직 후 3년이 지났음에도 더욱 젊은 모습을 간직하고 계셨다. 얼굴은 화색이 돌아 반지르르 윤기가 나고 하얀 와이셔츠에 까아만 양복을 빼 입으신 모습 뒤에는 고고한 아우라(Aura)까지 펼쳐진 듯하였다.

평소 후배들 사이에서 선배님에 대한 소문은 돈이 많아 노후가 편안할 것이라는 말을 종종 들었기 때문에 선배님이 늙지 않고 좋은 모습을 간직할 수 있었던 것은 좋은 약, 좋은 음식을 즐겨 드시고 세계 곳곳에 여행도 다니며 인생을 그 누구보다 윤택하게 살고 계시기 때문이라고 생각하며 물었다.

"선배님 그동안 어떻게 지내셨어요? 피부색도 좋으시고 광채가 나요. 선배님께서 들어오시는데 오페라 가수가 들어오시는 줄 알았어요.. 스타일이 예술적이세요. 호호~ 그동안 해외여행도 많이 다니셨겠지요?"

선배님의 대답은 의외로 간결했다.
"아니야. 해외여행 한 번도 못나갔어."

"아니, 왜요? 어디 아프셨어요?"

"아니야, 나.. 피아노 치잖아. 그래서 여행도 못 다녔어."

"피아노요? 멋있어요. 선배님! 현직에 계실 때에도 원래 피아노를 치셨어요?"

"아니, 퇴직한 다음날부터 아파트 상가에 있는 애들 가르치는 피아노 학원에 등록해서 하루 8시간씩 피아노 치고 있어. 지금 3년째야. 낮에는 학원에서 피아노치고 밤에는 악보 이론공부 하느라 여행도 못 다녔어. 여행보다 피아노 배우는 게 더 즐거운 걸."

놀라웠다.
내 예상과 완전히 엇갈린 선배님의 삶!
퇴직 후 노년의 길로 접어 들어간다는 60이후의 인생!
아! 60은 새로운 시작의 출발점이었구나.
선배님의 일상에서 앞으로 내가 걸어가야 할 인생의 길이 보였다.

그 후 선배님은 몇 달 건너 두 번을 더 다녀가셨는데, 그때마다 선배님은 새로운 삶의 소식을 전해 주셨다.

"오늘은 민원실에 일보러 온 길에 잠시 들렀어, 차 바꾸었냐고? 아니야, 폐차하고 새 차를 사진 않았어. 이젠 차 없이 살아보려고. 차가 없으니까 좋네, 가까운 데는 걸어 다니고 먼 곳은 버스타고 다니고. 뭐 바쁜거 있나, 그렇게 여유가 있어 좋네. 가장 필요했던 것을 버리고 나면 남은 것은 쉽게 버릴 수 있을 것 같아서.. 그렇게 해보는 거야."

"요새는 베란다 햇볕이 좋아서 간장을 담가봤어. 시골 가다가 메주 좋은 것 두어덩이 사다가 장을 담가봤지. 잘 익으면 좋은 사람들과 나눠보려고, 사람 사는 게 뭐 그런 거 아니겠나."

"피아노 연주회? 아직이야, 사람들도 자꾸 연주회 해보라고 하는데, 글쎄, 나는 한 10년 지나면 해 볼까 생각해. 사람들에게 감동을 주는 그런 완전한 모습을 보여줘야 할 것 같아서."

"피아노 칠 생각 있으면 지금 시작해, 퇴직하고 시작하면 이미 늦어. 퇴직하면 뭔가 되어 있어야지. 미리 미리 준비하면서 퇴직을 맞아야 해."

선배님의 삶은 내게 있어 큰 깨우침이 되었다.
오랜 세월 갈증으로 목말라 있던 마음의 우물에 해갈의 물이 고이기 시작했고, 세월의 흔적으로 무뎌지고 못생겨진 손가락 마디마디에서는 연녹색의 어린잎들이 돋아날 것 같았다. 이 어린잎들은 하얗고 검은 건반 위를 뛰어다니며 아름다운 멜로디로 승화시켜 내 중년의 삶을 미치도록 사랑스럽게 만들 것 같았다.

나는 '나의 버킷 리스트' 5번째 항목에 '사람들 앞에서 피아노 연주하기'를 추가로 삽입해 놓고 가급적 빠른 시일 안에 목표를 달성할 수 있도록 모든 열정을 다 쏟아붓기 시작했다. 예순 살 선배님의 손가락에서 가능성을 보았기 때문에 쉰 두 살이었던 나는 망설이지 않고 비교적 쉽게 결심할 수 있었다.

선배님처럼 아파트 상가 피아노학원에 등록을 하여 바이엘 1권부터 시작하는 초급자 레슨을 받기 시작했고, 집에서는 층간소음을 일으키지 않는 디지털피아노를 구입해서 이어폰을 끼고 새벽2시까지, 어떤 때는 밤을 새워 하루도 건너뛸 수 없는 연습에 몰두하였다. 굳어있는 손가락이 하얀 건반위에서 나비처럼 춤추는 흉내를 내려니 여간 힘든 일이 아니었고 손가락에 쥐가 내리는 듯도 하였다. 똥땅똥땅.. 처음엔 비록 서툰 소리를 냈을지라도 머지않아 예쁜 소녀가 들려주었던 담벼락 밑의 쉼터처럼, 나도 누군가에게 고단한 삶을 위로하는 쉼터가 될 것을 꿈꾸며 매일 매일 행복한 연습을 하였다.

그러기를 2년쯤 지났을 때 나를 지도하셨던 레슨 선생님께서 내 실력은 피아노 5년 이상 친 사람 버금가는 실력을 갖추었다며 이렇게 조언해 주셨다.

"이제는 사람들 앞에서 연주하는 연습을 하세요. 대중 앞에서 연주를 한다는 것이 예상외로 많이 떨립니다. 상당한 용기가 필요해요. 대중 앞에서 자신 있게 연주하려면 작은데서 부터 경험을 쌓아야 합니다."

〈다솜갤러리카페〉
예술인 부부가 운영하는 그곳은 송추검문소 삼거리에서 구파발 방향으로 1km지점 왼쪽에 위치해 있다. 내 아지트나 다름없는 그곳에서 나는 기회가 있을 때 마다 몇몇 지인들을 초대하여 놓고 초출한 피아노 연주회를 가질 수 있었다.

내가 힘들어 내 영혼이 지칠 때 당신이 나를 일으킴은 내게 큰 힘이 된다는 의미를 담은 〈You raise me up〉은 내가 제일 좋아하는 노래이며 곡이다. 이 곡을 피아노로 연주하면 지인들의 분위기는 조용한 늪에 빠진 듯 숙연해 지다가 그 다음 곡으로 이어서 〈아드린느를 위한 발라드〉를 명쾌하게 치면 사람들의 마음은 구름에서 벗어나 햇볕 잘 드는 곳으로 온 것처럼 감정이 요동친다고 했다.

손님 중에 어떤 사람은 내가 그곳에 고용된 사람인줄 알았다가 주인으로부터 나 역시 손님이라는 말을 듣고는 내가 온다고 하는 날짜에 자기한테도 연락을 해 주면 연주 감상을 하러 오겠노라고 부탁했다 하니 말만 들어도 행복하기 그지없다.

많은 대중이 모인 곳은 아니지만 나는 벌써 20여회 이상 그곳에서 조촐한 연주회를 열었고 피아노 앞에만 앉으면 더 큰 세상이 기다리고 있는 것 같아 마음은 언제나 설레이고 가슴은 뿌듯했다.
중년은 우울증의 대명사인 듯 했는데 내 중년의 시작은 이런 설레임을 안고 출발할 수 있으니 이 얼마나 기쁘고 행복한 일인가?

나는 나의 버킷 리스트 5번째 항목인 '사람들 앞에서 피아노 연주하기'에 줄을 긋고 또 다른 꿈을 꾸어본다. 무대 조명을 받는 화려함보다 일상에서 뭇 사람들의 가슴에 휴식을 주고 쉼터가 되는 사람이 되고 싶다고. 그래서 나를 필요로 하는 곳이면 어디든지 찾아가서 피아노 연주봉사를 하며 살고 싶다고.. 영원히 그렇게 살아보겠다는 생각을 가져본다. *hee*

서른한 번째 • 이야기

내 인생의
홀로그램 자서전

   큰 맘 먹고 처음으로 내 소유의 노트북을 하나 장만했다. 1kg 무게인 삼성제품인데 그 모양새가 앙증맞기 이를 데가 없다. 이제는 가족들의 노트북을 빌려 쓰는 불편함이 없어 좋다.

   학창 시절 한 학년씩 학급이 올라갈 때 마다 장만했던 새하얗고 깨끗한 노트를 생각했다. 새 학기, 새 교실, 새 담임, 새 친구, 새 노트...
   새 노트의 첫 장을 열어 첫 글씨를 쓸 때의 그 미세한 손 떨림을 기억한다. 지우개로 지울 수도 없었던 모나미 볼펜을 쥐고 첫 장은 또박또박 유난히도 예쁜 글씨로 필기해 나갔었지. 그리고 생각했다. 열심히 공부해서 좋은 성적을 낼 것이라고.. 그것은 학년이 올라갈 때마다 가졌던 초심이었다.

   노트북을 내려다보면서 학창시절의 새 노트와 똑 같다는 생각을 했다.

그리고 고민했다. 내 노트북의 첫 페이지에는 무엇을 기록할까...

사실 노트북을 구입했던 목적은 따로 있었다.
사무실에서 사용하는 PC에는 보안프로그램이 깔려 있어서 내부망과 외부망을 호환시켜서 작업하기에 그 절차가 여간 복잡한 것이 아니었다. 우리 기성세대가 대체로 그러하듯이 나도 워드프로세서 문서작업만 잘 했지 그 외의 것은 문외한이었다. 그래서 시낭송 PPT를 하나 만들고 싶어도 직원에게 부탁해서 만들었는데 자꾸 만들어 달라고 하려니 미안하기도 하여 내 손으로 직접 만들어보기 위해서 노트북을 장만했던 것이다.

그랬던 것이 이 작은 노트북에 우선 내 인생의 히스토리를 담아보고 싶은 생각이 들었다. 그래서 애송시 한편에 소소한 나의 일상 내지는 일화 한편씩, 그렇게 기록을 하다 보니 내용이 점점 쌓이고 어느새 내 인생의 밑그림이 그려지고 있는 것을 발견했다.

쌓여가는 원고를 찬찬히 읽어보니 잘못 살아온 것 같지도 않았다.
경찰에 처음 입문했을 때 부모님 연세와도 같았던 대선배님들을 보면서 "경찰생활 30년 세월을 어떻게 살아오셨어요?"라고 묻고 싶었는데 차마 물어볼 수도 없었고 차마 대답조차 듣지 못한 아쉬움을 남긴 채 선배님들은 경찰조직을 떠나가셨다.

우리는 주변에서 존경받을 인물들을 많이 본다.
UN 반기문 사무총장이 운이 좋아서 그 자리에까지 올라간 것이 아니었기에 우리는 대한민국이라는 작은 나라에서 어떻게 국제연합을 이끄는 사무총장에 선출되었는지 여러 자료를 통해서 그 삶을 들여다보게 된다.

　이처럼 우리는 사회적으로 성공을 거두었거나 존경받기에 마땅하다고 생각되는 분들의 삶을 들여다보고 용기를 얻으며 자기 인생을 설계를 하는데 참고하고 그와 같은 사람이 되도록 노력하기도 한다.

　하지만 나는 유명인사가 아니다. 그렇다고 내 삶에 자랑할 만큼 훌륭한 업적이 있는 것도 아니다. 내가 수필집 형식의 책을 내는 이유는 단 하나, 경찰관으로서 30년 이상 살아온 내 인생이 결코 무의미한 삶이 아니었기에 내가 사랑했던 경찰관으로서의 삶을 소장하고 싶고 혹 소소한 나의 일상이 단 한명의 경찰후배에게라도 도움이 될 수 있다면 그것만으로도 나는 만족하고 행복하겠다.

　그리고 60세 이후의 자기 인생을 설계하는 소중한 지인들에게도 인생 2막이 지향하는 행복한 삶, 건강한 삶을 위한 나의 이 열정 바이러스를 전염시켜 그들에게도 뜨거운 열병을 앓게 해 줄 수 있다면 이 또한 지극히 행복한 일이 아니겠나 싶다.

　그래서 54세의 나이에 경찰생활 30년을 회고하는 수필집을 출간하게 되었고, 이로서 '나의 버킷 리스트' 여섯 번째 항목인 '자서전 출간하기'에 줄을 그었다. *hee*

서른두 번째 • 이야기

봉사라는 이름의 꽃

   IMF가 터지기 전인 오래된 일이다.

   겨울철 매서운 칼바람이 고층건물을 한 바퀴 휘감고 돌면서 어디선가 말라붙어 있던 갈낙엽들을 쓸어내리는 시내 중심에 양말 파는 아저씨가 있었다.

   그 아저씨는 저녁 8시쯤 나와서 사람들이 가장 많이 붐비는 시각에 한 두 시간 만 양말을 팔고 집으로 돌아가는 아저씨였다.

   지금은 중국 인력시장이 좋아서 형형색색의 저렴하고도 질 좋은 made in china 양말을 어디에서건 구입할 수 있지만, 그 아저씨가 양말을 팔 때만해도 중국시장이 활성화되지 않았기 때문에 국내 의류업체로부터 하청 받은 가내공업이 성행했었다. 국내에서 판매되는 제품들이 거의 국내 생산제품이었으므로 가격이 싼 편은 아니었고 지금처럼 물량이 넘쳐나지도 않았다.

그 때 아저씨의 부인은 집에서 양말을 짰었는데 양말 짜는 일이 생업(生業)은 아니고 아저씨가 팔 물량만큼만 조금씩 짰다고 한다. 아저씨는 퇴근한 후 집에서 저녁식사를 하고 시내중심에 나와서 추우나 더우나 아내가 짜놓은 양말을 팔았다.

아저씨가 파는 양말 값은 시중보다 많이 저렴했기 때문에 양말의 질이 고급지지 않았으나 그렇다고 많이 허접한 것도 아니었다. 그저 오고가는 사람들이 부담 없이 한 두 켤레 사가는 정도였다.

큰 이윤을 생각하지도 않았고 안 팔린다고 불평하는 일도 없었다.
양말을 팔았던 작은 화물차 표면에는 "양말 파는 수익금은 불우한 이웃을 돕는데 사용됩니다"라는 문구를 붙여놓았기 때문에 손님들은 양말의 질보다는 불우한 이웃을 돕는 성금으로 기부한다 생각하고 구입하는 사람들이 대부분이었다.

내가 그 지역 경찰서로 발령을 받은 후 퇴근길에 양말 파는 아저씨를 몇 번 본적 있었으나 양말을 구입한 적은 한 번도 없었다. 그러던 어느 날 퇴근 무렵에 직원 몇 명과 대화를 나누던 중 양말 파는 아저씨가 그 중 한분이었다는 말을 듣고 깜짝 놀랐다. 독실한 크리스천에다가 시간날 때마다 봉사를 한다는 그분은 바로 경찰관이었던 것이다.

여러 번 발령이 거듭되면서 그 선배님과 연락은 하지 않고 살았으나 아마도 정년을 맞이하여 오래전에 공직을 떠났을 선배님, 그 선배님의 봉사정신은 오랜 세월 속에 아름답고 좋은 기억으로 남아 있었다.

그리고 그 기억은 지금 내가 수필집을 출간하여 판매가 잘 된다면 그 수익금을 사회에 환원하겠다는 실천의지로 키운 것이다.

그 이후로도 나는 봉사활동을 하는 많은 경찰관들을 눈 여겨 보았다.
노인정을 다니면서 영정사진을 찍어주는 경찰관, 아코디언 하나로 온갖 묘기를 다 부리며 소외계층을 위로하는 경찰관, 극심한 장애를 안고 살아가는 시설을 찾아 정기적으로 목욕봉사를 실천하는 경찰관, 물론 경제적으로 도움을 주는 독지가들도 많이 보았다.

경찰업무를 하고 있으면 경찰을 돕는, 소위 말하면 경찰협력단체에 소속이 되어 치안봉사를 하는 분들도 수도 없이 많이 만날 수 있다.
그 분들은 순수 무급으로 봉사활동을 하는데 대표적인 단체를 꼽는다면, 교통체증이 빚어지는 곳 어디에서나 만날 수 있는 모범운전자회 회원들, 야간에 동네 순찰을 돌아주는 자율방범대 회원들, 어린이 안전을 지켜주는 어머니폴리스나 녹색어머니회 회원들이 바로 그 분들이다. 그리고 그 외에도 더 많은 봉사단체들이 있다.

치안수요의 급증에 비해 경찰인력이 턱 없이 부족하기 때문에 치안협력단체 봉사자들의 활동은 우리 사회를 좀 더 안전하고 따뜻한 사회로 이끌어나가는데 큰 몫을 한다.
우리 사회에 이처럼 자신의 희생을 각오하고 남을 위해 봉사하는 사람이 없다면 이 사회가 얼마나 삭막하겠는가?

사회 곳곳에서 봉사활동을 하는 사람이야말로 우리 사회의 꽃이다.

내가 시낭가로서 활동하는 것도, 쉰 넘은 나이에 피아노를 배운 것도, 구연동화를 배워보겠다는 것도 알고 보면 봉사활동을 해오던 사람들로부터 봉사정신을 전수받은 것이라고 볼 수 있다. 나는 이 소질을 계발하여 머지않아 내가 공직생활하면서 안락한 생활을 영위해 온 것에 대한 보답으로 힘들고 지친 사람들을 위해 봉사라는 아름다운 이름으로 꼭 사회에 환원시킬 것이라고 다짐한다. *hee*

서른세 번째 • 이야기

독서여행 클럽, 時失里

〈시실리〉

시실리는 이탈리아 남부 지중해에 있는 작은 섬인데 원래 명칭은 '시칠리아'이고 우리나라 사람들이 '시실리아' 혹은 '시실리'로 부르고 있다. 시칠리아 이건 시실리아 이건 나에게는 별 의미가 없지만, 〈시실리〉라고 하는 것에는 번뜩이는 지혜가 모아졌다.

〈시실리〉를 굳이 한자어로 표기해 본다면 '時失里'로서 '시간을 잃는 마을'이라는 의미를 담을 수 있다.

미하엘 엔데가 지은 '모모'라는 어른들을 위한 동화가 있는데, 이 동화의 주인공인 떠돌이 소녀 모모는 마을의 한 원형극장에 살면서 악당들로부터 빼앗긴 마을 사람들의 시간을 찾아준다는 내용이다. 이 책은 청소년기에 누구나 한번쯤은 다 읽어봤을 정도이고 지금도 대형

서점에서는 베스트셀러나 추천도서로 선정할 만큼 유명한 책으로 꼽힌다. 시간이란 이처럼 사람들에게 있어 아주 소중하다는 것을 일깨워 주는 책이다.

'時失里'에서 시간을 잃는다는 것은 두 가지 의미로 나눌 수 있다.
하나는 목표설정이나 계획성 없이 무의미하게 하루하루를 보냄으로서 시간을 잃는다는 의미가 있고, 또 하나는 내 삶을 제대로 설계할 줄 아는 사람들만이 가질 수 있는 아주 유익한 프로그램에 참여하거나 또는 흥미로운 놀이문화에 젖는다거나 자신이 좋아하는 일을 찾아서 시간가는 줄 모르고 즐긴다는 의미가 있다.

전자에 빠져 사는 사람들의 대부분은 지금의 상황에 안주하고 희망을 갖지 않는 사람들이다. 그들은 계획이나 목표 따위는 성가신 것이라고 생각하며 아무것도 고민하려 하지 않는다. 그리고 움직임 자체를 싫어해서 사람들과의 교류도 귀찮아하는 성향을 가진다. 계획이나 고민 따위는 스스로에게 스트레스를 주는 일이라 여기고 다람쥐 쳇바퀴 돌 듯 어제와 오늘 그리고 내일이 동일한, 변수 없는 그런 삶이 편하다고 느끼는 사람들이다. 하지만 그것을 불편으로 느끼지 않기 때문에 그 사람 나름대로는 자신이 행복하다고 여기기도 한다.

하지만 전자를 버리고 과감히 후자를 선택한 사람들은 몸은 다소 고단할지 몰라도 건강이 보장되고 계획과 목표를 향한 희망의 세계로 나아간다. 그들은 모두 사람들과의 교류를 즐기며 삶 자체가 유연하면서도 탄력적인데 나와 친분이 있는 대부분의 사람들이 후자에 속한다. 긍정적인 마인드로 자신의 삶을 잘 설계해 나가는 사람들이 주위에 많다는 것은 함께 어울림으로서 나의 삶에 전이되어 결국 내가 행복해 지는 길이다고 믿는다.

  책 이야기를 하자면, 부끄럽게도 나는 책을 참 안 읽는 사람 축에 속한다.
  그러면서도 다행인 것은 단 한권의 책을 읽더라도 반드시 정독을 하고 독후감을 남기는 오래된 습관을 가지고 있다는 것이다. 내가 읽었던 책 중, 특히 건강에 관련이 있어서 다른 사람에게 권하고 싶은 책은 그 줄거리를 뽑아서 A4용지에 워드작업을 하고 비닐 캡에 넣어서 친한 사람들에게 선물로 주기도 한다. 그 줄거리는 책을 한권 읽는 것이나 마찬가지니까 나처럼 시간이 없어서 책을 못 읽는 사람들에 대한 나의 작은 배려이기도 하다.

  하지만 독서를 싫어하는 것은 절대로 아니다. 서점에 가면 책 욕심이 생겨서 여러 권의 책을 한꺼번에 사들고 오는데 우리 집 책꽂이에는 읽지 않은 책들이 수두룩하다. 이 책들은 정작 몰두해서는 읽을 시간이 없어서 나중에 읽을 요량으로 아껴두고 있을 뿐인데 사람들은 이런 것을 보고 책을 잘 안 읽는 사람들의 자기 합리화, 즉 변명이라고 할 것이다. 개중에는 "어, 나도 그런데" 하며 동지 만난 것처럼 공감하는 사람도 있을 것으로 생각된다.

  내게는 지금 책보다 더 소중한 일들이 많다. 책을 읽기 위해서는 어느 것 한 가지를 포기해야 하는데 포기할 것이 없어 문제다.

출근 전에는 조간신문 핫 이슈거리라도 보고 나와야하고, 퇴근하면 곧 바로 피아노 연습실에 가서 2시간씩 연습에 몰두한다. 8시쯤 다이어트 김밥 한 줄로 저녁을 간단히 때우고 헬스장에 가서 2시간 운동을 하고 나면 밤10시가 되는데, 늦은 귀가를 하여 샤워를 한 후 다시 피아노를 친다. 잠이 올 때 까지..
하지만 이것이 나의 일상 전부는 아니다.

일주일에 한번은 피부관리실에 나가서 관리를 받아야 하고, 일주일에 한 두 번은 공적이든 사적이든 저녁모임에 참석해야 하고, 간혹 당직도 한다. 주말에는 산에서 하루를 다 보낸다. 단, 일요일에는 집안 대청소를 하고 가족들 건강을 위해 직접 요리도 하며 영화를 보고 가족과 함께 즐거운 시간을 보낸다. 이런 일상 속에서 짬짬이 독서를 하려면 집중이 잘 안된다.

책 한권을 펼쳐 놓으면 앞에 몇 장 읽다가 다음날 기억이 나지 않아서 처음부터 다시 읽고 다음날 또 다시 읽는다. 이러하니 책 한권을 읽으려면 몇 달이 걸리지 않겠는가? 그래도 휴가철이 되면 마음먹고 하루 종일 도서관에 가서 내가 읽고 싶은 책들을 몰두해서 읽기도 한다.

어쨌거나 나는 퇴직하면 책 속에 파묻혀 살고 싶다. 그동안 읽지 못했던 책들을 독후감 연번이 1000번이 될 때 까지 원도 없이 이 책 저 책 마구 읽어볼 것이다.

그리고 여행을 좋아하는 나는 '시실리時失里' 라는 독서여행 클럽을 만들어 나처럼 책으로 무덤을 파고 싶은 사람, 아울러 여행을 좋아하는 사람들과 함께 동호회를 만들어 책 한권 손에 들고 한가로이 함께 여행을 다닐 것이다.

봄이면 햇볕 잘 드는 한강 둔치 벤치에 앉아 독서를 하고, 여름이면 바다가 시원스레 내다보이는 카페 3층의 편한 의자에 눌러 앉아 에어컨 바람 솔솔 쐬어가며 시간 가는 줄 모르고 책을 읽다가 한 번씩 가슴을 열어 바다 풍광을 느껴보고, 가을이면 팔당역에 내려 남한강을 끼고 무작정 자전거를 타고 내 달리다가 코스모스 하늘하늘 피어있는 강변 벤치에 앉아 어둠이 내릴 때 까지 책을 읽어보고 싶다.
그리고 겨울이면 가을걷이가 끝난 들녘 가운데 흰 서리 맞은 고랑을 지나 굴뚝연기 모락모락 피어나는 오두막집 황토방에 앉아 감자굽는 냄새 맡아가며 책을 읽어보고 싶다.

때로는 설악산 중청대피소에 3박4일 자리를 깔고 대청봉 꼭대기에서도 신이 만들어 놓은 만물을 감상하며 원도 없이 책을 읽다가 하산하고 싶다.
그리고 제주도 산굼부리 정상에서도, 남해 사량도 어부의 집에서도, 밤을 다해 달리는 야간열차 안에서도, 어디든지 사람의 발길이 닿는 곳이라면 여행을 모토로 한 독서클럽을 만들어 카페를 개설하고 내가 방장이 되어 사람들과 함께 기쁨을 같이 하고 싶다. 꼭 그렇게 하고 싶다.

나의 버킷 리스트 여덟 번째 항목 '독서여행클럽 만들기'

이 꿈은 꼭 이루어지리…
이 수필집을 읽는 많은 사람들이 가입할 것으로 기대되니까… *hee*

서른넷 번째 • 이야기

남편보다 오래 살기

"혹시, 유언장을 써 보셨어요?"
"어머! 무슨 그런 황당한 말씀을요?"

나는 그렇게 황당한 유언장을 수년전에 써서 금고 속에 보관해 놓았다.

사람들은 내가 유언장을 써서 금고 속에 간직하고 있다고 말을 하면 깜짝 놀라면서 남길 재산이 얼마나 많으면 벌써부터 유언장을 썼느냐고 반문한다. 그리고 아직 젊은 나이인데 왜 죽음을 생각하고 있느냐는 의아한 눈초리로 나를 살피며 심리적인 어떤 문제를 안고 있는 것은 아닌가 생각하고 원인을 찾아내어 위로를 하려 애쓴다.

통상 유언이라고 하면 재산분배에 대한 유언이 가장 많기 때문에 이해 못할 반문은 아니다. 하지만 유언이란 무엇인가? 내 삶의 계획 마지막 단계에서 종지부를 찍는 일 아니겠는가? 이 얼마나 중요한 일인가? 모든 생물은 생生을 얻으면 반드시 사(死)를 갖게 된다. 생사의 관계는 영원불변한 것이고 생이 축복이라면 천수天壽를 다하여 편안한 가운데에서 사를 맞는 것 또한 축복받았다 할 일이다.

그래서 천수를 다하여 돌아가신 부모상에 조문을 가면 '호상(好喪)'이라는 말도 서슴치 않고 하고들 있지 않는가? 고인을 모신 빈소에서 상주나 조문객들은 그다지 슬퍼하지도 아니하고 오래오래 세상을 살다 가신 고인을 축복하는 분위기이기도 하다. 그러나 천수를 다하지 못하고 질병에 걸려 죽거나 갑작스런 사고를 당하여 죽음을 맞은 집안은 어떠한가? 그야말로 축복이 아니라 이는 재앙이라고 할 수 있다.

어느 날 나에게 갑작스런 죽음이 찾아왔다고 가정을 해보자.
대부분의 사람들은 이런 가정조차 재수 없다며 생각하기 싫어하겠지만 「죽음」이란 것이 우리주위에 얼마만큼 가까이에 붙어서 서성거리고 있는지 생각해 볼 일이다.

현대사회는 기계문명이 발달하여 너 나 없이 자동차가 생활필수품이 되고 교통 환경을 떠나서는 삶을 유지할 수도 없는 수준에 와 있다. 매년 교통사고로 사망하는 자가 우리나라에서만도 연간 5,000명이 넘는다고 하니 실로 놀라지 않을 수도 없는 일이다. 어찌 그 뿐이겠는가? 항공기 추락 사고나 여객선 침몰 사고 등 대규모 참사는 어떠한가? 그리고 사이코패스 성향을 가진 사람들에 의한 '묻지마 범죄'도 늘어나고 있으니 천수를 다하여 살다 갈 것이라고 누가 장담을 하겠는가? 희망사항일 뿐인 것을 우리는 그것을 망각하며 살고 있다.

젊은 나이일수록 갑작스런 죽음이 나에게 찾아온 후에 남아있을 가족들을 생각해 보아야 한다. 그들이 받을 상처와 고통을 생각한다면 유언장을 써 둔다는 것이 그리 의아한 일은 아닐 것이다.

그래서 나는 수 년 전부터 유언장을 써서 밀봉하고 금고 속에 보관해 왔다. 그리고 매년 1월이 되면 그것을 개봉하여 새로 고칠 내용은 없는지 살펴보고 다시 밀봉하여 금고 속에 보관을 한다. 이 얼마나 가족을 배려하는 현명한 일인가? 나는 박수를 받을 만한 일이라고 생각하며 스스로를 자화자찬했다.

내가 유언장을 처음 썼을 때의 에피소드가 생각난다.
처음 쓴 유언장은 A4용지 3장에 13Point 글씨체로 빼곡히 채웠었는데 편지글 형식으로 사랑하는 가족들과 이별하는 것을 연상하며 한껏 감정을 넣어서 썼다. 그리고 다음해에 개봉하여 읽으며 펑펑 울었던 기억이 난다.

두 번째 수정을 했을 때에는 2장으로 줄이고 그 다음해에 개봉하여 다시 읽어보았더니 그때는 울음이 아니라 웃음이 나와서 한참동안 킬킬대고 웃었다. 왜냐하면 내가 죽고 난 후에 남편에게 "나를 빨리 잊고 새 사람을 만나서 행복하게 살았으면 좋겠다"라고 썼기 때문이다. 물론 남편의 슬픔을 예감하고 위로하는 뜻에서 썼겠지만 어차피 그 부분은 남편이 결정할 몫이고, 남은 가족들이 결정해야 할 부분까지 내가 이래라 저래라 할 일은 아닌 것 같아서였다.

그래서 세 번째 수정안은 1장으로 일목요연하게 핵심만 간단하게 썼는데, 그것은 모 대통령이 돌아가시면서 썼다는 유언장의 형식을 벤치마킹해서 썼다. 그것이 마음에 들었다.

유언장을 쓰고 난 후 내 삶에 어떠한 변화가 찾아 왔을까?
결론부터 말하자면 유언장을 쓰고 난 후 나는 더욱 더 행복해졌다는 사실이다.

- 일단「죽음」에 대한 공포나 불안감이 적어지고 삶과 죽음에 대하여 담담해졌다
- 유언도 내 삶의 계획 일부라 생각하니 앞으로의 삶이 완벽하게 정리된 느낌이다.
- 사후 가족들이 우왕좌왕 하지 않고 변화된 삶을 받아들이며 성숙하게 자신들의 삶을 꾸려나가는 것을 상상하니 큰 안도감이 생겼다.
- 가장 큰 변화는 내 삶이 더욱 활기차지고 범사에 감사하는 마음이 생겼다는 것이다.

하지만 나는 건강하게 오래 오래 살아야 할 이유가 있다.
그렇기 때문에 육체적 건강뿐만 아니라 정신건강에 이르기까지 오래 살기 위한 노력을 게을리 하지 않는다. 그 이유는 다름 아닌 오직 한분만 남으신 나의 어머니보다 오래 살아야 하고 나의 남편보다 하

루를 더 살더라도 오래 살아야 하는 이유다. 그것은 어머니와 남편은 내가 끝까지 보살펴야만 할 사랑하는 가족이기에,

아내가 죽으면 남편들은 화장실가서 웃는다는 농담도 있지만 과연 그리할까? 여자가 없는 남편들은 초라하기 그지없다.

지인 중에 요양보호센터를 운영하는 원장님 한분이 계신데 그 분 말에 의하면, 남자들은 늙어서도 갈 곳이 없다는 말을 했다. 왜 그러냐고 물어보니 요양보호사들은 주로 여성들이 많은데 할머니들은 몸이 가벼워서 간호하기가 수월하고, 할아버지들은 몸이 무거워서 간호를 꺼려하기 때문이란다. 그래서 할머니들은 요양원에 들어가기도 쉬운데 할아버지들은 요양원조차 쉽게 들어가지 못한다는 말을 듣고 갑자기 남자들이 애처로워졌다.

그 뿐만이 아니다. 자녀들도 홀어머니 모시기보다 홀아버지 모시기를 더 어려워하지 않은가? 여자들은 나이가 들어도 자녀들의 가사를 돌봐줄 수 있지만 남자들은 가사에 익숙하지 않아서 자녀들의 집에 있어도 골방신세를 면하기 어렵다.

그러니까 남편들이여!
노후를 편하게 보내려면 아내들이 남편보다 오래살고 싶어질 정도로 아내에게 잘하세요.

웃자고 하는 소리 중에 남자들은 세 여자의 말을 잘 들으면 평생 후

회하지 않는다고 했다. 그 첫 번째는 어머니의 말씀이요, 두 번째는 아내의 말이요, 세 번째는 네비게이션 안내멘트라고 했다. 딱 맞는 말 아니겠는가?

요새는 자녀를 혼인시키고 난 후 아내들이 황혼이혼을 요구하는 사례가 늘어나고 있단다.

남성의 입장에서 본다면 그 나이에 이혼하면 뭐해? 하며 황혼이혼을 요구하는 여성을 비난하겠지만, 여성의 입장에서 본다면 자녀양육에 대한 책임감 때문에 이혼하고 싶어도 참고 참아 자녀들을 모두 독립시키고 난 다음에 이혼을 요구한다 하니, 이 점에서 보면 참으로 책임감있는 훌륭한 어머니라고 생각된다.

요즘 TV뉴스를 보라. 이게 사람사는 세상인가? 자녀의 인생이 어찌되었건 이혼을 밥 먹듯이 하고 귀찮아진 자식들을 심하게 학대하여 죽음에 이르게 하거나 고의로 살해를 하는 계부모뿐만 아니라 생부모까지 가세를 하고 있으니 말이다.

여자들은 살아가면서 한 번쯤은 다 이혼을 생각해 본다는 사실에 남편들은 긴장하고 주목해야 된다. 그렇다고 남편들이 잘못을 저질러서 여자들이 이혼을 생각한다는 등의 책임을 전가 시키는 것은 아니다.

대통령이 국민의 행복한 삶을 위하여 각계각층의 지도부와 국민의 안위를 의논하고 정사를 살피듯, 남편들도 한 집안의 가장으로서 아내와 큰아이, 작은 아이 할 것 없이 모든 가족이 안락한 가정 속에서 행복할 삶을 유지할 수 있도록 정성을 당해 보살피고 대화를 통해 각자가 가지고 있는 고민을 가정 안에서 해결할 수 있도록 유도해야 할 책임이 있기 때문이다.

이것이 원만하게 해결되지 않으면 구성원들은 가출을 결심하게 된다.

어떤 사람이 스님께 물었다.
"스님, 출가出家와 가출家出은 어떻게 다른가요?"
그러자 스님께서는 우스갯소리 같은 진지한 세 가지를 말씀하셨다.
"첫째, 출가는 기쁨을 안고 나가는 것이고, 가출은 슬픔을 안고 나가는 것입니다. 둘째, 출가한 자는 날이 갈수록 얼굴에 온화한 미소를 띠지만, 가출한 자는 얼굴이 마르고 초췌해집니다. 셋째, 출가한 자는 국립공원 입장료를 내지 않아도 되지만, 가출한 자는 반드시 입장료를 내고 들어가야 합니다."

신혼 때부터 내 구두를 닦아주던 남편은 지금도 변함없이 내 구두를 닦아주고 있다. 내 어머니 방에서 어머니와 단둘이 연속극을 함께 보는 자상한 남편, 어머니는 그런 사위를 자식처럼 사랑했다. 따뜻한 마음을 가진 남편, 가정이라는 정원을 최선을 다해 지켜온 남편, 어떤 때에는 보살핌이 필요한 어린아이와도 같은 남편, 나는 그가 이생을 사는 동안 외롭지 않고 행복하게 살다 갈 수 있도록 지켜주고 싶다. 그것이 내가 남편보다 더 오래 살아야 할 이유이고, 나의 버킷 리스트 열 번째 항목이다.

1994년 강우석 감독의 '마누라 죽이기'라는 코믹영화도 있지만, 모든 여성들이 '남편보다 오래살기'를 희망하는 그날은 대한민국 남성들뿐만 아니라 대한민국 온 가정이 행복한 그날일 것이다. *hee*

국수가 먹고 싶다

이상국

국수가 먹고 싶다

사는 일은
밥처럼 물리지 않는 것이라지만
때로는 허름한 식당에서
어머니 같은 여자가 끓여주는
국수가 먹고 싶다

삶의 모서리에 마음을 다치고
길거리에 나서면
고향 장거리 길로
소 팔고 돌아오듯
뒷모습이 허전한 사람들과

국수가 먹고 싶다

세상은 큰 잔치집 같아도
어느 곳에선가
늘 울고 싶은 사람들이 있어

마음의 문들은 닫히고
어둠이 허기 같은 저녁
눈물자국 때문에
속이 훤히 들여다보이는 사람들과
따뜻한 국수가 먹고 싶다

012
˚소외되고 마음이 아픈 사람들과
함께 나누는 詩
눈에 보이지 않는다고 해서 없는 것이 아니었다.
그들은 언제나 소리 없이 아파했고 누군가가 불
러주기를 간절히 원하고 있었다. 이제는 그들을
햇볕 잘 드는 곳으로 데려올 차례다.

서른다섯 번째 • 이야기

눈에 보이지 않는다고 해서
없는 것이 아니었다

1997년 7월쯤이었을까? 살아오면서 그렇게 큰 비를 맞아본 적이 없었다.

장마로 시작된 비는 한 달 전부터 계속 내리고 있었으며 그날은 유난히도 더 큰 비가 내렸다. 나는 퇴근을 한 후 피곤함에 지쳐 초저녁 잠이 깊이 들었었는데 자정쯤 천둥번개를 동반한 큰비 내리는 소리에 놀라 잠에서 깨어났다.

빗소리가 얼마나 크게 들렸던지 걱정스런 마음에 구경이라도 하고자 베란다 창문을 열려고 했으나 창문은 반도 채 열기 전에 닫을 수밖에 없었다. 비 오는 소리는 나이아가라 폭포수를 방불케 했고 하늘에서는 땅으로 수천 수억 만개의 물 호스를 내려놓은 듯 옛 어르신들이 말한 '엿가락 같은 굵은 비'를 실감케 하는 비였다. 어찌 이런 일이 있을 수 있을까? 이건 재앙이다. 분명 하늘에 구멍이 나 있을 거야. 이렇게 궁시렁 대며 곧 전화벨이 울릴 것이라고 예상했다. 이 정도가 되면 경찰을 포함한 소방, 시·구청 등 모든 공무원에게 비상소집이 내려질 것이 충분히 예상되는 상황이었으니까 말이다.

새벽 1시가 되자 예상했던 전화벨이 울렸다. 이 비에 진짜 비상소집이란다.

비상이 걸리면 한 시간 내에 응소(應召)해야 하므로 재빨리 옷을 갈아입고 제일 큰 장대우산을 들고 나갔다. 아파트 현관으로 나서자 천둥번개 때리는 소리가 더욱 요란했다. 그래도 사명감은 있어 개의치 않고 우선을 펼쳐들고 지하주차장 쪽으로 걸어가는데 몇 걸음 나아가지도 못하고 우산은 엄청나게 쏟아지는 비의 무게를 견디지 못해 안으로 접히고 말았다. 순식간에 나는 비에 젖은 생쥐 꼴이 되었다.

그 당시 나는 의정부경찰서 민원실장 보직을 맡고 있었는데, 일산에서 의정부까지 가려면 가까운 거리도 아니었고 앞도 보이지 않는 이 빗속을 헤치며 나갈 자신이 없었다. 그리고 '이렇게 가다가는 내가 죽을 수도 있겠구나' 하는 생각이 스쳤다. 그래서 아파트 현관으로 돌아와 두 번을 더 망설이다가 '그래, 이 비에 내가 죽느니 까짓거 징계 한 번 먹고 말지 뭐' 하는 배짱이 생겨 집으로 돌아가 편치않은 잠을 청해 잤다.

다음날 아침 7시가 되었는데도 비는 여전히 퍼붓고 있었다. 출근을 지체한 채 오전 9시쯤 되니까 약간 소강상태로 접어들어서 그때서야 출근길에 나설 수 있었다.

내가 출근하는 길은 일산에서 원당과 벽제, 장흥을 거쳐 의정부로 가는 39번 국도를 이용했는데 그 중간에 있는 원당지하차도를 진입하면 신호를 안 받고 조금 더 빠르게 갈 수 있었다. 그런데 그곳에 도착하니 지하도는 밤새 내린 비로 천정까지 물이 찰랑찰랑 차 있었고, 소방차 여러 대가 와서 바깥으로 그 물을 뽑아내고 있었기 때문에 지하도 진입은 전면 통제되어 있었다. 하는 수없이 나는 지상도로를 타고 의정부로 향했다.

내가 사는 지역 일산은 과거 한강물이 넘쳐 큰 수해를 겪고 난 후 새롭게 설계된 도시라서 요번 큰비에도 수해를 입지는 않았다. 그러나 고양시를 벗어나자 장흥이 있는 양주시와 의정부시계에 진입하면서 차마 눈뜨고는 못 볼 광경들이 눈앞에서 펼쳐지기 시작했다.

울대고개라고 칭하는 자동차도로 고갯마루에 올라서자 그 아래부터 보이는 의정부와 양주, 동두천이 물에 잠겼고 물이 쓸고 지나간 흔적은 잔혹하기 이를 데가 없었다. 차도의 아스팔트가 산산조각 떨어져 물에 떠밀려 산더미처럼 엉켜있었기 때문에 차량통행이 전면 금지되었다. 나는 울대고개 주변 갓길에 차를 세워두고 사무실까지 3km쯤 되는 거리를 걸어서 갔다.

가다보니 어디서 떠밀려 왔는지 종이를 꼬깃꼬깃 구겨놓은 것과 같은 물체가 심심찮게 눈에 보인다. 무슨 물체였는지 전혀 형체를 알아볼 수가 없다. 그냥 고철덩어리로만 보인다. 가까이 가서 살펴보니 탱탱한 바퀴 네 개가 하늘을 향해 달려있는 것을 보고서야 저것이 자동차였구나 하는 것을 짐작할 수 있을 뿐 트럭인지 승용차인지 조차 알 길이 없을 정도로 물의 위력은 무섭고 대단했다.

그리고 도로를 따라 튼튼히 서 있던 가로수와 주변 야산에 있는 나무들도 형체를 알아보기 힘들 정도로 부러져 땅으로 곤두박질 쳐져 있고 나무껍질은 전부 하얗게 벗겨져 눈이 부실정도로 속살을 드러내고 있었다. 밤새 세찬 빗줄기에 얻어맞아 고문을 당한 상흔들이었다.

안골이라고 불리는 마을로 들어서니 그 많던 집들이 다 없어져 버렸다. 동네 가운데에 공릉천으로 이어지는 작은 실개천이 하나 있었는데 물이 불어나면서 집들이 모두 떠내려 간 것이다. 그리고 어느 한 지점에서 더 이상 떠내려가지 못한 잔해물들이 서로 뒤엉켜 쌓여 있는데 그것 또한 어떤 물체의 잔해들인지 전혀 알 수가 없다. 그 중에는 소나 돼지 같은 가축들도 쓸려 내려와 곤두박질 쳐져 있고 뒷다리 두 개만 하늘을 향해 뻣뻣이 서 있는 것도 눈에 띄였다. 많은 인명피해가 났고 많은 논밭과 많은 가축이 소실되었다.

아~ 그런데 이것이 웬일인가?
그나마 재앙을 슬기롭게 피할 수 있는 지능을 가진 인간이 아닌 다음에야 어떤 동식물도 살아남을 수 없다고 생각되는 이 참혹한 수해 현장에서 마지막 생생하게 살아있는 것이 눈에 보였다. 참으로 놀랍고 고귀했다. 그것은 수십 년 아니 수백 년 동안 거친 풍랑에도 끄떡없었던 뿌리 깊은 고목도 아니고 튼튼한 무게를 자랑하는 철 덩어리 포크레인도 아니었다.

그것은 바로,

눈길 한 번 주지 못하고 이름조차도 기억해 주지 못했던 야생화, 들꽃이었다.

위용을 자랑했던 나무와 숲이 모두 쓰러지고 난 후에야 야생화는 자신들이만이 세상에 살아 있음을 알리는 듯 신선하고 당당한 자세로 서 있었다.

차라리 도도하게 서 있었다는 표현이 더 어울렸을까?

그들은 어젯밤에 무슨 일이 있었는지 까맣게 모르고 있는 듯도 했다. 야생화는 그저, 밤새 때리는 빗줄기에 그 연약한 몸을 내어주며 땅에 납작 엎드려 있었을 것이다.

초토화가 된 이 땅에 야생화만 홀로 일어나 방긋 웃고 있다니 신비롭기 그지없다. 지금은 키 작은 야생화가 제일 커 보인다. 야생화가 이렇게 예쁘고 강한 꽃이었던가 싶다.

야생화를 바라보면서 세상에서 가장 연약해 보이는 것이 가장 강한 것이었음을 실감했다. 그리고 집에 계신 어머니를 생각했다. 남자보다 힘으로는 비길 수 없는 연약한 여자가 어머니로서는 어떤 역경에서도 굴하지 않고 굳게 디디고 일어섰던 우리시대의 어머니, 결코 화려한 색상을 띠지는 않았지만 어머니 속에 숨겨진 소박한 아름다운 색상은 질리지도 않고 보면 볼수록 그 아름다움이 더욱 찬란한 우리들의 어머니는 야생화였다.

사무실에 도착하여 비로소 비보悲報를 듣게 되었다.

일산에 사는 경찰관 한분이 근무처인 은평경찰서로 비상근무 나가다가 쏟아지는 빗줄기에 앞을 보지 못하고 습관처럼 원당지하차도로 진입하였다는 것이다. 차는 곧 깊은 물속으로 빨려 들어갔고 경찰관은 탈출하지 못한 채 차와 함께 수장되었다고 했다. 바로 내가 비상근무 나가려고 했던 그 시각에 말이다.

나는 출근길에 소방차가 원당지하차도를 통제하고 물을 뽑아내고 있었던 장면을 연상하며 몸을 부르르 떨었다. 그리고 순직한 그 경찰관은 의정부경찰서에서 나와 함께 근무하는 박형사의 친형이라는 것을 알고 마음이 더 아팠다.

그 후로 20년 가까운 세월이 흘렀지만 지금도 나는 원당지하차도를 지나가면 가슴이 늘 답답해오는 것은 떨칠 수가 없는 일이 되었다.

그리고 참혹했던 그 해 수해현장에서 본 야생화, 눈에 보이지 않는다고 해서 없는 것이 아니라 존재하고 있었음을 알려 주는 야생화는 내가 살아가면서 세상을 더 넓고 깊게 바라볼 수 있는 아량을 심어주었다.

세상은 늘 화려한 큰 잔치집 같아도 사람들의 발길이 닿지 않는 골목으로 들어가 보면 어둠의 허기에 지쳐 아파도, 아파도 소리 없이 울고 있는 사람들이 있다. 그 사람들과 함께 허름한 식당에서 마음을 놓고 어머니 같은 여자가 끓여주는 따뜻한 국수 한 그릇 나누어 먹고 싶다는 시가 생각나는 날... *hee*

사랑하는 어머니, 나의 어머니

이채

축복의 어머니
당신의 눈물이 보석이 되어
나의 삶에 진주처럼 빛날 때
나의 눈물도 당신처럼
먼 훗날 영롱하게 빛날 수 있을까요

은혜의 어머니
당신의 눈물이 씨앗이 되어
나의 삶에 꽃처럼 피어날 때
나는 꽃 피는 아픔조차 참아낼 수 없어
바람처럼 하염없이 떠돌 때가 있습니다

희망의 어머니
당신의 바다에 멈추지 않는 파도는
하얗게 부서지는 인고의 세월인가요
그러고도 웃으시는

당신의 하늘을 바라보면
흘러가는 흰 구름은 평화롭기만 합니다

사랑의 꽃으로
용서의 잎으로
인내의 뿌리로
행복의 나무를 가꾸시는
사랑하는 어머니, 나의 어머니

당신의 대지에 거룩한 이 흙내음은
누구의 삶을 위한 희생의 거름입니까

013
°어머니의 고귀한 삶을 노래하는 詩
아무리 힘든 일이라도 척척 해내셨던 어머니는
천하장사였고 생활의 달인이셨다.
하느님은 어머니라는 이름의 천사를 우리 남매
곁에 보내주셨다.
그 천사는 올해 일흔여덟이시다.

서른여섯 번째 • 이야기

어머니의 유전자

어머니는 올해 일흔여덟이시다.

어머니는 지난해 정기 건강검진에서 위암이 발견되어 위의 3분의2를 잘라내셨다. 다행이 다른 장기로 전이되지 않아서 항암치료를 받지 않아도 된단다.

얼마나 다행스러운 일이었는지 나는 가슴을 쓸어내리며 몇 번이고 모든 신들께 감사드렸다.

퇴원하던 날 나는 일부러 엄마처럼 부산 사투리 억양으로 말했다

"음마는, 팽생을 천사로 살았기 때문에 하나님께서 축복을 주신기라."

우리 어머니는 젊어서부터 뜨개질을 잘 하셨다. 다섯 남매 중 유독 내 옷을 가장 많이 떠 주셨는데 목도리, 스웨터, 장갑, 덧버선을 떠 주셨다. 나는 어머니가 떠 주신 옷을 입고 친구들에게 자랑을 하며 마냥

행복해했었다.

　어머니는 석유곤로 위에 양은주전자를 올려놓고 김을 내셨는데 물주둥이로 들어간 실은 주전자 뚜껑에 삼각으로 뚫린 작은 구멍으로 용케 빠져 나왔다. 대바구니에 한가득 풀어놓았던 고불고불한 실 더미는 주전자 뚜껑을 통해 밖으로 나오면서 긴 머리카락처럼 곧게 펴졌다. 이 광경이 얼마나 재밌고 신기했는지 어린마음에 나는 어머니가 요술을 부리는 줄만 알았다. 어머니는 그렇게 언니들이 입었던 스웨터를 풀어서 다시 내 옷을 뜨셨던 것이다.

　어른이 되어서 알았다. 어머니의 삶 속에는 어머니가 존재하지 않았다는 것을.. 어머니는 남과 다른 특별한 삶을 사셨고 고귀한 희생을 치르며 다섯 남매를 길러내셨다.

　아버지의 임종을 며칠 앞둔 날,
　아버지가 위독하다는 전갈을 받고 우리 집 세 식구는 서울에서 급히 비행기 표를 구해 부산 백병원 응급실로 갔다. 아버지는 곧 떠나려는 급행열차에 몸을 실은 사람처럼 잠시의 여유도 주지 않고 준비된 말씀을 하셨다. 산소 호흡기 너머로 흘러나오는 말씀을 제대로 알아들을 수는 없었으나 나의 남편은 아버지가 잡은 손을 놓지 않고 아버지의 코에 귀를 바싹 붙여서 "예, 예, 장인어른 잘 알겠습니다" 하며 정성스러운 얼굴로 유언을 듣고 대답했다.

　아버지는 홀로 남겨진 어머니가 제일 마음에 걸리셨나보다.

그래서 응급실로 뛰어 들어오는 사위의 손을 잡고 부탁의 유언을 하셨나보다.

"자네.. 미안하지만, 자네 장모를 부탁하네, 젊어서 고생을 너무 많이 시켰어, 자네만을 믿네."

장례를 치른 후 남편은 곧 아버지의 유언대로 어머니를 모셔왔다. 그리고 정성껏 모셨다. 그렇게 어머니와 함께 산지도 올해로 벌써 16년째다.

어머니는 복강경으로 암수술을 받으셨으나 의사선생님은 눈으로 직접 암을 보고 완벽하게 제거해야 한다며 복부지방이 두툼한 어머니의 배에 10센티미터를 추가로 더 절개하여 위장을 꺼내놓고 3분의2를 잘라냈다 한다. 그런데 수술직후부터 어머니 몸에 마취제 거부반응이 일어나자 어머니는 마취제를 맞지 못하고 생으로 그 고통을 견디셨고 나는 아무 도움도 되지 못한 채 그 고통을 옆에서 지켜봐야 했다. 지켜보는 고통 또한 살을 도려내는 또 다른 아픔이었다.

어머니는 숨도 크게 쉬지 않았고 신음소리 한 번 크게 내지 않았다. 몸에서 필요한 산소를 숨이 끊어지지 않을 정도로만 조금씩 조금씩 삼키는 것 같았다. 그것이 어머니로서는 고통을 참아낼 수 있는 최선의 방법이었던 것이다.

어머니는 평생을 인내와 사랑 하나로 살아나오셨듯이 어머니는 인내의 달인이었다. 수술을 받으신 후 어머니는 몇 달 안 되는 기간 동안만 수술 후유증으로 고생하시다가 지금은 건강을 거의 회복하신 듯하다.

어머니는 바깥 공기가 찬데도 불구하고 건강을 잃으면 자식들이 고생한다면서 오늘도 학교운동장 다섯 바퀴를 돌러 나가시며 한 마디 던지신다.
"내 팽생에 나눠 가져야할 복이 노후에 한꺼번에 터진기라. 나는 지금이 가장 행복하데이. 나는 지금 니 아부지한테로 가도 여한은 없다."

    사랑의 꽃으로,
    용서의 잎으로,
    인내의 뿌리로
행복의 나무를 가꾸셨던 사랑하는 나의 어머니는 천사였다.

하느님은 우리 남매들에게 어머니라는 이름의 천사를 보내셨다. 내 어머니의 삶은 그 깊이를 헤아리면 헤아릴수록 위대하셨다. 어머니의 고귀한 삶을 이 가벼운 손끝으로 더 이상 이야기 할 순 없지만 내 핏속에는 어머니의 유전자가 살아있을 것으로 믿는다.

그래서 이 한 권의 책이 출간되는 날 삶에 지쳐 힘들게 살아가는 사람들에게 작으나마 희망의 불꽃을 피워 주리라. 어머니의 삶속에 녹아있던 아름다운 꽃, 희생정신이 영원히 시들지 않기를 소망하며.. *hee*

그대에게

박경순

하루가 다르게
부쩍부쩍 커지는 산을 본다

새벽
푸른 안개에 갇혀
차마 사랑한다 말도
제대로 못한 갑갑함을
풀어 놓는다

산을 지키는 것은
크고 잘 생긴 나무가 아니란 것을
그대는 아는가

튼실한 나무는
일찍 잘리어 어느 집 서까래로
잊혀져가고

산을 푸르게 지키는 것은
휘어지고 못생긴 나무란 것을

내가 그리워하는 것은
늘 부족함으로 가슴 아파하는
작은 그대란 것을

014
°의리로 맺어진 친구와 우정을 나누는 詩

친구야. 장맛비가 시원스레 내리는구나. 오늘은 연탄불에 돼지껍데기 한 점 올려놓고 막걸리 한 잔에 세상 살아가는 겸손을 배우고 싶다. 너에게..

친구야 너는 아니

이해인

친구야 너는 아니
꽃이 필 때 꽃이 질 때 사실은 참 아픈거래
나무가 꽃을 피우고 열매를 달아줄 때도
사실은 참 아픈거래

사람들끼리 사랑을 하고
이별을 하는 것도 참 아픈거래

우리 눈에 보이진 않지만
우리 귀에 다 들리진 않지만
이 세상엔 아픈 것들이 참 많다고

아름답기 위해서는 눈물이 필요하다고
엄마가 혼잣말처럼 하시던 이야기가
자꾸 생각나는 날

친구야 봄비처럼 고요하게
아파도 웃으면서 너에게 가고 싶은 내 마음
너는 아니

향기 속에 숨겨진 나의 눈물이
한 송이 꽃이 되는걸 너는 아니

015
° 삶이 힘겹고 버거울 때 위로가 되는 詩
이 세상에 살아 있는 것은 모두가 다 아파해
아픔과 눈물이 없으면 아름다울 수 없어
그러니까 견디고 살아야지.

목마와 숙녀

박인환

한 잔의 술을 마시고
우리는 버지니아울프의 생애와 목마를 타고 떠난
숙녀의 옷자락을 이야기 한다

목마는 주인을 버리고 그저 방울소리만 울리며
가을 속으로 떠났다.

술병에서 별이 떨어진다.
상심한 별은 내 가슴에 가벼웁게 부서진다
그러한 잠시 내가 알던 소녀는
정원의 초목 옆에서 자라고
문학이 죽고
인생이 죽고
사랑의 진리마저 애증의 그림자를 버릴 때
목마를 탄 사랑의 사람은 보이지 않는다

세월은 가고 오는 것
한때는 고립을 피하여 시들어가고
이제 우리는 작별하여야 한다

술병이 바람에 쓰러지는 소리를 들으며
늙은 여류작가의 눈을 바라다보아야 한다

등대에 불이 보이지 않아도
그저 간직한 페시미즘의 미래를 위하여
우리는 처량한 목마소리를 기억하여야 한다

모든 것이 떠나든 죽든
그저 가슴에 남은 희미한 의식을 붙잡고
우리는 버지니아울프의 서러운 이야기를 들어야 한다

두 개의 바위틈을 지나 청춘을 찾은 뱀과같이
눈을 뜨고 한 잔의 술을 마셔야 한다

인생은 외롭지도 않고
그저 낡은 잡지의 표지처럼 통속하거늘
한탄할 그 무엇이 무서워서 우리는 떠나는 것일까

목마는 하늘에 있고
방울소리는 내 귓전에 철렁이는데
가을바람 소리는
내 쓰라린 술병 속에서
목 메여 우는데

016
°깊어가는 가을 분위기에 젖어
 인생을 회고해 보는 詩

인생은 외롭지도 않고 그저 낡은 잡지의 표지처럼 통속하거늘 한탄할 그 무엇이 무서워서 우리는 떠나는 것일까? 슬픈 버지니아! 허무의 시대는 지나갔고 오늘은 희망의 날이었네.

소주병

공광규

술병은 잔에다
자기를 계속 따라주면서
속을 비워간다.

빈병은 아무렇게나 버려져
길거리나
쓰레기장에서 굴러 다닌다

바람이 세게 불던 밤 나는
문 밖에서
아버지가 흐느끼는 소리를 들었다.

나가보니
마루 끝에 쪼그려 앉은
빈 소주병이었다.

017
°아버지가 그리워지는 詩

아버지는 조상으로부터 물려받은 재산 없이 홀로 단신으로 다섯 남매를 키우셨어요
평생 전쟁 트라우마를 겪으면서도 내색하지 않으셨죠. 자식들의 성공이 오로지 당신의 꿈이었고 희망이었던 아버지가 요새는 참 많이 보고 싶습니다.

멈추지 마라

양광모

비가와도
가야할 곳이 있는 새는
하늘을 날고

눈이 쌓여도
가야할 곳이 있는 사슴은
산을 오른다

길이 멀어도
가야할 곳이 있는 달팽이는
걸음을 멈추지 않고

길이 막혀도
가야할 곳이 있는 연어는
물결을 거슬러 올라간다

인생이란 작은 배
그대
가야할 곳이 있다면
태풍 불어도 거친 바다로 나아가라

018
°할까 말까 망설이는 그대에게
 용기가 되는 詩

무엇이든지 할 수 있는 용기를 내는 건 젊음을
가졌기 때문만이 아니다.
가슴 속에서 끓어오르는 열정 하나가 우리들의
삶을 의미 있게 만든다.
그러니까 주저하지 말고 내일을 향해 나아가라.

중년의 삶

법정스님

친구여, 나이가 들면 설치지 말고 미운소리 우는 소리 그리고 군소리
불평일랑 하지를 마소
알면서도 모르는 척 모르면서도 적당히 아는 척 어수룩하소
그렇게 사는 것이 평안하다오

친구여, 상대방을 꼭 이길려고 하지를 마소 적당히 저주구려
한걸음 물러서서 양보하는 것 그것이 지혜롭게 살아가는 비결이라오

돈, 돈, 욕심을 버리시구려
아무리 많은 돈을 가졌다고 해도 죽으면 가져갈 수 없는 것
많은 돈 남겨서 자식들 간에 싸움하게 만들지 말고
살아있는 동안 많이 뿌려서 산더미 같은 덕을 쌓으시구려

그렇지만 그것은 겉으로만 하는 이야기이고
정말로 돈을 놓치지 말고 죽을 때 까지 꽉 잡아야 하오
옛 친구 만나면 술 한 잔 사주고

불쌍한 사람 보면 한 푼 보태주고
손주들한테 용돈 한 푼 줄 돈 있어야 늘그막에 내 한몸
보살펴주고 모두가 떠받들어 준다오

옛날 일들일랑 다 잊어버리고 잘난 체 자랑일랑 하지를 마소
우리들 시대는 다 지나가고 있고
아무리 버티려고 애를 써 봐도 가는 세월을 잡을 수는 없는 것
그대는 뜨는 해, 나는 지는 해, 그런 마음으로 살으시구려

나의 자녀, 나의 손자, 그리고 이웃 누구에게든지
마음씨 좋게 보이는 사람으로 살으시구려
멍청하면 안 되오 아프면 안 되오
그러면 괄시를 받는다오
어떻게든 오래오래 건강하게 살으시구려 친구여!

019
° 중년의 풍요를 가져다주는 詩

중년엔 비움의 미덕을 가져보자. 비움은 곧 나눔이다. 중년의 풍요는 비움으로 시작되는 것. 중년에도 설레임은 있다. 중년의 비움은 곧 그것을 담는 질그릇이 될 터.

희망을 주는 사람

김옥림

아무리 칠흑 같은 참담한 상황 속에서도
두려워하지 말고 꿈을 잃지 말라는
따뜻한 위로의 말을 전해주는 사람

사랑을 잃고 방황하는 이에게
사랑은 언젠가 더 환한 미소로
당신 앞에 다시 찾아온다는
향기로운 말을 할 수 있는 사람

실의에 빠져 깊은 시름에 잠긴 사람에게
나는 당신이 승리할 것을 믿습니다 라는
확신에 찬 말을 건네주는 사람

황무지에서도 풀이자라고 꽃이 피듯이
믿음은 믿는 만큼 당신에게
더 큰 희망을 가져다준다는
은혜로운 말을 기쁘게 해 줄 수 있는 사람

희망을 주는 사람의 눈은
언제나 맑고 선합니다.

그래서 그 사람을 보고 있으면
기분이 좋아집니다

우리는 서로 서로에게
나는 당신을 사랑합니다
나는 당신을 믿습니다
나는 당신의 승리를 확신합니다 라고
희망을 주는 사람이 되어야 합니다

우리는 늘 기쁨을 주는 사람이 되어야 합니다
기쁨을 주는 사람의 표정은
꽃보다 아름답고 맑고 곱습니다
그래서 기쁨을 주는 사람을 보고 있으면
괜시리 가슴이 따뜻해 지고 희망을 품게 됩니다

희망을 주는 사람은 아름답습니다
희망은 사랑입니다

020
누군가의 삶에
깊은 의미가 되고 싶어지는 詩

준다는 것은 그다지 어려운 일이 아니야, 굳이 완제품을 주려고 애쓸 필요는 없어.
그 사람에게 지금 필요한 것은 희망이라는 긴급 수혈이니까.

별이 뜨는 강마을에

황금찬

여기 강이 있었다
우리들의 국토 이 땅에
이름하여 북한강이라 했다

태양이 문을 열었고 달이 지곤 했다
하늘 꽃들이 강물위에 피어나
아름다운 고장이라 했다

신화의 풀잎들이 문을 열기 전
지혜의 구름을 타고 선인들이
바람처럼 찾아와 보석의 뿌리를 내리고
백조와 이웃이 되었다

칼날의 날개를 단 흉조들은
사악한 터전이라 여기고 강마을을 떠났다

비단으로 무지개빛 다리를 세우고
너와 나는 우리가 되어
내일 저 하늘에 무리별로 남으리라

강은 역사의 거울이다

패수에 담겨있는 고구려를 보았다
금강에서 백제의 나뭇잎들은 시들지 않는 깃발이었지
신라의 옷깃이 저 낙동강에 지금도 휘날리고
한강엔 임진왜란과 병자호란의 그 참화가 시들지 않고
거울 속에 떠 있다

북한강
백조의 날개와 하나가 된 우리들의 행복한 삶터
사랑하라
우리들의 내일은 영원히 빛날 것이다

021
° **민족혼이 살아 있는 詩**
(2014년 '전국시낭송가대회' 출전 낭송시)

올해 아흔 여덟 살인 황금찬시인, 그는 얼마 전까지만 해도 마흔 번째 시집을 준비했던 소년이었다. 그 소년의 마음에는 별들이 살았고 어느 날 그 별 하나가 나를 찾아 왔었다네.

봄 길

정호승

길이 끝나는 곳에서도 길이 있다
길이 끝나는 곳에서도
길이 되는 사람이 있다

스스로 봄 길이 되어
끝없이 걸어가는 사람이 있다

강물은 흐르다가 멈추고
새들은 날아가 돌아오지 않고
하늘과 땅 사이의
모든 꽃잎은 흩어져도

보라
사랑이 끝난 곳에서도
사랑으로 남아있는 사람이 있다

스스로 사랑이 되어
한없이 봄 길을 걸어가는 사람이 있다

022
˚떠나는 이를 위해 부르는 노래,
석별詩

이별은 새로운 만남의 시작이다. 떠난 뒤에 빈자리가 크다고 느껴지는 것은 그가 나를 위해 아낌없는 사랑을 주고 갔다는 것. 그의 발자취가 닿는 곳곳마다 사랑의 꽃이 피고 지리.

수선화에게

정호승

울지 마라
외로우니까 사람이다
살아간다는 것은 외로움을 견디는 일이다

공연히 오지 않는 전화를
기다리지 마라
눈이 오면
눈길을 걸어가고
비가 오면
빗길을 걸어가라

갈대숲에서 가슴 검은 도요새도
너를 보고 있다
가끔은 하느님도 외로워서
눈물을 흘리신다

새들이 나뭇가지에 앉아 있는 것도
외로움 때문이고
네가 물가에 앉아 있는 것도
외로움 때문이다

산 그림자도 외로워서
하루에 한 번씩은 마을로 내려온다
종소리도 외로워서 울려 퍼진다

023
°사람들과의 관계를 좋게 하는 詩

사람은 누구나 다 외로우니까 가슴 한켠에 둥지를 틀고 사는 거래
그러니깐 나도 너의 외로움을 달래주는 한 마리 도요새가 되고 싶은 거지

석별

전병호

가을의 끝에서
활활 타오르는 저 들녘의 불길
풀들도 나무들도
불길 속으로 제 몸을 던진다

저 뜨거움
그대 사랑이 피워 올린
알알이 여문 열매로 맺히고
아름다움으로 오래 빛나리

그대 지난날 꿈꾸어 온
뜨거운 정열이 있어
세상 아름다운 불길로 번지고
먼 훗날까지 불 밝히리라

황량한 담벼락을 타고 오르고 또 올라
메마른 곳에 꽃을 피우고
하늘을 향해 묵묵히 올라가는 담쟁이처럼
오랜 시간 달려와 닿은 곳에
그대 미소 환하게 울려 퍼진다

멈춘 곳에서
봄은 다시 꽃을 피우고
그대가 튼 물꼬를 따라
다시 강물은 끝없이 흘러가리라

024
**˚훌륭한 업적을 남기고 떠나는
선배님에게 보내는 詩**

나도 그렇게 할 수 있었노라고 뒤늦게 말하지 마라. 그 누구도 콜롬부스의 달걀을 세운 사람은 없었나니.

무궁화
꽃을
피웠습니다